本书为国家社会科学基金项目"中德诚信价值观教育比较研究"成果

本书出版获得中国社会科学院大学中央高校基本科研业务费资助支持

 中国社会科学院大学文库

构筑信任之基：
诚信教育的中德比较

向　征　著

28

 社会科学文献出版社
 SOCIAL SCIENCES ACADEMIC PRESS (CHINA)

"中国社会科学院大学文库"

总　序

　　恩格斯说："一个民族要想站在科学的最高峰，就一刻也不能没有理论思维。"人类社会每一次重大跃进，人类文明每一次重大发展，都离不开哲学社会科学的知识变革和思想先导。中国特色社会主义进入新时代，党中央提出"加快构建中国特色哲学社会科学学科体系、学术体系、话语体系"的重大论断与战略任务。可以说，新时代对哲学社会科学知识和优秀人才的需要比以往任何时候都更为迫切，建设中国特色社会主义一流文科大学的愿望也比以往任何时候都更为强烈。身处这样一个伟大时代，因应这样一种战略机遇，2017 年 5 月，中国社会科学院大学以中国社会科学院研究生院为基础正式创建。学校依托中国社会科学院建设发展，基础雄厚、实力斐然。中国社会科学院是党中央直接领导、国务院直属的中国哲学社会科学研究的最高学术机构和综合研究中心，新时期党中央对其定位是马克思主义的坚强阵地、党中央国务院重要的思想库和智囊团、中国哲学社会科学研究的最高殿堂。使命召唤担当，方向引领未来。建校以来，中国社会科学院大学聚焦"为党育人、为国育才"这一党之大计、国之大计，坚持党对高校的全面领导，坚持社会主义办学方向，坚持扎根中国大地办大学，依托社科院强大的学科优势和学术队伍优势，以大院制改革为抓手，实施研究所全面支持大学建设发展的融合战略，优进优出、一池活水，优势互补、使命共担，形成中国社会科学院办学优势与特色。学校始终把立德树人作为立身之本，把思想政治工作摆在突出位置，坚持科教融合、强化内涵发展，在人才培养、科学研究、社会服务、文化传承创新、国际交流合作等方面不断开拓创新，为争创"双一流"大学打下坚实基础，积淀了先进的发展经验，呈现出蓬勃的发展态势，成就了今天享誉国内的"社科大"品牌。"中国社会科学院大学文库"就是学校倾力打造的学术品牌，如果将学校之前的学术研究、学术出版比作一道道清澈的溪流，"中国社会科学院大学文库"的推出可谓厚积薄发、百川归海，恰逢其时、意义深远。为其作序，我深感荣幸和骄傲。

高校处于科技第一生产力、人才第一资源、创新第一动力的结合点，是新时代繁荣发展哲学社会科学，建设中国特色哲学社会科学创新体系的重要组成部分。我校建校基础中国社会科学院研究生院是我国第一所人文社会科学研究生院，是我国最高层次的哲学社会科学人才培养基地。周扬、温济泽、胡绳、江流、浦山、方克立、李铁映等一大批曾经在研究生院任职任教的名家大师，坚持运用马克思主义开展哲学社会科学的教学与研究，产出了一大批对文化积累和学科建设具有重大意义、在国内外产生重大影响、能够代表国家水准的重大研究成果，培养了一大批政治可靠、作风过硬、理论深厚、学术精湛的哲学社会科学高端人才，为我国哲学社会科学发展进行了开拓性努力。秉承这一传统，依托中国社会科学院哲学社会科学人才资源丰富、学科门类齐全、基础研究优势明显、国际学术交流活跃的优势，我校把积极推进哲学社会科学基础理论研究和创新，努力建设既体现时代精神又具有鲜明中国特色的哲学社会科学学科体系、学术体系、话语体系作为矢志不渝的追求和义不容辞的责任。以"双一流"和"新文科"建设为抓手，启动实施重大学术创新平台支持计划、创新研究项目支持计划、教育管理科学研究支持计划、科研奖励支持计划等一系列教学科研战略支持计划，全力抓好"大平台、大团队、大项目、大成果"等"四大"建设，坚持正确的政治方向、学术导向和价值取向，把政治要求、意识形态纪律作为首要标准，贯穿选题设计、科研立项、项目研究、成果运用全过程，以高度的文化自觉和坚定的文化自信，围绕重大理论和实践问题展开深入研究，不断推进知识创新、理论创新、方法创新，不断推出有思想含量、理论分量和话语质量的学术、教材和思政研究成果。"中国社会科学院大学文库"正是对这种历史底蕴和学术精神的传承与发展，更是新时代我校"双一流"建设、科学研究、教育教学改革和思政工作创新发展的集中展示与推介，是学校打造学术精品，彰显中国气派的生动实践。

"中国社会科学院大学文库"按照成果性质分为"学术研究系列"、"教材系列"和"思政研究系列"三大系列，并在此分类下根据学科建设和人才培养的需求建立相应的引导主题。"学术研究系列"旨在以理论研究创新为基础，在学术命题、学术思想、学术观点、学术话语上聚焦聚力，注重高原上起高峰，推出集大成的引领性、时代性和原创性的高层次成果。"教材系列"旨在服务国家教材建设重大战略，推出适应中国特色社会主义发展要求，立足学术和教学前沿，体现社科院和社科大优势与特色，辐射本硕博各个层次，涵盖纸质和数字化等多种载体的系列课程教材。"思政研究系列"旨在聚焦重大理论问题、工作探索、实践经验等领域，推出一批思想政治教育领域具有影响力的理论和实践研究成果。文库将借助与社会科学文献出版社的战略合作，加大高层次成果的产出与传播。既突出学术研究的理论性、学术性和创新性，推出新时代哲学社会科学研究、教材编写和思政研究的最新理论成果；又注重引导围绕国家重大战略需求开展前瞻性、针对性、储备性政策研究，推出既通"天线"，又接"地气"，能有效发挥思想库、智囊团作用的智库研究成果。文库坚持"方向性、开放式、高水平"的建设理念，以马克思主义为领航，严把学术出版的政治方向关、价值取向关与学术安全关、学术质量关。入选文库的作者，既有德高望重的学部委员、著名学者，又有成果丰硕、担当中坚的学术带头人，更有崭露头角的"青椒"新秀；既以我校专职教师为主体，也包括受聘学校特聘教授、岗位教师的社科院研究人员。我们力争通过文库的分批、分类持续推出，打通全方位、全领域、全要素的高水平哲学社会科学创新成果的转化与输出渠道，集中展示、持续推广、广泛传播学校科学研究、教材建设和思政工作创新发展的最新成果与精品力作，力争高原之上起高峰，以高水平的科研成果支撑高质量人才培养，服务新时代中国特色哲学社会科学"三大体系"建设。

历史表明，社会大变革的时代，一定是哲学社会科学大发展的时代。当代中国正经历着我国历史上最为广泛而深刻的社会变革，也正在进行着人类历史上最为宏大而独特的实践创新。这种前无古人的伟大实践，必将给理论创造、学术繁荣提供强大动力和广阔空间。我们深知，科学研究是永无止境的事业，学科建设与发展、理论探索和创新、人才培养及教育绝非朝夕之事，需要在接续奋斗中担当新作为、创造新辉煌。未来已来，将至已至。我校将以"中国社会科学院大学文库"建设为契机，充分发挥中国特色社会主义教育的育人优势，实施以育人育才为中心的哲学社会科学教学与研究整体发展战略，传承中国社会科学院深厚的哲学社会科学研究底蕴和 40 多年的研究生高端人才培养经验，秉承"笃学慎思明辨尚行"的校训精神，积极推动社科大教育与社科院科研深度融合，坚持以马克思主义为指导，坚持把论文写在大地上，坚持不忘本来、吸收外来、面向未来，深入研究和回答新时代面临的重大理论问题、重大现实问题和重大实践问题，立志做大学问、做真学问，以清醒的理论自觉、坚定的学术自信、科学的思维方法，积极为党和人民述学立论、育人育才，致力于产出高显示度、集大成的引领性、标志性原创成果，倾心于培养又红又专、德才兼备、全面发展的哲学社会科学高精尖人才，自觉担负起历史赋予的光荣使命，为推进新时代哲学社会科学教学与研究，创新中国特色、中国风骨、中国气派的哲学社会科学学科体系、学术体系、话语体系贡献社科大的一分力量。

（张政文　中国社会科学院大学党委常务副书记、校长、中国社会科学院研究生院副院长、教授、博士生导师）

目 录

绪　论

人是"一切社会关系的总和"①，而社会作为"人们交互活动的产物"②，其核心离不开人类在劳动实践中结成的人与人之间的社会关系以及由此形成的一定的社会关系网络。在社会关系网络中，"信任"是一个重要的因素，是"简化复杂性的机制"③之一，任何社会都离不开信任。德国学者格奥尔格·齐美尔（Georg Simmel）曾说过："如果没有人们之间的一般性信任，社会将会瓦解。"④

一　诚信：社会信任之基

马克思恩格斯在《德意志意识形态》中有这样一段论述："凡是有某种关系存在的地方，这种关系都是为我而存在的；动物不对什么东西发生'关系'，而且根本没有'关系'；对于动物来说，它对他物的关系不是作为关系存在的。"⑤这为我们理解齐美尔所提到的"一般性信任"生成的逻辑提供了开门的钥匙，从经典作家的论述中我们可以引

---

① 《马克思恩格斯选集》第 1 卷，人民出版社，2012，第 135 页。
② 《马克思恩格斯选集》第 4 卷，人民出版社，2012，第 408 页。
③ Luhmann Niklas, *Trust and Power* (Chichester：John Wiley & Sons, 1979), p. 1.
④ Georg Simmel, *The Philosophy of Money* (London & New York：Routledge, 1979), pp. 177-178.
⑤ 《马克思恩格斯选集》第 1 卷，人民出版社，2012，第 161 页。

出这样的判断：信任关系是属人的关系，如果"为我"之人倾向于对其关系人付出信任，他势必会做出这样的假定，即对方是诚信的，无论该诚信是主观状态、客观需要还是一种理想推测，只有这样，他才可以信任其相应的所属关系人。由此而得到的结论是，个体诚信是社会信任产生的前提与基础，因为"不论多么复杂，在所有社会客体的后面也都存在一些人，而且他们是我们最终赋予信任的人"①。美国学者弗朗西斯·福山（Francis Fukuyama）在其《大分裂：人类本性与社会秩序的重建》中用社会资本对其加以描述，认为社会资本是"一个群体之成员共有的一套非正式的、允许他们之间进行合作的价值观或准则。如果该群体的成员开始期望其他成员的举止行为将会是正当可靠的，那么他们就会相互信任"②。虽然人们具有共同的价值观且遵守规则会产生秩序和效率，但"产生社会资本的社会规范必须在实质上包括讲真话、尽义务以及互惠互利这样的美德"③。

社会之所以能够有序发展，是因为社会成员对规范的共同遵守。社会成员诚实守信，才会有人与人之间的信任与合作，人与人之间有了信任与合作，社会才有可能实现持久稳定的发展。其一，对诚信的道德认识构筑了信任的伦理支撑。诚实是信任根植的深厚土壤。社会成员对诚信的道德认识和坚守会促进人与人之间信任的产生，而多数破坏信任的行为都是不诚实的行为。可以说，缺少诚实道德支撑的信任就如空中楼阁，随时都有崩塌的可能。因此，社会成员对诚信道德的坚守无疑应被视作信任赖以存在的先决条件。简言之，诚实是人类社会合作互信之必须，无论社会发展到何种阶段，如果缺乏对诚信的道德认识和坚守，人类社会的普遍信任便没有办法真正得以实现。其二，由己及人的道德推定使社会成员更倾向于付出信任。道德认识的增量过程同时也是人的道

---

① 彼得·什托姆普卡：《信任：一种社会学理论》，程胜利译，中华书局，2005，第56页。
② 弗朗西斯·福山：《大分裂：人类本性与社会秩序的重建》，刘榜离等译，中国社会科学出版社，2002，第18页。
③ 弗朗西斯·福山：《大分裂：人类本性与社会秩序的重建》，刘榜离等译，中国社会科学出版社，2002，第19页。

德发展的过程，无论是皮亚杰（Jean Piaget）还是科尔伯格（Lawrence Kohlberg）的理论论证都说明，当道德认识进入自律意识阶段，人们才能够比较正确地评价自己和判断他人，并能有换位思考的意识。将"己所不欲，勿施于人"放置于对信任的理解，指的便是"欲取信于人，先要信于人"的"信任先行"付出逻辑。就如塞利格曼（Martin E. P. Seligman）所认为的那样，"人们对他人的善意行为无法做出判断和推测时却仍相信他人会有善意行为的表现"①。因此，人类社会的存在、发展以及维系，都需要在社会个体意识中建构诚信观念，以提升人们相互交往中的确定性，保障人类赖以生存的社会关系网络之稳定。诚如埃德加·米切尔（Edgar Mitchell）所言，"对道德价值观知识的尊重，在人类生活和活动中将起到举足轻重的作用。如果我们想要生存下去的话，就必须这样"②。

二　从概念谈起

"概念引导我们去进行研究；它们表达我们的兴趣并且指引我们的兴趣。"③ 对诚信教育展开研究，首先要明晰诚信以及诚信教育的概念。在语义学角度，诚信教育是"诚信"和"教育"组成的复合词，但要细究起来，却不似那么简单。其一，诚信有着多面向的特征，尚存在需要廓清的问题，诸如"说谎话就是不诚信吗"等疑问都有待诚信教育给予解答。其二，教育有着广义和狭义的划分，那么，诚信教育应从广义角度理解还是从狭义角度理解？怎样在广义的层面理解狭义的诚信教育？这些仍需要厘定。

---

① 李伟民、梁玉成：《特殊信任与普遍信任：中国人信任的结构与特征》，《社会学研究》2002 年第 3 期。
② 维克多·奥辛廷斯基：《未来启示录：苏美思想家谈未来》，徐元译，上海译文出版社，1988，第 212 页。
③ 维特根斯坦：《哲学研究》，李步楼译，陈维杭校，商务印书馆，1996，第 229 页。

（一）"诚信"释义

"诚信"为何？这似乎是一个浅显而又深邃的问题，尽管在很大程度上人们可以从感性上去感受它，但要对其进行理性的理论分析，"诚信"的含义仍需要哲学高度的思考和阐释。恩格斯曾指出，"马克思研究任何事物时都考查它的历史起源和它的前提，因此，在他那里，每一单个问题都自然要产生一系列的新问题"。① 我们同样应以这种方式和方法来看待"诚信"，考察"诚信"的起源和其概念发展的脉络。

在我国古代典籍中，"诚"与"信"最初是分开使用的，它们分别有着不同的内涵。虽然东汉许慎在《说文解字》中将"诚"与"信"互训，认为"诚，信也，从言成声"，"信，诚也，从人从言"②，但事实上，"诚"与"信"在许多方面上仍然存在不同。

概括而言，中国传统文化中的"诚"主要有三层意蕴：一是在本体论的意义上，指自然万物的客观实在性，即"天道"的必然性和规律性，如韩非所言："道者，万物之所然也……道者，万物之所以成也。"③ 故我国古代典籍《中庸》道"诚者，天之道也"④。二是在认识论的意义上，指对"天道"的客观真实的反映，即"人道"效法"天道"的真实性，尊重客观规律。为此，《中庸》又道："诚之者，人之道也。"⑤ 三是在价值论的意义上，指尊重事实和忠于本心的待人接物的态度，即真实反映事物求真，真诚待人求实，既不自欺也不欺人。故朱熹言"诚者，真实无妄之谓"⑥。"诚者何？不自欺不妄之谓也。"⑦ 因此，在伦理学的意义上，诚的基本含义是真诚无欺、真诚无妄。因为诚的基本含义是"实"，所以"诚"后来又发展为"诚实"，指言行与内

---

① 《马克思恩格斯全集》第29卷，人民出版社，2020，第424页。
② 许慎：《说文解字》，张三夕导读，刘果整理，岳麓书社，2006，第52页。
③ 《韩非子·解老》，载《韩非子》，王先慎集解，姜俊俊校点，上海古籍出版社，2015，第173页。
④ 《中庸》，载《论语·大学·中庸》，朱熹集注，上海古籍出版社，2013，第283页。
⑤ 《中庸》，载《论语·大学·中庸》，朱熹集注，上海古籍出版社，2013，第283页。
⑥ 《中庸》，载《论语·大学·中庸》，朱熹集注，上海古籍出版社，2013，第286页。
⑦ 黎靖德编《朱子语类》，王星贤点校，中华书局，1986，第2878页。

心一致，不虚假。《旧唐书·韩思复传》曰："持此诚实，以答休咎。"①
现代意义的"诚"主要指诚实，即人们待人接物和为人处世的一种真实无妄的态度和品行，表现为言行一致，忠于本心和坦诚待人，既不自欺也不欺人。"信"在春秋以前与"诚"的初义相近，主要指人们对鬼神的虔诚心理。后来，"信"摆脱了宗教色彩，与为政之道结合，成为经世致用的道德规范。在传统儒家文化中，"信"的伦理意义主要有四方面：其一是信实，忠于客观实情。其二是交友之道，即言而有信，如《论语·学而》篇中的"吾日三省吾身：为人谋而不忠乎？与朋友交而不信乎？传不习乎？"②和"与朋友交言而有信"③。其三是安身立命的做人原则，即与人交往要真实、不妄言，说话算数。这也就不难理解为什么中国古人会把"信"上升到人性的高度，认为"人而无信，不知其可也"④。其四是作为治国方略的"信"，要求取信于民，如《论语·颜渊》篇中的"足食，足兵，民信之矣"⑤和《论语·子张》中的"君子信而后劳其民；未信，则以为厉己也。信而后谏；未信，则以为谤己也"⑥。简言之，忠于客观实情和本心反应是"信"的本质要求，与朋友相交的"信"侧重相互信任，做人原则的"信"强调人之为人的根本，而为政之德的"信"则侧重取信于民。现代意义的"信"主要指信用，指一种忠于自己诺言和义务的品行。由上可见，"诚"与"信"分别有着不同的指代。"诚"与"信"合成"诚信"，表示的主要是诚实守约、言行一致的含义。

在西方世界的语言体系结构中并没有出现"诚信"这一结构复合词，但与其含义相近的词语众多。德语中，"诚信"是一个复合词，与"诚""信"最为相近的词是诚实（Ehrlichkeit/Aufrichtigkeit）和信仰/

①　刘昫：《旧唐书》第 10 册，中华书局，1975，第 3149 页。
②　《论语·学而》，载《论语·大学·中庸》，朱熹集注，上海古籍出版社，2013，第 18 页。
③　《论语·学而》，载《论语·大学·中庸》，朱熹集注，上海古籍出版社，2013，第 20 页。
④　《论语·子张》，载《论语·大学·中庸》，朱熹集注，上海古籍出版社，2013，第 34 页。
⑤　《论语·颜渊》，载《论语·大学·中庸》，朱熹集注，上海古籍出版社，2013，第 142 页。
⑥　《论语·子张》，载《论语·大学·中庸》，朱熹集注，上海古籍出版社，2013，第 224 页。

信任（Treu und Glauben/Vertrauen）。在其观念体系中，"诚实"代表的是坦率的意思；"信仰"（Glauben）表示的是一种真实无欺，它更多地与宗教相关，要求人们诚实地对上帝，推及诚实地对人、对物，当然，这种信仰是建立在忠诚（Treu）基础之上的；而"信任"（Vertrauen）则表示对他人言行真实性的评判和看法，是在社会生活中形成的观点和评价。在英文中，表示诚信的词主要有"Honesty""Trust""Credit"等。"Honesty"为诚实之意，指对人对自身的心口一致；"Trust"主要表示社会信任，是从"关系"的角度阐释诚信之意；"Credit"指代的是信用，是诚信的外在表现形式。对西方人观念中的"诚信"进行分析，其主要是以宗教伦理和契约伦理为理解径路的，即在内心上忠于上帝，与人无欺；在外在上履行义务，坚守契约。

"诚信"成为一个历久弥新的话题，不仅是因为其在人类社会发展中所处的重要地位，还因为在不同的历史时代，"诚信"有着不同的价值和意义，表现出不同的时代特性。正如马克思所言："物质生活的生产方式制约着整个社会生活、政治生活和精神生活的过程。""在历史上出现的一切社会关系和国家关系，一切宗教制度和法律制度，一切理论观点，只有理解了每一个与之相应的时代的物质生活条件，并且从这些物质条件中被引申出来的时候，才能理解。"[1] 由于"诚信"有着极为丰富的内涵，因此，在不同的时代、不同的理论视界中，对于"诚信"的认识也不同。

第一，诚信是一种道德原则。以道德原则为样态的诚信源自于人类的社会性需求，在努力摆脱固有动物属性的同时，人类将诚信作为社会融合的手段之一。对此，恩格斯曾一针见血地指出："人来源于动物界这一事实已经决定人永远不能完全摆脱兽性，所以问题永远只能在于摆脱得多些或少些，在于兽性或人性的程度上的差异。"[2] 从整体上看，道德范畴下的诚信有着丰富的内涵，它既可以被视为一个完整的德目，

---

① 《马克思恩格斯选集》第2卷，人民出版社，2012，第8页。
② 《马克思恩格斯选集》第3卷，人民出版社，2012，第478页。

又可以作为一种同义的复合，具有"内诚"与"外信"的双重涵义。一方面，"诚"偏重"内诚于心"，强调人作为道德主体的内在品性和修养；另一方面，"信"偏重"外信于行"，即通过行为外化诚信道德观念，实现道德践履。在历时态上，诚信道德原则经历了由传统到现代的发展变迁，传统社会中的诚信以"信义"和"义理"为基础，所展开的语境是熟人社会中内诚与外信的关系；现代社会中的诚信则是一种契约伦理，指向者是人、他人，所展开的语境是陌生人社会中契约平等的关系。可见，诚信经历了从熟人社会信义伦理到陌生人社会契约伦理的发展过程。

第二，诚信是一项法律准则。法律是道德原则的规范化与具体化，它将最基本的道德要求通过制度的形式固定下来，用以约束人们的行为。在法律体系中，诚信被称为"帝王条款"，是许多民法典中的共通原则。从西方法制史来看，诚信的法律准则源自罗马法中的"一般恶意抗辩诉权"，历经法国民法典和德国民法典，直至 1907 年瑞士民法典将诚信准则扩展至整个民事法律范畴，成为"行使任何权利或履行义务"① 的首要准则。在我国，诚信原则同样有着重要的法律地位，《中华人民共和国民法典》明确规定"民事主体从事民事活动，应当遵循诚信原则，秉持诚实，恪守承诺"②，将诚信作为民事活动的首要准则。实际上，单纯追求以"善"为目的的"美德目的论"诚信观和单纯以"正当"为目的的"权利规范论"诚信观都是片面的，作为法律准则的诚信与作为道德原则的诚信之间有着相辅相成的关系，"法律诚信必须有相应的道德诚信作为基础和依托，否则就会成为无根之木；而道德诚信也必须有相应的法律诚信作为保障，否则就会柔弱无力"③。

第三，诚信是一种利益选择。德国社会学家马克斯·韦伯（Max Weber）在《新教伦理与资本主义精神》一书中曾经做出过这样的论

---

① *Schweizerisches Zivilgesetzbuch*, Zürich: Orell Füssli. 1980. p. 3.
② 《中华人民共和国民法典》，人民出版社，2020，第 8 页。
③ 王向前：《"道德诚信"与"法律诚信"》，《光明日报》2002 年 10 月 15 日。

述，"诚实有用，因为诚实能带来信用……例如，在诚实的外表就能达到相同目的的场合，有个诚实的外表就足够了。进而，在富兰克林看来，不必要的、过多的这种美德必定是无利可图的浪费"①。可以看出，这是韦伯对功利论诚信观的深刻剖析。抛开主观评价，我们发现，诚信在现实生活中的确可以作为一种"有用物"发挥重要作用。其实，将诚信视作利益选择是一种基于经济学理性人假设的推断，在理性交往模型下，个体根据对自身未来利益的理性推论和评估，做出是否诚信的策略选择行为，其目的在于实现自身利益的最大化。"囚徒困境"是诚信利益选择的典型案例，其意是说"局中人"在追求自身利益最大化的选择过程中，不仅受自己的利益需求影响，而且要考虑其他局中人的行为可能和反应，根据对局中其他人的行为推测，做出对应性的行为选择，并力图选取对自己最为有利或最为合理的方案。所以，将诚信视为一种利益选择不无道理。但是，综合考虑，由于人是感性与理性的集合体，在其行为选择的过程中并不可能抛除感性因素而实现"绝对理性"，因此，这种推论也就具有一定的局限性。

第四，诚信是一种人格特质。中国传统文化认为，人的理想人格应包含"仁、义、礼、智、信"，其中的"信"，按照当时的表述可以理解为诚信之意。其实，早在著名的古代典籍《周易》中，古人就对诚信不欺的精神进行了阐述，《中孚》卦辞专门讲述了诚信精神，《易传》释其曰："中孚，信也。"孔颖达疏之谓："信发于中，谓之中孚。"② 可见，在《周易》产生的时代，诚信便被认为是理想人格的应有内容。董仲舒在《春秋繁露》中记，"竭愚写情，不饰其过，所以为信也"③。现代人的理想人格中同样包含诚信的内容。善良作为现代中国人人格结构中的主要构成要素，包含利他、诚信和重感情三个方面，而诚信主要指的是个体在与他人交往的过程中表现出的言行一致、表里如一的特

---

① 马克斯·韦伯：《新教伦理与资本主义精神》，斯蒂芬·卡尔伯格英译，苏国勋等中译，社会科学文献出版社，2010，第28页。
② 孔颖达：《周易正义》，上海古籍出版社，1990，第71页。
③ 董仲舒：《春秋繁露》，曾振宇注说，河南大学出版社，2009，第370页。

点。这说明，诚信不仅仅是古人理想的人格特质，同样也是现代人理想人格结构中的一种重要特质。现代人的诚信人格应该是一个多维度的结构，它包括"正性取向中的实干重义、诚实信用、公正无欺、忠实可靠四个因素以及负性取向中的自私欺人、钻营世故、多谋寡信、虚伪不实四个因素"①。

（二）关于"教育"的理解

在中国，教育一词较早出现在《孟子》"得天下英才而教育之"（《孟子·尽心上·第二十节》）中，中国古代典籍《学记》对教育核心功能曾有过"长其善而救其失"（《礼记·学记》）的认识，也就是通过教育，增长人的善的品行。

德文中，代表"教育"核心概念的词是Bildung，译成中文是"教育/教养"，这是德国教育领域中的一个独特的单词，它意味着一种自我的完善，强调的是人作为一个有机整体的发展，有着"达到人性之完美教化"②的含义，是指以个体为中心的、适应社会发展需要的过程。③德国的教育学者认为，教育在于使人们获得"获取文化传统和知识内容、发展个性的机会，……自主安排个人和家庭生活的机会，……胜任职业要求并积极参与社会生活和政治整合的机会，这正是'教育'（Bildung）的本意所在"。④"19世纪德国新人文主义代表人物和教育家洪堡（Wilhelm von Humboldt）曾经阐述道，'修养'指向'某种更高级和更内在的东西，即一种由知识以及整个精神和道德所追求的情感而来的、并和谐地贯彻到感觉和个性之中的情操。'因而'修养'是通过教育实现人感情和理性的共同发展，达到'向普遍性的提升'。而洪堡提出的著名的'由科学达致修养'（Bildung durch Wissenschaft）的观点

---

① 赵子真等:《诚信人格特质初探》,《心理科学》2009年第3期。

② S. E. Noirdenbo, Bildung and the Thinking of Bildung. *Journal of Philosophy of Education*, 2002, (3). pp. 341-352.

③ J. Oelkers, The Orgin of the Concept of "Allgemein-Bildung" in 18th Century Germany. *Studies in Philosophy and Education*, 2002, (21). pp. 343-351.

④ Konsortium Bildungsberichterstattung, *Gesamtkonzeption zur Bildungsberichterstattung in Deutchland*, 2005. https://www.bildungsbericht.de/de/forschungsdesign/grundlagen, 2020-05-10.

就是强调通过科学研究建立对自然世界秩序的理性理解，促进了学术知识和道德教育的统一。"① 当然，对 Bildung 这一单词进行阐述的还有德国教育学者昆慈利（Rudolf Künzli），他指出，Bildung"是一个超越了知识和技巧本身的概念，是指通过主动参与到文化遗产中来并创造性地获得它们而形成个体的过程。其最初的任务不是要问学生如何学习或如何使学生接近知识，也不是确定学生应当能做什么或知道什么。相反，教学论专家最初的任务是追求文化所赋予的知识和技巧在形成品德上的意义。这才是考虑对象时所关注的焦点，而正是这一焦点决定了各种可能的教学方法及其情境与相互联系"②。就此而言，"教育是每个个体与其周边的社会环境共同创造的一个过程"③。在德文中代表"教育"的另一个词是 Erziehen，它主要指的是"对孩子和未成年人在德智体诸多方面的教育，使其健康成长"。

所以，教育既可以被理解为一个狭义的概念，也可以被看作一个广义的概念。从狭义上说，教育即专门的学校教育，通常指的是专门通过教育机构进行的有目的、有计划、有组织的教育过程；而从广义上说，教育具有更加广泛的含义。德国哲学家伊曼努尔·康德（Immanuel Kant）曾指出，"人只有通过教育才能成为人"④。这里，前面的"人"指的是自然人，后面的"人"指的是社会人。这也就是马克思所说的，人的本质在于人的社会性，而社会性的获得离不开教育。在康德看来，"我们所理解的教育，指的是保育（养育、维系）、规训（训诫）以及连同塑造在内的教导"⑤。按照他的理解，人从出生之日起就开始接受教育。教育是人的社会化过程，康德的观点代表了一部分德国学者对教育概念的认知，也就是说，教育特别是涉及道德以及价值观的教育是一

① 秦琳：《德国基础教育》，同济大学出版社，2015，第 99 页。
② 秦琳：《德国基础教育》，同济大学出版社，2015，第 99 页。
③ Konsortium Bildungsberichterstattung, *Gesamtkonzeption zur Bildungsberichterstattung in Deutchland*, 2005. https://www.bildungsbericht.de/de/forschungsdesign/grundlagen, 2020-05-10.
④ 伊曼努尔·康德：《论教育学》，赵鹏、何兆武译，上海人民出版社，2005，第 5 页。
⑤ 伊曼努尔·康德：《论教育学》，赵鹏、何兆武译，上海人民出版社，2005，第 3 页。

个广义的概念。这与中国文化中对教育概念的理解是一致的。近代教育学家陶行知提出"生活即教育"的经典论述，更是把教育同人的社会化过程紧密地结合在一起。

（三）诚信是否可教

诚信是否可教？这一看似简单的问题，回答起来似乎并不如看上去的那般容易。

当将这一问题置于理性思维的框架下进行探讨时，我们发现，对于这一问题的回答仍有许多内容有待厘清，而这正是学者们争论的焦点。

首先是关于诚信教育的合法性问题。诚信教育的合法性问题与目的论密切相关，也就是说，如果诚信教育是合法的，那么它一定是某种具体目的的承载。然而，以美国学者杜威（John Dewey）为代表的实用主义教育理论派认为，教育即生长、生活和经验改造，所以，"教育的过程，在它自身以外没有目的；它就是它自己的目的"[①]。有学者将杜威的这种教育理论理解为"教育无目的论"。如果按照这种理解进行推论，以培养人的诚信品行为目的的诚信教育本身便是一个伪命题，因为这样看来，似乎人类的教育活动不应当有任何目的，其本身便是目的。但是，在对杜威的观点进行仔细分析后，我们发现，他所主张的"教育无目的论"并非真正的抛弃教育目的，其实质是反对从外部强加给教育目的。按照杜威的论述，"教育本身并无目的。只是人，即家长和教师等才有目的；教育这个抽象概念并无目的"[②]。可见，在杜威那里，只存在"教育过程以内"的目的，而不存在"教育过程以外"的目的，所谓"教育过程以内"的目的即以人的生活过程为引导的教育，而"教育过程以外"的目的则是外部强加给教育的目的。马克思对于目的论有着这样的看法，他认为"在社会历史领域内进行活动的，是具有意识的、经过思虑或凭激情行动的、追求某种目的的人；任何事情的发

---

① 杜威：《民主主义与教育》，王承绪译，人民教育出版社，1990，第 54 页。
② 杜威：《民主主义与教育》，王承绪译，人民教育出版社，1990，第 114 页。

生都不是没有自觉的意图，没有预期的目的的"①。所以，在马克思那里，任何社会行为的发生都是有目的的。这便是说，无论何种教育活动，都是有其特定目的的。至此，承认上述观点也就代表着对诚信教育的合法性作出了认可。

下面的问题是，教育是否可以实现我们的目的？这里涉及的是诚信教育的合理性问题，即人的诚信意识培养和诚信品行形成是否可以通过诚信教育的形式实现？虽然卢梭曾经在他的著作《爱弥儿：论教育》中指出，"我们出生时不曾具备而长大后需要的东西，它们统统要通过教育才能赋予我们"②，这在很大程度上肯定了教育的意义，但诚信作为人的意识形态中一种特殊的意识思维，关于其形成过程仍存在很多的争论。前已述及，诚信既是道德原则，又是法律准则。众所周知，在社会实践中，法律往往是通过教育的形式使人知晓并强制遵守的，因此，仅凭此就可以为诚信教育的必要性与可能性提供合理支撑。然而，作为律法准则的诚信毕竟源出于道德的法律化，诚信教育的根本仍然在于德性的形成。所以，关于该问题，我们讨论的焦点是：诚信道德的形成可否通过教育实现？

纵观历史，这一探讨可以上溯到古希腊、罗马时代关于"美德是否可教"的论辩。根据柏拉图（Plato）在《美诺篇》中的记载，苏格拉底在回答美诺的"美德从何而来"的问题时，将论述的中心放置于对"美德"本性的追问上，并指出，"如果美德是知识，那么它是可教的，反之亦然，美德若是可教的，那么它是知识"③。苏格拉底通过与美诺和普罗泰格拉等人的一系列谈话，论证了他关于"美德即知识"的观点。可是，在对"美德是否可教"这一问题的回答上，苏格拉底却存在犹豫，以至于得出"美德既非自然禀赋，亦非后天习得"这样模棱两可的结论。此后，持不同道德主张的流派围绕该议题进行了多样

---

① 《马克思恩格斯选集》第 4 卷，人民出版社，2012，第 253 页。
② 让-雅克·卢梭：《爱弥儿：论教育》，李兴业、熊剑秋译，人民教育出版社，2017，第 7 页。
③ 《柏拉图全集》第 1 卷，王晓朝译，人民出版社，2002，第 534 页。

化的研究，并提出不同观点。按照前文所述，单就诚信道德而言，在缘起上，由于人不可回避的动物属性，诚信道德不可能先天性地存在于人的意识之中，其形成必然要具备一定的条件并且通过一定的途径，也就是说，诚信道德意识是人与他所处的环境互动的产物。按照马克思主义认识论来进行理解，实践是认识产生的基础、是认识的来源，但这并不否定存在通过学习间接经验而取得认识的途径。质言之，人的诚信道德是在实践中产生的，人类通过教育，将实践中得来的诚信道德认识传递下去，由此使得诚信在人类历史上不断延续。

大多数德国人和德国学者认为，人的诚信是可通过教育手段来实现的，人的诚信问题是教育的问题（Ehrlichkeit ist Erziehungssache）①。德国学者沃尔夫冈·布列钦卡（Wolfgang Brezinka）指出，教育"在绝大多数情况下均被用来指称一种过程或者一种经过"②，"因为无论怎样……它虽然也追求达到目的，但却没有理由将过程与人们想要达到的应然状态混为一谈，也没有理由将过程与可能帮助实现目的的部分条件混为一谈"③。

如前所述，诚信的概念既是一种道德的认识，又是一种规范的认知，规范论主要强调"应当做什么"以及"应当怎样做"，而德性论主要强调"应当成为一个什么样的人"。所以，诚信教育的主要目的是使社会成员具有诚信德性。

因此，培育社会成员的诚信价值观是一切民族和国家的社会发展及社会治理都要面对的共同任务。虽然传统社会的诚信与现代社会的诚信基础不同、约束机制有别，但诚信教育都是不可或缺的，也是不容置疑的。所以，不论在德国，还是在中国，对"教育"的理解都不应仅仅局限在学校教育这一狭义概念的认知之上，中德诚信教育的比较应基于

---

① Marie-Thérèse Fleischer（2017），*Ehrlichkeit ist Erziehungssache*. https://www.spektrum.de/news/kinder-zur-ehrlichkeit-erziehen/1435699.

② 沃尔夫冈·布列钦卡：《教育科学的基本概念：分析、批判和建议》，胡劲松译，华东师范大学出版社，2001，第40页。

③ 沃尔夫冈·布列钦卡：《教育科学的基本概念：分析、批判和建议》，胡劲松译，华东师范大学出版社，2001，第41页。

两国文化源流基础，对比分析家庭、学校、社会等多维度教育途径，进行综合比较研究。

三　何以共通与何以比较

从古至今，诚信的道德原则对中国人来说都具有重要的意义，是中国人长期秉承的优秀道德传统。周敦颐认为，"'乾道变化，各正性命'，诚斯立焉"。"'纯粹'至善者也。"① 诚不仅是万物之本，亦是一切价值判断之根源，其他德性皆以诚为本，又以诚为最高境界："圣，诚而已矣。诚，五常之本，百行之源也。"② 表明了诚信在中国传统文化中具有重要地位。

然而，当转型期的中国社会遭遇传统与现代的碰撞与融合之时，中国人秉承的这一优秀道德传统面临各种挑战，由此引发的种种使人们对社会信任问题日渐关注。近年来，为应对社会发展过程中出现的一些失信现象，党和政府通过不懈努力改善社会诚信环境，特别是中国特色社会主义进入新时代以来，伴随着社会信用体系的完善、诚信教育的优化，失信现象增多的势头得到有效遏制，坚守诚信在全社会范围内成为主流，但面对偶有发生的失信现象，我们仍需继续努力，直面知信而不守信等影响社会信任的主要问题，逐一破解我们面临的难题，持续推进社会主义核心价值观的培育与践行。

目光转向世界，不仅仅是中国，世界上每一个国家、地区和民族都离不开社会信任的建设和维系，对于所有的国家、地区和民族而言，诚信教育都是一个重要课题，具有广泛的世界意义。"各民族的文化不是绝缘体，各国家的教育都是混血儿。文教交流古已有之，今后更甚。"③ 富有成效地开展我国诚信教育，要在辩证唯物主义和历史唯物主义的指

---

① 《通书·诚上》，载《周敦颐集》，梁绍辉、徐荪铭校点，岳麓书社，2007，第64页。
② 《通书·诚下》，载《周敦颐集》，梁绍辉、徐荪铭校点，岳麓书社，2007，第65页。
③ 滕大春：《试论比较教育和"洋为中用"》，《外国教育》1984年第1期。

引下，在坚持中国优秀传统文化的基础上，融通中国特色社会主义文化，与国外一些国家的诚信教育进行对比分析，以批判借鉴、取长补短，剖析各自在诚信教育上的优势与特色，进一步探究诚信内化与外化相统一的教育机理，多措并举展开教育活动，塑造社会成员的诚信品格，构筑中国社会的信任之基。

中国与德国的诚信教育比较研究具有一些特殊性，二者虽然存在较多的差异，但也有很多共通之处，可以相互比较，互补互促。

首先，德国人的诚信价值观念源于其民族文化传统，并且有着鲜明的集体主义特征。古罗马历史学家塔西佗（Claudius Tacitus）在其著作《日耳曼尼亚志》中提到，德国人的祖先日耳曼人的一些"优良的风俗习惯，其效力远胜于别的地方的优良的法律"[1]，在很多德国人看来，一人失信会使其所属的群体蒙羞，这与很多西方国家有所不同。而中国社会的诚信价值观具有鲜明的义理传统文化特征和集体主义指向，因此，中德在传统诚信价值观念的现代转化上存在比较的共通性和差异性。

其次，德国社会成员的诚信品质在世界范围内有相对较高的认可度。近年来，欧洲大陆的法国、西班牙、意大利等国家的社会信任普遍下滑，信用度降低，相比之下，德国在世界信用评级中信用度还是相对较高的。而中国社会传统的稳定的诚信价值观在现代社会遭遇挑战，中德诚信教育的比较研究正是在分析德国传统诚信文化现代转型经验的基础上，"不忘本来"、"吸收外来"和"面向未来"[2]。在我国建设诚信社会、推进传统优良诚信文化的创造性转化与创新性发展的进程中，在国际视野下找寻以资借鉴的资源，这是对中德两国的诚信教育进行比较研究的另一价值所在。

---

[1]　塔西佗：《阿古利可拉传　日耳曼尼亚志》，马雍、傅正元译，商务印书馆，2017，第57页。

[2]　习近平在哲学社会科学工作座谈会上的讲话指出："我们要善于融通古今中外各种资源，特别是要把握好3方面资源。一是马克思主义的资源，……二是中华优秀传统文化的资源，……三是国外哲学社会科学的资源，……坚持不忘本来、吸收外来、面向未来……"参见习近平《在哲学社会科学工作座谈会上的讲话》，人民出版社，2016，第16页。

最后，德国近年来也面临着较为严重的社会失信问题，德国社会在应对这些失信问题时所采用的路径和策略有着一定的研究价值。近年来，德国社会出现了一些失信、造假事件，引起了大众媒介的关注，从德国前国防部长古滕贝格（Karl-Theodor Zu Guttenberg）论文造假事件到大众"造假门"，这一系列失信现象背后的价值观归因分析以及德国政府采取的思路与对策可以为我国构建信任社会、优化诚信教育提供研究资料。

第一章　中德诚信价值观念的文化品格比较

任何教育活动都离不开它所在的文化背景，可以说，一个国家或者一个民族、一个地区的文化背景决定了该国家、民族或地区的教育理念、教育思维、教育路径以及教育活动展开的具体方式方法。对中国与德国的诚信教育进行比较，首先要考察的是两国的文化背景。由于地缘位置、历史经历、民族传统等因素的不同，中国与德国的文化背景有着较大差异。在中国文化体系中，儒家精神渲染的社群主义文化根深蒂固；而德国文化中杂糅着古希腊和古罗马文化精神，以及日耳曼民族在历史发展中所具备的集体特征。不同的文化品格对中国和德国民众诚信价值观念的形成和演变有着不同的影响。在中国传统思想中，诚信的道德意味显著。诚信是具有基础性地位的道德范畴之一，一提到诚信，在大多数中国人的第一意识中，其首先是一个道德命题。而在德国人眼中，诚信是尊重事实和信守诺言，是一个与契约、宗教教义、法律制度有关的概念。换言之，相较而论，中国社会文化强调诚信的义理性，而德国社会文化则重视诚信的规则性。

一　中国诚信价值观念的文化特征

中国的历史文化根基深厚，五千年连绵不断的文明史使得中国社会的诚信价值观念与华夏大地传统的农耕文明息息相关，社会成员的诚信价值观念追根溯源，可以从中国传统社会特定的经济、政治、文化土壤中寻得内在基因，传统的自然经济、乡土社会、封建制度、礼俗文化是中国人诚信价值观念的基础。诚如费孝通所言："文化本来就是传统，不论哪一个社会，绝不会没有传统的。"①

（一）超越功利的道义性

中国的诚信价值观念道义特征明显。受传统文化影响，中国社会在诚信教育上具有或多或少的超越功利的道义性。诚信的道德本质是坚持严明的道义价值，以"仁"为标准，追求诚信的正当性。诚信与"仁"紧密相连，既注重道德实质，又注重外在形式要求。这是因为在传统中国社会里，人们在处理人的精神需要与物质需要的关系时，以人的精神需要为首要需要，认为人生的价值在于精神境界的完善，"见利思义""重义轻利"成为人们对待利益问题的导向。中国传统社会重农抑商，商人以谋利为目的的交换行为在社会中受到传统道德的排斥，整个社会强调"君子喻于义，小人喻于利"②"君子不言利"③。对此，儒家认为，诚信必须有一个可度量的准则，这个准则不是诚信自身，而应是符合社会共同生活价值观的道义标准。孔子之诚信观主要体现在其"信"论，孔子从不谈单纯绝对的"信"，孔子谈"信"总要有更高的价值规范如"义"相随。当子张向孔子请教"崇德、辨惑"的问题时，孔子说："主忠信，徙义，崇德也。"④ 而孔子的弟子有子说，"信近于义，言可复也"⑤。孔子反对那些不问道德原则如何，只管实践诚信的形式的做法，他说"言必信，行必果"，只是"然小人哉"。⑥ 而所谓的

---

① 费孝通：《乡土中国》，人民出版社，2008，第 61~62 页。
② 《论语·里仁》，载《论语·大学·中庸》，朱熹集注，上海古籍出版社，2013，第 53 页。
③ 孟子曰："王亦曰仁义而已矣，何必曰利？"对此，朱熹集注："当是之时，天下之人惟利是求，而不复知有仁义。故孟子言仁义而不言利，所以拔本塞源而救其弊，此圣贤之心也。"参见《孟子·梁惠王上》，载《孟子》，朱熹集注，上海古籍出版社，2013，第 1~2 页。
④ 《论语·颜渊》，载《论语·大学·中庸》，朱熹集注，上海古籍出版社，2013，第 144 页。
⑤ 《论语·学而》，载《论语·大学·中庸》，朱熹集注，上海古籍出版社，2013，第 23 页。
⑥ 《论语·子路》，载《论语·大学·中庸》，朱熹集注，上海古籍出版社，2013，第 158-159 页。

"君子""大人"失信而守"义"反而获得较高的评价。如管仲帮助齐桓公成就了"一匡天下"的春秋霸业，他没有受"匹夫"之"谅"即"信"的束缚，为公子纠殉死，表明人在践行诚信道德时，不应拘泥于"非义之信"（小信），而是"义则诺"（大信）。孟子将信与善联系起来，认为："可欲之谓善，有诸己之谓信。"① 其意是说，自身确实具有善德，就叫作信。他还说："大人者，言不必信，行不必果，惟义所在。"② 北宋张载在《正蒙·中正》中提出"诚善于心之谓信"③，表明恪守善德即为信。二程认为能固守住善者，才可以称之为"诚"。朱熹提出"实于为善，实于不为恶，便是诚"④。诸多儒家学者都强调诚信必须要受道义的制约。

所以在中国，社会成员意识中的诚信价值观念体现着真诚于心、信于道义，强调对自己真实本性的忠诚，以及对自己应该承担的社会责任和道德义务的高度自觉性和一往无前的坚定性。中国社会的传统诚信价值教育要求人们履行诺言、恪守信用，其往往是没有功利目的的道义行为，这就使得中国传统的诚信观念一直跟着"义"在"利"以外游走，"讲信"总是与"重义"相连，"背信"总是和"弃义"相关。

（二）诚信之根本在于人的内心

"诚"早在先秦儒家那里就具有形而上的性质。孟子说："诚者，天之道也；思诚者，人之道也。"⑤ 荀子云，"天地为大矣，不诚则不能化万物"⑥。《中庸》道，"诚者，天之道也；诚之者，人之道也"⑦，"诚者物之始终，不诚无物"⑧。宋儒将"诚"之范畴作了极大的发挥，他们专以论"诚"为要务，将"诚"与"道"、"诚"与"理"、"诚"

---

① 《孟子·尽心下》，载《孟子》，朱熹集注，上海古籍出版社，2013，第212页。
② 《孟子·离娄下》，载《孟子》，朱熹集注，上海古籍出版社，2013，第110页。
③ 《正蒙·中正》，载《张载集》，章锡琛点校，中华书局，1978，第27页。
④ 黎靖德编《朱子语类》，王星贤点校，中华书局，1986，第1740页。
⑤ 《孟子·离娄上》，载《孟子》，朱熹集注，上海古籍出版社，2013，第97页。
⑥ 《荀子·不苟》，载荀况《荀子》，杨倞注，耿芸标校，上海古籍出版社，2014，第25页。
⑦ 《中庸》，载《论语·大学·中庸》，朱熹集注，上海古籍出版社，2013，第283页。
⑧ 《中庸》，载《论语·大学·中庸》，朱熹集注，上海古籍出版社，2013，第288页。

与"性"打通，一方面继承先秦以来的儒家传统，另一方面积极吸收佛教和道教思想中的合理因素，通过整合与相容，使关于"诚"的理论显得更加精致。

朱熹在论述其诚信理论时强调了三点：其一，"诚"为万物之根本和最高之道德境界。"诚是实理，自然不假修为者也。"① "诚是天理之实然，更无纤毫作为。"② "诚者，理之在我者皆实而无伪，天道之本然也。思诚者，欲此理之在我者皆实而无伪，人道之当然也。"③ "天地之道，可一言而尽，不过曰'诚'而已。不贰，所以诚也。"④ 其二，实现这一境界需要行为者将内在的道德要求外化为实际行动。"信是信实，表里如一。"⑤ 其三，诚信需要与忠诚结合，确保诚信的正当性。"忠，以心言；信，以事言。""未有忠而不信，信而不忠，故明道曰：'忠信，内外也。'"⑥

与朱熹等理学家强调诚信之外在客观的一面不同，以陆九渊、王守仁为代表的心学家承接并复兴孟子之人性论，认为"诚"之根本在于人之内心。特别是在王守仁那里，诚信与其他美德一起，乃是人类良知的构成或者要求，人之所以要讲求诚信，是因为诚信乃良知之要求，是孟子所言之人与禽兽之根本区分。"'圣，诚而已矣。'君子之学以诚身格物致知者，立诚之功也。"⑦ 王守仁力倡知行合一与致良知之说，即要树立人的道德自觉意识，实现道德认知与道德践履的密不可分。

宋明理学之理、心两派通过相互论辩不断发展，使得诚信理论日趋完善。明清之际的思想家王夫之进一步强调了诚信的重要地位："'诚'字，是极顶字，更无一字可以代释，更无一语可以反形，尽天下之善而

① 黎靖德编《朱子语类》，王星贤点校，中华书局，1986，第1563页。
② 黎靖德编《朱子语类》，王星贤点校，中华书局，1986，第1563页。
③ 《孟子》，朱熹集注，上海古籍出版社，2013，第97页。
④ 《论语·大学·中庸》，朱熹集注，上海古籍出版社，2013，第290页。
⑤ 黎靖德编《朱子语类》，王星贤点校，中华书局，1986，第920页。
⑥ 黎靖德编《朱子语类》，王星贤点校，中华书局，1986，第482页。
⑦ 王守仁：《王阳明全集》（壹），陈恕编校，中国书店，2014，第225页。

皆有之谓也，通吾身、心、意、知而无不一于善之谓也。"① 王夫之对诚信理论的发展在于：其一，以一种唯物论的视角来解读诚信之"诚"。王夫之坚持和发展了北宋张载的"气一元论"思想，并将"诚"界定为一个物质性范畴："夫诚者实有者也。"② 即"诚"是物质性的气的一般运动规律。"诚者，天理之实然，无人为之伪也。"③ 其二，认为诚信之德在诸多德性中居于核心地位。"'诚'为仁义礼之枢，'诚之'为知仁勇之枢"④。把握好诚信这一规范要求，也就为践行其他德目构建了坚实基础。其三，与宋明理学不同，王夫之在论述诚信时并没有将其与利益割裂开，而是坚持信义与利益的统一。他认为信义需要通过利益体现出来，而利益必须接受信义等道德规范的约束。宋明理学的"诚"论为个体的德性找到了内在心灵的根基，为人们从事道德修养活动提供了精神上的动力。然而，理学家眼中的"诚"通常还有着虚无的唯心主义特征，比如，张载就曾指出："天所以长久不已之道，乃所谓诚。仁人孝子所以事天诚身，不过不已于仁孝而已。故君子诚之为贵。"⑤ 其唯心主义特征可见一斑。

宋明理学家在对诚信的理论探究上，将诚信之"诚"上升到哲学本体论的高度，不仅对"诚"的内涵作出了较多的哲学思辨演绎，而且把"诚"作为维护"天理"的精神原点加以阐发，认为天道本诚，"自性言之为诚，自理言之为道，其实一也。"⑥，诚是天道的本真状态，人道即性，"诚"是人性之本原，由此实现了儒家诚信观的形而上学，使诚信观念由天道过渡到人道的论述更加圆融通透。

在中国传统社会的诚信习俗中，对神明的崇拜同样是重要的内容。通过对历史进行考证，我们发现"信"在春秋以前，与"诚"的初义

---

① 王夫之：《读四书大全说》，杨坚总修订，岳麓书社，2011，第997页。
② 王夫之：《尚书引义》，王孝鱼点校，中华书局，1962，第60页。
③ 王夫之：《张子正蒙注》，杨坚总修订，岳麓书社，2011，第136页。
④ 王夫之：《读四书大全说》，杨坚总修订，岳麓书社，2011，第521页。
⑤ 《正蒙·诚明》，载《张载集》，章锡琛点校，中华书局，1978，第21页。
⑥ 程颢、程颐：《二程集》，王孝鱼点校，中华书局，2004，第1182页。

相近，主要指人们对鬼神的虔诚心理。我国古代历史文献《尚书》曰：
"鬼神无常享，享于克诚。"孔颖达正义言："言鬼神不保一人，能诚信
者则享其祀。"① 即告诉人们要有笃信鬼神的虔诚心理。应该说，"天人
合一"是中国传统诚信思想的形而上学基础，使得人的诚信的获得及
持守拥有天道的根据和威严，诚信不仅是人道的必然，也是天道的本
然，违背诚信不仅是违背人伦，会受到道德的谴责，还会受到天的惩
罚。后来，各类民间偶像崇拜层出不穷，特别是对"关公"的信仰崇
拜逐渐演变为对忠信的崇敬，进而变成了社会经世传承的法则，这同时
也构成了一种习俗化的威慑力量，监督人们要坚守诚信。

（三）熟人社会特征

历史发展的脉络证明，地理条件、气候等会影响人们的生活、习惯
甚至政治制度。中华文明诞生于内陆江河流域，四周天然的自然屏障和
地理环境使中华民族形成了以农耕文明为基础的社会经济形态。在这种
社会经济形态中，环境相对封闭，交往范围小，熟人之间通过多次博弈
形成信任，遵循道德的至上性和自发性，而家国观念也使得中国的诚信
文化不可避免地刻上了血缘、族缘的家族主义痕迹。

在中国传统社会，纲常伦理被认为是社会道德的核心，以"三纲
五常"影响最为深远。其中，"五常"即"仁、义、礼、智、信"具有
显著的道德规范性质。应该说，在中国，自古以来诚信都是建立在亲
人、熟人、朋友信任基础上的，是在排除商业功利关系后的宗法、血
缘、人伦关系中的行为规范，是一种建立在血缘亲情、朋友情义、社会
人情和封建国家宗法关系基础上的道德精神。作为社会的人伦之纲，诚
信在熟人间拥有重要地位，弗朗西斯·福山分析认为，"中国社会的信
任半径常常局限于家庭和有血缘关系的群体内，这是由于儒教强调家庭
是社会义务的主要源泉的缘故"。②

---

① 《孔安国传》，载孔颖达《正义·尚书正义》，黄怀信整理，上海古籍出版社，2007，第
317 页。

② 弗朗西斯·福山：《大分裂：人类本性与社会秩序的重建》，刘榜离等译，中国社会科学
出版社，2002，第 303 页。

久而久之，这种道德精神演变为习俗。在具体的社会生活中，中国传统社会纲常伦理中的诚信习俗直接体现在传统社会的乡约中。清朝时期，乡约的制度权威性得到了统治者的确认。例如，顺治年间统治者就曾规定，由约正、约副为乡约宣讲，每月朔望召集百姓听讲，并对乡里百姓的善恶进行记录。①

此外，中国传统社会的商业活动中也同样存在着具有诚信意味的习俗。在我国，历朝历代都将诚信作为商业活动中不成文的规范，要求商人必须严格遵守。以晋商为代表，其之所以在中国传统社会中占据了商业上的重要地位，与其一贯秉承的诚信习俗关系密切。在长期的商业经营实践中，晋商采用一种以地缘和乡土间的信任关系为基础的自我实施和集体惩罚机制，通过声誉的自我维持与严厉的惩戒，提高了诚信的执行效率。在晋商团体中，一旦有人违约，便会受到其组织内部其他成员的惩罚，使得失信违约者在未来的商业活动中的交易成本增加，甚至丧失从事商业活动的资格，代价极高。这种诚信习俗一直延续下来，成为晋商生存和发展的资本。晋商的诚信习俗是在长期的发展过程中自我发生的，其在惩戒方面的行为也是通过自发形成的组织自我实施的，以较低的成本实现了有效的监督。由此，晋商的诚信习俗构成了博弈规则，在不借助其他力量强制维护的情况下，就能使内部成员自觉遵守规则，有着很强的自我维系能力。马克斯·韦伯在他的研究中认为，信赖"在中国大多是建立在亲缘或类似亲缘的纯个人关系的基础之上的"②。也就是说，在他看来，中国人的信任是一种凭借血缘关系和宗族纽带而得以形成和维持的特殊信任，而对于那些身在这种血缘家族之外的其他人即"外人"来说，中国人普遍地不予信任，并且他认为"中国人在世界上罕见的不诚实"，"零售交易似乎从来没有什么诚实可言"，"中国人彼此之间的典型的不信任，为所有的观察家所证实"③。稍加分析

① 赵秀玲：《中国乡里制度》，社会科学文献出版社，2002，第55页。
② 马克斯·韦伯：《儒教与道教》，洪天富译，江苏人民出版社，2008，第242页。
③ 马克斯·韦伯：《儒教与道教》，洪天富译，江苏人民出版社，2008，第238页。

我们就可以看出，韦伯的话显然是错误的，他并没有站在中国传统文化的历史特点上看待和分析中国社会的信任问题，他的观点具有极强的片面性。但从另一方面看，中国熟人社会中的诚信模式和诚信价值观念的确是在一定的关系范畴下生成的。按照费孝通所言，"熟悉是从时间里、多方面、经常的接触中所发生的亲密的感觉。这感觉是无数次的小摩擦里陶炼出来的结果"①，而"现代社会是个陌生人组成的社会，各人不知道各人的底细，所以，得讲个明白；还要怕口说无凭，画个押，签个字。这样才发生法律。在乡土社会中法律是无从发生的。'这不是见外了么？'乡土社会里从熟悉得到信任。这信任并非没有根据的，其实最可靠也没有了，因为这是规矩。西洋的商人到现在还时常说中国人的信用是天生的"②。

二 德国诚信价值观念形成的复合源流

德国特殊的历史经验使得德国人有着复杂的社会心理。希腊历史学家波希多尼（Posidonius）第一次使用"日耳曼人"这个词来描述波罗的海南岸和莱茵河畔等地的居民。随后，伴随着欧洲大陆散在的族群的不断迁徙、分裂与聚合，日耳曼民族逐步形成。"德国有一位叫岑特格拉夫（Zentgraf）博士的林业顾问，他于1923年在一本政治教育小册子中，总结德国人的忠诚与森林之间有着不可分割的关系。其中有两大原因，首先，德意志人在森林中捕杀高等猎物，导致'这个民族的杰出者从不迷恋优柔寡断的安逸生活，而是努力地强身健体，精心钻研武器的制作技术，随时准备出来领导自己的人民'。其次，德国把林业经济划归农场经济，其结果是，德国人没有什么'可让精神懈怠的冬季农闲'，所以他们成了'一个坚韧的、以工作为本的民族'。"③ 历史上，

---

① 费孝通：《乡土中国》，人民出版社，2008，第6页。
② 费孝通：《乡土中国》，人民出版社，2008，第7页。
③ 赫尔弗里德·明克勒：《德国人和他们的神话》，李维、范鸿译，商务印书馆，2017，第148页。

德国人民经历了民族分裂与统一，德国作为两次世界大战的策源地，战败的悲惨经历促成了以日耳曼民族为主的德国人对规则和制度的独特依赖和界定，这在另一方面也有利于规则的维护和作用。在德国复杂的社会文化和心理样态中，契约与规则是决定其人民诚信意识形成的基础和前提，对其诚信教育起着决定作用。

（一）契约精神

与中国传统社会一直处于熟人社会的形态不同，包括德国在内的大部分西方国家早在古希腊城邦时期血缘关系就已经基本解体。塔西佗在对日耳曼人的研究中有过这样的描述："日耳曼人中，没有一个部落是居住在城郭内的，就是个别的住宅也不容许彼此毗连。"① 这种表述让我们看到了德国传统社会中人们的生活方式与中国传统村落聚居方式的不同，而这种不同必然会使得人们对交往方式有不同的认知。

从历史上看，西方社会从古希腊、古罗马时期就开始形成契约意识并建立相应的契约关系。古希腊的伊壁鸠鲁将订立契约作为维系社会秩序的需要，开启了西方社会契约思想的闸门，他认为"任何人都不能在隐秘地破坏了互不伤害的社会契约之后确信自己能够躲避惩罚，尽管他已经逃避了一千次。因为他直到临终时都不能确定是否不会被人发觉"②。受惠于古希腊思想家关于人性、契约精神和法治思想的影响，古罗马创立了一整套法律体系，主张通过法律抑制人的自利倾向，张扬了法律对人的行为限定作用。在古希腊契约文明的影响下，包括德国在内的很多西方国家都将诚信融入法律，认为诚信是有效缔结契约的前提，并区分了标示内在状态的主观诚信和关涉外在行为的客观诚信，将其作为具有重要效力的法律判断要件，这奠定了德国现代诚信社会的理念和制度之基。但是，在德国很多的学者看来，德国人的诚信本身就是内嵌于其性格之中的，是"德意志人的品性"。历史学家塔西佗依据历

---

① 塔西佗：《阿古利可拉传 日耳曼尼亚志》，马雍、傅正元译，商务印书馆，2017，第55页。
② 伊壁鸠鲁、卢克莱修：《自然与快乐：伊壁鸠鲁的哲学》，包利民等译，中国社会科学出版社，2004，第42页。

史分析认为，日耳曼民族"光明正大，从不欺瞒，总是心甘情愿袒露自己的心扉"。"人文主义者接受了塔西佗的观点，认为欺骗和伪装自古以来就不是德意志人的品性，强调一定要保持这种优良品德。"① 日耳曼语言学家古斯塔夫·罗特（Gustav Roethe）认为，"德国从未有过奸诈的外交家，无人谙熟通过以其人之道还治其人之身来战胜邻国的阴谋诡计"。"欺骗和诡计却从来不是德国人的方式！"② "罗特毫不犹豫地宣布，忠诚，即诡计的对立面，是德国特有的战争武器，可以弥补因不施诡计而造成的负面影响。他认为，忠诚是'我们最大的和最终的力量和优势，包括对皇帝的个人的忠诚，对职责、义务和职业的敬业和忠诚，尤其是对我们自己自尊的忠诚，对我们思想谦恭而热烈的忠诚，对我们上帝敬畏而虔诚的忠诚。忠诚将伴随我们跻身于这个四面楚歌的世界'。""忠诚乃荣誉之本。"③ 他坚定地指出："对我们德国人来说，也许最令人难堪和厌恶的莫过于不诚实。""撒谎恰恰不是德国人的风格。"④

福山对德国的社会文化进行分析后认为，德国人的守信意识与传统文化和集体主义有关。德国文化中有着"高度发达的集体团结意识"，"以有序和守纪律而闻名"，"以守规则为乐"⑤。在马克斯·韦伯看来，契约精神是现代社会得以确立和蓬勃发展的基础。他将契约划分为身份契约和目的性契约：身份契约类似于传统社会中的特定关系，比较笼统分散，与某种特定身份关系相联系，更多地属于传统社会；而目的性契约则属于现代经济领域，是为了保证经济交换顺利进行。这种契约精神

---

① 赫尔弗里德·明克勒：《德国人和他们的神话》，李维、范鸿译，商务印书馆，2017，第146页。
② 赫尔弗里德·明克勒：《德国人和他们的神话》，李维、范鸿译，商务印书馆，2017，第85页。
③ 赫尔弗里德·明克勒：《德国人和他们的神话》，李维、范鸿译，商务印书馆，2017，第85页。
④ 赫尔弗里德·明克勒：《德国人和他们的神话》，李维、范鸿译，商务印书馆，2017，第86页。
⑤ 福山：《信任》，彭志华译，海南出版社，2001，第210页。

在德国得到了很好的体现和检验，并成为维系现代德国经济和社会的主要支柱，也是现代德国社会的主要特征。同时，按照福山的说法，"产权法、契约法和稳定的商法的发展是西方崛起的关键。这些法律制度实际上是信任——自然而然地存在于家庭和血亲群体中——的替代物，它们搭建起一个框架，使互不相识的陌生人能够合伙做生意或在市场中顺利交易"①。也就是说，契约精神在现代社会更多地体现为目的性契约，并表现为以各种完备的法律制度来保证社会的诚信，使得传统社会中更偏向于诚信文化和诚信道德的内容法律化、制度化，并更加偏向于保证现代经济的社会信用。从表面上来看，现代经济的正常运转依赖于产权制度、社会信用体系与其他现代经济制度；实际上，它更依赖于一个国家或民族的社会和文化习俗。"尽管产权和其他现代经济制度是建立现代企业必不可少的条件，但是我们往往忽略了后者依赖坚实的社会和文化习俗基础这一事实，而这些习俗也往往被认为是理所当然的而未予以重视。现代制度是必不可少的，但是却不足以构成现代繁荣和社会安康的充分条件，它们还必须与某些传统和道德习俗相结合。当然，这些习俗如果起到正确作用的话，契约就实现了无信任基础的陌生人之间的相互信任，虽然信任的建立过程远非那么顺利。"②

（二）严谨守则

"严谨"是德国文化中特有的特征之一。美国学者埃尔斯沃思·亨廷顿（Ellsworth Huntington）将德国的这种文化特征归结为气候因素。③也许亨廷顿所论述的是一方面原因。另一方面从历史上看，特别是威廉一世④担任普鲁士国王以后，在俾斯麦⑤的辅佐下进行了一系列改革并加强军事训练，打造了严谨的普鲁士军队，制定了规则细致的法律制度

---

① 福山：《信任》，彭志华译，海南出版社，2001，第 223 页。
② 福山：《信任》，彭志华译，海南出版社，2001，第 149~150 页。
③ 参见埃尔斯沃思·亨廷顿《文明与气候》，吴俊范译，商务印书馆，2020。
④ 威廉一世（Wilhelm I, 1797~1888），全名威廉·弗里德里希·路德维希（Wilhelm Friedrich Ludwig），1861~1888 年在位任普鲁士王国国王，期间于 1871 年加冕为德意志帝国第一任皇帝。
⑤ 俾斯麦，1862~1871 年任普鲁士王国首相，1871~1890 年任德意志帝国首相。

体系，这对后世德国人的严谨性格产生了深远的影响。很多德国人喜欢做事有计划、有节制、有创造性，力图把一切事情都做得十分周全，把每个过程都设计得十分精密，甚至连烹饪时的每种食材都要仔细称量。为了实现社会生活的严谨，德国人在习俗的基础上建立了一系列制度，"只有有了尽可能完善的标准、尽可能彻底的执行标准，在执行中彻底落实所制定出来的标准，即当一切都做到了万无一失，才能使不确定的感觉降下来"①。德国人的这种严谨守则的态度使其将社会生活中特别是商业活动和经济行为中的诚实守信看得十分重要，因为失信是对严谨的破坏，是对社会成员之间信任的践踏。在市场交易活动中，德国人注重建立长期关系，一方面通过提供高品质的产品和可靠的服务来吸引客户，另一方面通过建立各种严谨的信用法律法规来规范企业的经济行为，同时规避风险。在社会生活中，他们也尽量通过完备的信用信息系统最大程度上避免社会生活交往中可能出现的不确定性。德国人深层的文化心理要求建立严谨的准则，他们希望所有的制度都能够被严格地遵守和执行。然而，近年来德国社会在不断发生着变化，原有的严谨守则受多方面因素影响在现在的德国社会显得并不如以往那么严格，法律制度领域尚且还好，但在日常社会生活领域，很多有违严谨守则的现象频发。因此只能说，当前，大部分德国人在制度、规则以及工业生产流程等方面还保持着较为严谨的态度。

（三）不安定感与规则意识

由于德国历史上政治格局长期碎片化，民族国家形成较晚，因此它的经济、社会、文化发展都受到一定的阻碍，再加上其所处的特殊地理位置，容易成为战争的爆发地，这使德国人在心理上产生了不安定感。如德国学者赫尔弗里德·明克勒（Herfried Münkler）所指出的那样，"20 世纪上半叶的两次政治、军事失败，以及对纳粹恐怖罪行的记忆，先是让德国人因羞耻而沉默，然后是历史学家们果断地对这些历史做出

---

① 李伯杰：《德国文化研究》，北京师范大学出版社，2015，第 270~271 页。

了评价"①。"德国的历史记忆同样也可以促进民族性的形成，只不过它们普遍带有负面色彩，起不到振奋人心的作用"，"由于记忆的内容，他们无法获得自豪感。通过深刻反省得到的政治自我认识，是无法充满自豪地拿出来与他人分享交流的"②。

盖洛普③、欧洲晴雨表④等有关机构进行的多次民意调查显示，德国人普遍比较悲观。媒体和学界中的一些人将德国人的这种不安定感称作"德国人的恐惧"（German Angst）或"德国病"（Die deutsche Krankheit），有德国学者更是指出，"更加让人感到不安的是，这种恐惧感不但使经历过战争和战后匮乏时期的德国人身染'德国病'沉疴，而且这种恐惧感早已传给了后代"。⑤ "对于漫长战后时期的这几代人来说，恐惧首先并在多数情况下仅存在于人们的各种假设之中。如同自然规律一样，这些假设被认为是不可求证的。"⑥ 有学者认为，正是由于这种恐惧感使得德国人对发展和规则的依赖更加强烈，他们因此通过发展提高实力由此获得安全感，通过严谨完备的制度和规则来规避风险。美国的葛里格·尼思（Greg Nees）在其《解读德国人》一书中提到，德国文化及其人民的人格特征比较鲜明。在他看来，德国人渴求秩序，遵守规章制度，坚持清晰思考，喜欢分类，热爱理性思考和抽象辩论，对自己人和外人有严格的区分，具有强烈的责任感。这些心理文化使德国人形成了较为强烈的秩序意识，规则高于一切。因此，德国人要求行

---

① 赫尔弗里德·明克勒：《德国人和他们的神话》，李维、范鸿译，商务印书馆，2017，第1~2页。

② 赫尔弗里德·明克勒：《德国人和他们的神话》，李维、范鸿译，商务印书馆，2017，第2页。

③ 盖洛普公司（Gallup）是全球知名的民意测验和商业调查咨询公司，主要追踪公众对于政治、社会民生、经济等的态度。

④ "欧洲晴雨表"（Eurobarometer）是欧盟委员会官方的民调机构，每年春秋分别发布两次调查报告。

⑤ Sabine Bode, *Die deutsche Krankheit-German Angst*, Klett-Cotta, 2006. 转引自李伯杰《德国文化研究》，北京师范大学出版社，2015，第239页。

⑥ 海因茨·布德：《焦虑的社会：德国当代的恐惧症》，吴宁译，北京大学出版社，2020，第232页。

为符合规则，难以容忍违规行为。①

（四）宗教观念中的诚信信条

德国人的诚信价值观念在中世纪后被涂染了浓厚的宗教主义色彩。数据显示，截至 2022 年底德国大约有 8430 万人口，占据主导性地位的宗教是基督教，其中天主教徒约 2650 万人，新教徒约 1920 万人，还有大约 320 万伊斯兰教徒和 10 万余犹太教徒。另外，有 2200 万德国居民声称自己没有任何信仰。② 近年来，虽然报告显示德国宗教信徒的数量有所减少，但我们仍不难看出，宗教观念尤其是基督教观念在德国社会生活中具有重要的地位，对德国人的文化心理有非常大的形塑作用，特别是在历史演进的过程中，宗教观念中对于诚实守信的训诫极大地影响并塑造了德国人的诚信品质。

作为基督教的三主德之一，"信"是指对神的信仰、笃信。由"信仰"到"生活"是基督教的重要命题，它要求教徒要知行一致，把信仰与生活结合起来，其逻辑的出发点是"取悦上帝"，或者是"敬畏上帝"。正是因为"耶稣所要求的不但是清白的双手，而且是清白的心境"③，所以教徒们出于对上帝的信仰与敬畏，力求将内心与行为中的诚信准则一致化，显现出宗教教义外在约束对人的内心世界和外在活动的作用。此外，基督教关于"上帝与人立约"的思想更是强化了契约精神在德国社会的地位，延续了契约约束与诚信价值观的密切联系。

在德国出生的学者马克斯·韦伯对此有着德国式的认知，他认为"清教徒信任他人，尤其是在经济上信任他人，无条件地和坚定地相信由宗教决定的教友的合法性。此种信赖足以使他不把自己对现世与人生来的堕落（尤其是那些身居要职者的堕落）所抱的深刻现实主义的与完全不敬重的悲观主义的态度，变成对信用——为资本主义的流通所不

---

① 葛里格·尼思：《解读德国人》，张晓楠译，中国水利水电出版社，2004，第 46~80 页。
② *Evangelische Kirch in Deutschland* 2022, Kirchenamt der EKD Hannove. p. 2. 参见德国联邦统计局网站：http://www.destatis.de。
③ 彼得·斯坦、约翰·香德：《西方社会的法律价值》，王献平译，中国人民公安大学出版社，1989，第 5 页。

可缺少的信用——的一种障碍。这只会使他按照'诚实是最好的保险单'（honesty is the best policy）的原则，始终如一地肯定客观的商业目的不可缺少的动机，与此同时，也清醒地考虑对手客观的（外在的和内在的）能力"①。可见，宗教教义中对契约精神的重视与宣扬、对诚信道德的注重，使得诚信获得了神圣性和超越性，对德国社会和民众的文化心理产生了极为深刻的影响。

（五）理性传统与诚信道德

理性、自律是德国人的又一典型心理文化特征，甚至有人认为德国人冷静、自律得近乎刻板与僵化。在福山看来，现代社会的崛起离不开理性的兴起，因为理性精神使人们能够通过理性的手段形成有序的社会结构和合理的目标。具体而言，理性精神在现代社会体现为系统性的、分层次的法律、行政规定等规章制度体系，这便是马克斯·韦伯所说的现代官僚体系。这种现代官僚体系（法律规章制度）充分地利用和体现了理性精神，从而有秩序地统治社会，这在德国社会得到了淋漓尽致的体现。德国人的自律源自于对尊严的重视与强调，无论是德国文化、生活还是德国古典哲学，都极为强调自尊或尊严。在康德那里，他认为由于人是有理性的，因而人是有尊严的，这是人之所以区别于动物的根本原因所在。"构成事物作为自在目的而存在的条件的东西，不但具有相对价值，而且具有尊严。""只有道德以及与道德相适应的人性（Menschheit），才是具有尊严的东西。"② 这种对人之尊严的强调给德国人的日常生活带来了很大的影响。同时，德国基于这种理性精神而形成的有序社会和良性经济运转又能够强化人们的规则意识、契约意识和诚信德性，讲信用、守诚信能够得到认可与巩固，从而滋养诚信道德，并在整个社会中营造诚信文化。

应该说，德国人之所以恪守规则并非完全是出于对法律法规的被动遵守，而是上升到一种自律、一种对于自我尊严的维护，诚实守信也是

---

① 马克斯·韦伯：《儒教与道教》，洪天富译，江苏人民出版社，2008，第250页。
② 康德：《道德形而上学原理》，苗力田译，上海人民出版社，2012，第41~42页。

如此。而德意志银行（Deutsche Bank）更是将"信任是一切的开始"（Vertrauen ist der Anfang von allem.）作为企业座右铭之一。[①] 对于德国人而言，讲究诚信并非完全是为了免遭法律法规的惩罚或为了获得某种外在的利益或声誉，同时也是为了维护自身的尊严。日耳曼人对于荣誉的崇尚在此发挥了重要的作用，在他们看来，一个诚实守信、遵守规则的人是有尊严的。由此可见，这种对于自尊和自律的强调具有非常独特的内在发生机制和维护机制，它不同于中国传统社会的"天道义理"，也不同于近代社会契约伦理和功利主义理论。

---

① https://www.manager-magazin.de/fotostrecke/deutsche-bank-slogans-fuer-die-werbung-foto-strecke-145279.html.

第二章　中德诚信教育理念比较

教育理念是教育活动展开的先导，决定着整个教育活动的开展。中国与德国社会政治与文化背景的差异，使得两个国家在诚信教育活动中持有不同的教育理念，主要体现在教育目标、教育宗旨以及教育侧重等方面。总体比较而言，中国诚信教育强调由诚信认知、诚信道德修养到诚信行为的演化，关注内在驱动力的提升，但在现阶段难以回应"知而不行"的诚信知行背离现象的诘问；德国则因为人性论等因素，重视以制度为形式的外在约束的作用和价值，讲求诚信契约、法律制度、宗教信仰对失信行为的约束，短期内收效明显，但长期的力量有限，并且对社会成员内心动机不做过多干涉。

一　中德诚信教育的目标差异

（一）中国：追求自在完善

儒家精神是中国诚信教育理念形成的思想之根。儒家思想中的诚信的根本目标是确立自我的内在修养，在于个人品德的完满。儒家认为，个体诚信何以能够做到自足，一个重要的原因就是诚信能够带来自我精神上的愉悦和满足。按照儒家的思想，坚守诚信是一个人应当和最好的心理状态，它能给人带来精神上的快乐。一个真诚守信之人，心中自会坦然，始终保持一种恬然、平静、愉悦的心境；反之，一个说谎虚伪的人，其内心深处总会处于一种焦虑、不安、恐惧矛盾冲突的状态。儒家的这种诚信观念在己不在人，诚信的根本目标不在于工具性地确立私人活动空间的界限，亦不在于为自我利益争作筹划，而在于增进自我德性的完满，是自我道德境界提升的自我诉求，是个体幸福的自我实现。因此，中国从古至今的诚信教育目标都可以归结为追求一种人的自在的完善。

在中国诚信教育的语境中，"诚信"一般都兼具德性与人道的光辉，作为调整人际关系的道德规范要求，诚信是人之为人的德性要求。虽然古代中国"鬼神无常享，享于克诚"的论述具有典型的神性意蕴，但自孔子"不语怪、力、乱、神"① 以来，中国传统社会的诚信观念就有了强烈的世俗化特点，"天道的诚信"与"人伦的诚信"彼此观照，人们不完全依靠鬼神来践守诚信。"刚健有为"的精神鼓励诚信主体拥有个体独立意志、独立人格和坚持为道义原则牺牲个人生命，倡导个体德性的崇高意境。"为仁由己"意味着"诚信"由己不由人，更不由神或上帝的命令，是个体人性善的自然充盈和主观选择。"厚德载物""自强不息"的人生进境内蕴着诚信的行为和德性，诚信在面对物质的刺激、利益的诱惑、环境的困顿、威权的压力甚至生死的考验之时，道义的价值凸显，张扬的是"刚健有为"的人格力量。"以和为贵"的精神促进了诚信主体间关系的和谐及问题的解决，不仅要解决天人关系"以诚统信，以践天道"，而且要解决自我身心的安顿，"由真而诚""内诚外信""诚之知与诚之行的合一""内得于己"，还要实现人际关系的和谐，由"相信"到"互信"，再到"涂之人皆为诚信的圣人"的社会理想，同时要实现民族、国家间关系的和谐，实现天下大同的理想。传统诚信教育虽然没有西方快乐主义那种以快乐为依归、以是否能够增进我们的快乐为根本准则作为评判我们行为的依据，但儒家诚信观念认为，诚信是人们的一种健康积极的心态，如个体践行"诚信"，便会油然产生一种道德自我完善的满足感。

---

① 《论语·述而》，载《论语·大学·中庸》，朱熹集注，上海古籍出版社，2013，第89页。

（二）德国：关注规则遵守

德国社会的诚信教育受到古希腊哲学和西方社会人性论的影响，其在目标上更加关注对规则的遵守。柏拉图指出，"人的灵魂里面有一个较好的部分和一个较坏的部分"，人要做"自己的主人"，就要用理性的知识使"较坏的部分受天性较好的部分控制"①。后来，以奥古斯丁（Augustine）、路德（Martin Luther）、加尔文（Jean Calvin）为代表的神学家认为人的本性在于欲望，所以人的本性是邪恶的，对其必须加以限制和改造。到了近代，马基雅维利（Niccolò Machiavelli）以及霍布斯（Thomas Hobbes）等西方学者更是明确指出人的本性是利己的，马基雅维利甚至毫不讳言地指出："事实上，人们是恶劣的，而且对你根本做不到守信不渝、忠诚不二，因此，你也可以同样地无须对他们守信。"②卢梭则认为，处在自然状态下，人天性是善良的，是社会使人的道德变坏。他在其教育学著作《爱弥儿》开篇便指出："一切出自造物主之手的东西都是好的，而一旦落到人的手中，就全都变坏了。"③但是，卢梭等人关于人性的观点并未在西方社会成为主流，而是占主导地位的基督教理论和近代启蒙思想奠定了作为西方现代文明的根基的契约原则。德国社会在这些思想的影响下，其诚信教育的目标是要求人们遵守规则，避免人因自利追求引致的失信行为给社会秩序带来的影响。

在德国社会，维系社会诚信的力量首先是法律。违背了"诚信"原则，所遭受的惩罚首先不是道德上的谴责，而是经济上和法律上的制裁。早在罗马法时，"遵守诚实信用的原则"就被列为五项基本原则之一，成为"帝王条款"。当时雅典的各类经济交往活动不仅有书面的契约，而且有法律的担保。这种伦理要求法制化的实践，通过近代西方启蒙思想家霍布斯、洛克、孟德斯鸠、卢梭等人的宣扬，最终以法律的形式予以规定，并在经济、政治和社会各个领域普遍推广。资本主义精神

---

① 柏拉图：《理想国》，郭斌和、张竹明译，商务印书馆，2020，第 152 页。
② 马基雅维利：《君王论》，徐继业译，光明日报出版社，2006，第 110 页。
③ 让-雅克·卢梭：《爱弥儿：论教育》，李兴业、熊剑秋译，人民教育出版社，2017，第 7 页。

中，将个人资本的增加作为上帝给予人的天职，无论是熟人之间还是陌生人之间，德国社会并不像中国那样，首先关注符合亲情友情之"义"，而更多地在乎行为是否符合交换正义和这种交换是否给自己带来利益。交换正义是德国人坚守的进行交易的行为准则，不损人利己、自愿交易、诚实守信等都是交换正义的原则。

在德国的教育体系中，人们需要认真学习各类规则和法律，学法律、懂规矩、守纪律是德国社会建设和教育的重要任务。比如，德国小学一二年级的主要教学任务是认识社会和学习规则，包括交通规则、防火规则等。例如，德国交通规则的教育方式通常是交通警察和教师带孩子们到街道上，身临其境地讲解交通规则，认识红绿灯的规则、各类车辆和交通系统，这种规则意识是诚信履约的前提。应该说，在今天的德国社会，严密的法律规范体系已成为人们遵守诚信准则的有效制约机制。这使得德国诚信教育中利益调控的特征较为明显，带有鲜明的利益倾向色彩。

二　中德诚信教育的不同旨归

中国与德国的不同社会性质使二者在教育宗旨上有着根本的不同。中国社会主义社会所追求的终极目标无疑离不开人，一切社会活动的根本在于人的自由全面发展。而德国资本主义社会无法摆脱的资本逻辑决定了从根本上说其社会建构的一切（包括教育在内）都是为资本主义服务的，德国诚信教育离不开的是工业社会的价值必然。

（一）中国：人的全面发展

马克思主义理论是中国诚信教育的指导。今天中国的诚信教育在继承传统诚信价值观念的基础上与对人的自由全面发展的追求紧密联系在一起。换言之，传统儒家将诚信作为自我完善需求的观念与马克思、恩格斯提出的人的自由全面发展的理念在当代中国有机地结合在一起，共同构成当代中国诚信教育的旨归。当代中国全部教育活动的根本目的是为了实现人的自由全面发展，在社会主义社会中，人不再被视作工具，而是价值的本来。

　　按照马克思主义的观点，人的自由全面发展是教育的终极目标和最高价值，包括人的物质和精神需要的满足、人的主体性的彰显、人的能力的全面提升以及人的自由度的提高等。所谓"人的自由全面发展"是相对于资本主义社会中人的片面、畸形发展而言的。马克思恩格斯认为，人的片面发展源于资本主义的分工，恩格斯指出："不仅是工人，而且直接或间接剥削工人的阶级，也都因分工而被自己用来从事活动的工具所奴役；精神空虚的资产者为他自己的资本和利润欲所奴役；法学家为他的僵化的法律观念所奴役，这种观念作为独立的力量支配着他；一切'有教养的等级'都为各式各样的地方局限性和片面性所奴役，为他们自己的肉体上和精神上的短视所奴役，为他们的由于接受专门教育和终身从事一个专业而造成的畸形发展所奴役，——哪怕这种专业纯属无所事事，情况也是这样。"① 而共产主义社会则是"在保证社会劳动生产力极高度发展的同时又保证每个生产者个人最全面的发展"②，人的全面发展就是"人以一种全面的方式，就是说，作为一个完整的人，占有自己的全面的本质"③。关于"人的自由发展"的内涵，恩格斯曾经做过经典的描述，那就是"人终于成为自己的社会结合的主人，从而也就成为自然界的主人，成为自身的主人——自由的人"④。这其中有三层涵义：第一，人成为自己与社会结合的主人，也就是"人们自己的社会行动的规律，这些一直作为异己的、支配着人们的自然规律而同人们相对立的规律，那时就将被人们熟练地运用，因而将听从人们的支配"⑤；第二，人成为自然界的主人，如恩格斯所说"自由不在于幻想中摆脱自然规律而独立，而在于认识这些规律，从而能够有计划地使自然规律

---

① 《马克思恩格斯选集》第 3 卷，人民出版社，2012，第 679~680 页。
② 《马克思恩格斯选集》第 3 卷，人民出版社，2012，第 730 页。
③ 《马克思恩格斯文集》第 1 卷，人民出版社，2009，第 189 页。
④ 《马克思恩格斯选集》第 3 卷，人民出版社，2012，第 817 页。
⑤ 《马克思恩格斯选集》第 3 卷，人民出版社，2012，第 815 页。

为一定的目的服务"①；第三，人成为自身的主人，即"一个种的整体特性、种的类特性就在于生命活动的性质，而自由的有意识的活动恰恰就是人的类特性。生活本身仅仅表现为生活的手段"②。按照马克思和恩格斯的逻辑，一方面，人的发展不仅需要物质层面的发展，还需要精神层面的发展，人不仅要呼吸"物质的空气"，也同样需要呼吸"精神的空气"；另一方面，人的发展需要人类有一种关于"类"的价值观来指导自身。这是教育出场的应然逻辑，是当代中国诚信教育的指导思想。

当代中国的诚信教育在马克思主义关于人的自由全面发展原则的指导下，其教育宗旨在于通过教育把诚信的价值观念灌注于社会成员的意识之中，指导人们在社会生活的具体实践中应当如何共同生活、共同发展，借此给予人类共同的社会生活一种价值上的指导。在此基础上，人的发展需求与诚信教育的实践有机地结合在一起，表现出诚信教育在人的主体发展意义上的追求。

（二）德国：工业社会价值

当前德国的教育体系是二战后的德国在原来的基础上重建的，与其说德国的诚信建设是受优良的传统文化的熏陶，不如说是德国工业化社会发展对社会个体的需要更为贴切。工业社会需要的是独立、负责、准时、守信的自由个人。虽然马克斯·韦伯在《新教伦理与资本主义精神》之中提出，是因为基督教的精神和系统让欧洲诞生了最早的资本主义萌芽，但是现代欧洲的基督教教徒数量占全社会人口的比例已经严重下降，而德国乃至欧洲社会的资本主义与信用体系并没有崩溃。说到底在德国，"教育什么样的人"和"如何教育人"更多的是工业社会发展的需求，即使德国的思想家和教育家们在教育的理念上追求的是人性的完善（如前文所言，Bildung 这个词本身便有通过教育实现人的感情和理性的共同发展之意）。但是，思想和理念与现实的情况并不总是相符，在社会制度不变的前提下，价值标准最终也只能让位给工具理性，

---

① 《马克思恩格斯选集》第 3 卷，人民出版社，2012，第 491 页。
② 《马克思恩格斯文集》第 1 卷，人民出版社，2009，第 162 页。

因为工业社会需要的是合格的工人、素质良好的公民、理性的选民、行之有效的政府和法律，以保障社会的良性运行。正如德国哲学家尼采指出的那样，"德国的整个高等教育事业丢失了最主要的东西：目的以及达到目的的手段。教育、教养本身是目的——而不是'帝国'"。[①]

德国作为工业化较早和发展较好的工业强国，较早迈入资本主义社会，其教育系统的建构不仅符合基督教的伦理要求，更符合汽车、钢铁等工业产业发展的要求，符合资本主义社会的需要。这与马克思、恩格斯以历史唯物主义的观点分析欧洲资本主义制度下的资本主义剩余价值、工人阶级的产生和发展、工人运动的形成所得出的结论一致。按照马克思主义"经济基础决定上层建筑"的论述，我们需要以德国工业社会、市场经济和社会运行的基础来认识德国的诚信教育。

毫无疑问，工业社会的建立和发展需要严谨、负责、守信和守时的高素质劳动者。根据德国社会学者卢曼（Luhmann Niklas）的观点，"展示信任中的利益交流、显示自己是可信的、对信任的接受与互换都在致力于强化和普及社会关系，这种社会关系证明既是机会也是约束（至少在长期的关系中）。因此，社会控制的要素是从信任关系之中建立的"[②]。相反，一旦社会成员之间普遍产生猜疑与不信任心理、到处充斥着防范与投机的计谋，人们之间画地为牢，"社会资本"[③] 就会削

---

① 尼采：《偶像的黄昏》，李超杰译，商务印书馆，2017，第49页。

② Luhmann Niklas, *Trust and Power*, (Chichester: John Wiley & Sons, 1979), p. 64.

③ "社会资本"是1980年法国社会学家皮埃尔·布迪厄（P. Bourdien）首先提出的，后经詹姆斯·科尔曼（James S. Coleman）和罗伯特·D. 普特南（Robert D. Putnam）等人的发展而广为世人关注，成为一个涉及经济学、历史学、社会学、伦理学、政治学等多种学科的综合性概念。这个概念用于说明一种社会组织能够集体行动和提高做事效率的无形的能量，按照普特南的话来说，社会资本指的是"社会组织的那些可通过促进协调行动而提高社会效能的特征，比如信任、规范及网络等"。美国社会学家迈克尔·武考克在其《社会资本与经济发展：一种理论综合与政策构架》中指出："当各方都以一种信任、合作与承诺的精神来把其特有的技能和财力结合起来时，就能得到更多的报酬，也能提高生产率。"以规范、信任为核心内容的社会资本，是社会、组织或个人之间化解矛盾、解决集体行动的中间物和沟通的平台。如同英国社会学家肯尼思·纽顿分析的那样，"社会资本通过把个体从缺乏社会良心和社会责任感的、自利的和自我中心主义的算计者，转变成具有共同利益的、对社会关系有共同假设和共同利益感的一员而构成了将社会捆绑在一起的黏合剂"。参见李惠斌主编《社会资本与社会发展》，社会科学文献出版社，2000，第381页。

弱，社会维序成本就会增加。所以，大多数德国学者认为，经济与社会的发展来自社会诚信，诚信度的高低决定了经济组织的规模。比如，马克斯·韦伯就认为，诚信是市场经济活动主体实现自身经济利益的最可靠的保障。"交换伙伴合法性的保证，最终是建立在双方一般都正确假定的这样的前提之上的，即双方的任何一方都对将来继续这种交换关系感兴趣，不管是与现在这位交换伙伴的关系也好，也不管是与其他交换伙伴的关系也好，因此会信守业已做出的承诺的，至少不会粗暴违反忠实和信誉。只要存在着这种兴趣，这条原则就适用：'诚实是最好的政策'。"①

作为世界上的汽车强国之一，德国汽车产业的发展体现着德国诚信教育系统的工具理性，德国诚信教育也随着德国汽车产业的发展逐步细化和改进。享誉世界的汽车工业是德国的民族品牌，是德国诚信建设的成果，是德意志民族严谨求实的体现。很多德国人在奔驰、大众和宝马等全球知名汽车品牌工厂工作，德国人不仅信任自己制造的商品和品牌，还以"德国制造"为荣。德国在钢铁、汽车、服装和电器等工业产业基础上，建立了系统的社会保障和保险体系，保障了工人的权益，这种保障模式首先受益于德意志帝国时期的宰相俾斯麦主持颁布的《医疗保险法》（1883 年）、《工伤事故保险法》（1884 年）和《伤残和养老保险法》（1889 年），这三部法律在当时保障了工人们的生计和利益，极大消除了社会紧张关系，建立了世界上最早的社会保障制度。随着社会的发展，德国不断调整社会保险体系，并逐渐完善相应的法律和制度设计。当然，根据权利和义务对等原则，工人享受了国家法律给予的权利，就必须履行自己的义务，其中就包括诚信守法的义务，否则将面临法律惩罚和经济惩罚的后果。

对企业的忠诚与政治上服从权威的民族文化相互呼应，成为德意志民族诚信文化的重要内容，并用规章和法律的形式确定了下来。

---

① 马克斯·韦伯：《经济与社会》上卷，林荣远译，商务印书馆，1997，第 708 页。

《德国民法典》第 157 条对合同一般性原则的规定是"合同必须以诚实信用所要求的方式，同时照顾交易习惯，予以解释"[①]。第 242 条再次强调："债务人有义务以诚实信用所要求的方式，同时照顾交易习惯，履行给付。"[②] 这可以被看作劳动者忠实义务的成文法基础。同时，"劳动者忠实义务并非静态的个体，而是一个灵活多变的义务群。随着人身属性在劳动关系中所占比重的不断变化，劳动者忠实义务的数量和种类也随之改变"[③]，比如缔约双方严格遵守工作时间的义务也是诚信社会的主要标志。

"时间诚信"即"守时"既是工业社会的效率需求，又是工业社会对效率的追求，还是资本对利润的追逐的结果，严格的时间观念已经成为德国人的一个刻板标签。在德国，各行各业的生产、分配、流通、交付和消费对时间有严格的要求，比如商业合同对商品的时间定义（如上架时间、食品保质期等）以及工作合同对工作时间和休假时间的明确规定等，这体现了契约社会的精神，培养了德国人履约和守时的习惯。所以，德国工业社会的一个重要特征是生产了大量的钟表，教堂的钟声和高高悬挂在教堂上的钟表都在提醒德国人遵守时间规则。随着技术的发展，量产的钟表成为普通工人的最爱，不少人以佩戴手表为荣，互相赠送手表在德国各社会阶层流行，德国民众喜欢在圣诞节和生日宴会上赠送手表以表达祝愿，赠送手表成为一种社会守时文化的体现。

德国工厂和公司实行八小时工作制度。工厂和公司对时间的要求促使德国公共交通系统改革，班车时刻表被印制和张贴出来，悬挂在车站，成为公交系统对社会的承诺，以此保障火车、地铁和公共汽车等交通工具的准时运行，这也成为支撑德国工业社会的标配。德国人还发展出了一套工作与人际交往中的时间管理方法，将工作时间排在首位，然

① 《德国民法典》，陈卫佐译注，法律出版社，2020，第 57 页。
② 《德国民法典》，陈卫佐译注，法律出版社，2020，第 92 页。
③ 李亘：《德国劳动者忠实义务的制度发展与历史变迁》，《德国研究》2017 年第 3 期。

后是个人的其他事务时间，包括看医生、采购生活用品等。为了更好地管理时间、提高效率，提前安排事项十分重要，这就使得德国人将预约（Termin）看得十分重要，并且对预约的诚信履约十分看重，每个人都在提前安排好的时间框架下行动。德国人通常不喜欢被突发事项打乱自己的时间安排，在他们的意识中，没有记录在个人日程表上的事情一般不会考虑去做。而失约就面临惩罚，比如预约了医生却没有按时出现，如果预约当日 24 小时内没有取消预约就必须要付款，即违约就要面临经济损失，这是对时间失信的惩罚。

企业组织的诚信建设在德国诚信教育中具有重要地位，如果企业弄虚作假，就会受到相应的法律惩罚，比如大众汽车公司因排放量造假被罚款的"造假门"事件就是一个例子。更为重要的是，企业组织作为德国社会市场经济的主体和行为人，在全社会的诚信教育中发挥着较强的引领示范作用。德国的《民法典》《公司法》《竞争法》等的确立和完善形塑了德国企业制度，有效地规范了企业组织的市场经济贸易行为和经济诚信行为，换句话说，各类企业是在法律的规范和监督下运营的，法律是德国企业组织守信践诺的保障。

德国市场上交易的商品是经过专业权威机构认证的，比如世界有名的德国莱茵 TÜV 认证机构（The TÜV Rheinland）自 1872 年成立以来，作为独立的第三方认证机构，负责对市场上企业生产的各类商品如汽车、机械等进行质量、技术和环境安全方面的检测，拿到认证的产品才能够在德国市场上销售。在德国，二手车市场十分发达，而二手车辆只有经过 TÜV 认证才可以进行交易。在全球贸易迅速发展的今天，TÜV 认证已经逐渐成为国际商品进出口和供应链管理的重要指标。在德国，企业组织和个人的失信在外部有法律监督，同时，组织内部也会加强诚信建设，通过组织内部成员的相互信任，达到减少时间和金钱的消耗并提高效率的效果。"德国人在增长和稳定、效率与公正的天平上，更重视稳定与公正。德国著名的新古典经济学家斯塔克尔贝格在（20 世纪）30~40 年代提出评价经济体制的'最终的'和'工具性'的两个标准，他认为市场机制具有创造和维护个人自由与提高经济效率两种功能，前者是市场的最终功能，而后者只是其工具性功能。增长和效率只是社会市场经济的'工具性'功能，它应该'最终'服务于社会和谐、社会公正，以及符合人的尊严的生活等目标。"①

三 中德诚信教育中自律精神形成根源的异同

中国与德国的诚信教育都讲求自律精神，在对人们诚信自律精神的培养塑造方面有很多的共通之处，但两个国家、两种文化下自律精神形成的根源是不同的。

（一）中国：强调道德意志

中国传统文化中，"天道"与"人道"的逻辑关系要求人们向善，使得中国传统德性诚信注重个体的内在约束，显现出突出的自律性。受传统诚信德性论的影响，中国诚信教育在自律精神的建构中特别强调社会成员道德意识的养成。因此可以这样说，在中国传统社会的诚信教育活动中，传统诚信伦理主要是建立在血亲关系基础上的，反映的是宗法社会的道德要求。宗法社会重德轻法，导致传统诚信对人们行为的约束不重视外在的制度规约，而强调源于内心力量的自我约束，主要通过荣辱感、信念、良心的自我要求、自律精神及社会舆论褒贬、约束人的行为。违反诚信的人更多的是受社会舆论的谴责和良心的诘问。即使在市场贸易等经济领域中，占主导地位的还是一种道德的信任，主要依靠个人良心和无字无据的"君子协定"来约束各自的行为，缺乏相应的明文契约和法制的保障。正如费孝通所说："乡土社会的信用并不是对契约的重视，而是发生于对一种行为的规矩熟悉到不假思索时的可靠性。"②

---

① 沈越：《德国社会市场经济探源：多种经济理论的综合产物》，北京师范大学出版社，1999，第6页。

② 费孝通：《乡土中国》，人民出版社，2008，第7页。

　　从历史到今天，中国诚信教育的追求不仅在于让人不敢失信、不能失信，还重点关涉不想失信的思想意识问题。在中国传统文化中有着"人皆可为尧舜"的思想，受其影响，中国诚信教育追求的核心仍然在于社会成员的诚善于心、言行一致。所以，中国诚信教育的哲学背景倾向于一种本体论上的"存在主义"，即承认人的主体性存在。所谓"君子乾乾不息于诚，然必惩忿窒欲、迁善改过而后至"①，即君子没有达到圣人的境界，不能自然而"诚"，这就需要社会成员不断进行自我修养，孜孜以求"诚"，必须克服自己的欲望以向善，经过长时间的修炼，而后才能达到"诚"的境界。

　　在中国传统的诚信教育中，"思诚""诚之"指的都是自我的觉悟与修养，"成己成物""成贤成圣"都是诚信修养境界之达成，说真话、办真事、做真诚守信的人才能够无愧无怍、心地坦荡。《尚书》中言："作德心逸日休，作伪心劳日拙。"② 孔子在答司马牛问"人何以能成为'不忧不惧'的君子？"时曰："内省不疚，夫何忧何惧？"③ 孔子的意思是君子自我反省而做到问心无愧，上对得起天地神明，下对得起世事良知，如此又有何忧虑或恐惧呢？孔子又云"君子坦荡荡，小人常戚戚"④，即君子胸中无丘壑，真实无欺，故从容淡定，心情愉悦；小人常怀杯葛，疑神疑鬼，故忧愁缠身。《大学》篇中则有"富润屋，德润身，心广体胖，故君子必诚其意"⑤。《孟子》说："反身而诚，乐莫大焉。"⑥ "诚"不仅"备于我"，而且"思诚"是一项快乐的精神活动。宋儒更是强调这种诚信的内在自足性，二程说"不诚则有累，诚则无累"⑦ 亦是此意。传统儒家强调的快乐仍然是一种道义基础上的快乐，如果离开了道义而去追求所谓的快乐，亦是儒家所反对的。在儒家看

①　《通书·乾损益动》，载《周敦颐集》，梁绍辉、徐苏铭等校点，岳麓书社，2007，第80页。
②　《尚书·周官》，载林芝奇《尚书全解》下册，陈良中点校，人民出版社，2019，第615页。
③　《论语·颜渊》，载《论语·大学·中庸》，朱熹集注，上海古籍出版社，2013，第141页。
④　《论语·述而》，载《论语·大学·中庸》，朱熹集注，上海古籍出版社，2013，第95页。
⑤　《大学》，载《论语·大学·中庸》，朱熹集注，上海古籍出版社，2013，第254页。
⑥　《孟子·尽心上》，载《孟子》，朱熹集注，上海古籍出版社，2013，第181页。
⑦　程颢、程颐：《二程集》，王孝鱼点校，中华书局，2004，第1189页。

来，哪怕在世俗生活中因为对诚信的坚守使我们得不到快乐，我们会失去现实的利益甚至我们的生命，但我们仍然无怨无悔，这是因为我们获得了一种精神上的崇高的自足。但是，这种快乐观念过于强调自律而忽视他律，过于重视自我的修养而忽视外在法律、规则、契约的规诫，只重视精神性的满足而忽视了现实利益的吁求。

（二）德国：偏重守规履约

德国的诚信教育同样讲求自律，这与很多西方国家有较大的不同。有学者认为，"德意志人的忠诚是与'德意志的自由'思想相互联系在一起的，这是建立道德秩序的前提和基础"[①]。其实，德国人的这种自律既与契约精神密不可分，也与他们的集体荣誉感有非常大的关系。比如，德国古典哲学家康德提出的道德哲学把道德的纯洁和德性的尊严提高到至高无上的地位，并认为人之所以崇高和有尊严并不是因为他获得了他所追求的任何功利目的，而是出于他的善良意志和责任。德性的真正力量来自意志的自律，来自意志自由。多种思想的糅合使得德国非常重视社会契约、宗教教义、集体荣誉等在诚信教育中的作用和价值。

前已述及，德国社会的诚信教育不可避免地摆脱不了它的工具理性。马克斯·韦伯在研究西方资本主义的起源问题时指出了诚信原则在新教伦理中的具体体现，即新教伦理要求清教徒要诚实，不说假话、不轻易起誓，特别是禁止在买卖交易中的欺诈。在德国的市场经济活动当中，体现诚信原则的新教伦理道德深入人心，规范着人们的交易，为人们获得世俗的功效提供了道德上的保障。他同时指出，信用就是金钱，并认为这是能够给人带来实际好处的一种美德。它与职业责任、诚实、节俭、忍耐和仁爱共同构成了资本主义精神。不仅如此，在新教伦理世界里，不讲信用的人不仅会失去财富，而且因为他违背了上帝的旨意，必会受到惩罚。与之相应的，富兰克林曾用这样一段话来描述诚信：

① 　赫尔弗里德·明克勒：《德国人和他们的神话》，李维、范鸿译，商务印书馆，2017，第147页。

"切记，信用就是金钱。如果有人把钱借给我，到期之后又不取回，那么，他就是把利息给了我，或者说是把我在这段时间里可用这笔钱获得的那么多利息给了我。假如一个人的信用好而且大，并善用自己的信用，那么他就会由此得来相当大量的金钱。"①

---

① 马克斯·韦伯：《新教伦理与资本主义精神》，斯蒂芬·卡尔伯格英译，苏国勋等中译，社会科学文献出版社，2010，第 26 页。

第三章　中德家庭教育中的诚信教育比较

　　家庭作为社会生活中最基础的组织单位，是个体接受第一思维意识的环境。一个新的生命来到世界上最先接触的便是家庭生活，从呱呱坠地到牙牙学语，家庭是其无法割舍的港湾，人的最初阶段的教育都是在家庭中完成的。德国学者卡尔·威特（Karl Witte）认为，诚信教育的重心应偏向家庭，儿童四五岁时是培养其辨别是非能力和价值观的关键时期，而父母是儿童诚信教育的主要启蒙者，家庭则是重要场所。无论是在中国还是在德国，家庭都被视作价值观教育的根基，家长则是儿童价值观塑造的启蒙者。

　　从理论上说，价值观的启蒙是人类最初的经验认识，对其以后接触其他事物起到了定势作用。正如罗素曾指出的那样，"早年教育的任务在于训练本能，使它们能产生一种和谐的品格，这种品格是建设性的而不是破坏性的，热情的而不是阴郁的，它又是勇敢的，是坦率而聪明的"[①]。基于家庭的诚信价值观念的启蒙教育主要是指在人的价值观形成时期，启蒙其诚信道德心智，从而在心灵深处植入诚信的道德准则。具体言之，家庭在诚信教育中的作用主要有：第一，启蒙儿童的诚信道德观念。在家庭教育过程中，儿童逐渐学会认识周围的人和物，形成了最初的经验认识，这些启蒙的经验认识为他以后接触其他事物起到了定

[①]　《现代西方资产阶级教育思想流派论著选》，人民教育出版社，1980，第106~107页。

势作用。第二，促进个体诚信思维习惯形成。家庭的另一个特性便是习常性，它作为与个体发生最经常关系的环境，其教育频率是其他教育形式无法达到的，持续的家庭诚信教育可以养成个体诚信思维模式，培育其自主诚信思维意识。第三，为社会整体诚信氛围奠定基础。社会整体诚信氛围是由一个个单个的诚信"细胞"构成的，虽然随着人的成长，对其思想产生影响的影响源不断扩大，但是，家庭诚信教育给一个人带来的认识仍在一定程度上左右着他的观念，进而影响社会整体诚信氛围的形成。家庭是社会细胞的最小集合体，是整个社会机体蓬勃发展的基础，只有拥有健康的家庭细胞，社会整体诚信氛围才能得以构筑。

对比中国和德国的家庭教育，我们发现，二者在很多细节上存在着不同，这与两国的文化差异息息相关。但需要指出的是，这些不同之处的影响并非绝对，即使处于同一国度和文化之中，每个家庭也会有不同的情况和特点，不同地域、不同文化、不同受教育程度的家长对家庭教育的认识也存在诸多差异，因此每个家庭的教育各有特点，不能通过一种以偏概全的方式加以描述和展开分析。为求窥得一二，我们以归纳法之逻辑，对中国和德国两个国家、两种不同文化下的家庭教育进行归类对比，探寻相对普遍视镜中的异同。

一 教育期望与教育内容的比较

中国人普遍将家庭看作社会生活的核心。梁漱溟曾深入剖析中西文化的不同，他认为在中国文化体系中，人们极其"敬重家庭家族生活"[1]。在中国传统文化中，有"家—国—天下"的认识逻辑，显示了家庭在中国社会构架中的基础作用。与之相契合，家庭在中国的价值观教育中的地位极其重要，《颜氏家训》曰"人生小幼，精神专利，长成已后，思虑散逸，固须早教，勿失机也"[2]，强调了早期教育的重要性。

---

[1] 梁漱溟：《中国文化的命运》，中信出版社，2013，第144页。
[2] 颜之推：《颜氏家训》，中国书店，2019，第58页。

蔡元培也曾指出，"家庭者，人生最初之学校也"，"一生之品性，所谓百变不离其宗者，大抵胚胎于家庭之中"。[①] 中国古代特别讲求家训、家教、家风，如若某人有不良之行为或品格，通常会被归因为家风不正、家教不严。这一思维认知一直延续至今，使得中国人对家风建设、家庭教育有着独特的情感。

中国古代的"家—国—天下"的认识逻辑对现实生活的影响是加大了家长对孩子的教育期许，大多数中国家长对孩子有着望子成龙、望女成凤的期望，希望孩子长大后能有"大出息"，也就是所谓的"修身齐家，为学治世"。在家庭教育中，中国家长会教孩子社会规则、诚信守信、待人接物等内容，以让孩子成长并逐步实现社会化。

中国古代有着复杂的道德权变思想，其是指在特殊情境下依据情况对道德原则进行理性的选择性遵守，以维护更大的道德价值，这一思想源自中国古代的"通权达变"[②] 的论述。诚然，严格遵守包括诚信在内的各种道德原则是一种理想化的追求，现实世界的复杂多样以及人们所处情景的现实特殊性要求人们不得不对各种道德原则进行排序、选择，背离某些道德准则的要求，支持为更高道德原则而进行的道德选择。应该说，社会道德权变是道德选择中的一种特殊现象，在复杂情景下有其必要性与合理性。但实际生活中，道德权变有时会被某些人利用，演变为不当行为的借口，导致"权变"变异。北宋程颐就曾批评这种现象，他认为"汉儒以反经合道为权，故有权变、权术之论，皆非也"，[③] "是以权为变诈之术而已"[④]，即过分强调"权"的变通，会使其流为"权术""变诈"。社会道德权变变异，道德原则的约束力便会大打折扣，致使某些人为其不当行径寻找理由，并以"阿Q式"态度慰藉其因违背道德原则而产生的自责，将其归类为合理的变通，进而导致社会诚信

①　蔡元培：《中国人的修养》，人民文学出版社，2018，第97页。
②　《后汉书·贾逵传》记："《左氏》义深于君父，《公羊》多任于权变。"意指做事能适应客观情况的变化，懂得变通，不死守常规。见范晔《后汉书》，中华书局，2012，第978页。
③　《论语·大学·中庸》，朱熹集注，上海古籍出版社，2013，第116页。
④　程颢、程颐：《二程集》，王孝鱼点校，中华书局，2004，第1176页。

道德坚守下降。

其实，大部分中国家长都希望自己的孩子诚实守信，却经常出于对孩子的保护心理等，教育孩子在社会生活中要懂得变通，"明哲保身""多一事不如少一事"的教育方式在中国家庭教育中并不少见，特别是当孩子自己的利益受到较大损失时，家长会提醒孩子审慎行事，甚至很多家长还教育孩子，要懂得使用谎言为自己辩护，防止"吃亏"。

这反映了一个非常值得我们注意的事实，即当今中国家庭诚信教育与中国传统诚信义理观之间是存在一些矛盾的，也就是说，虽然中国传统诚信观具有典型的义理性和非功利性，但是，今天一些中国家庭中的诚信教育却更偏向于功利主义的选择。当然，这种现象与社会环境、社会制度建设、舆论氛围等有着复杂而密切的关系，对于此，我们将会在后文展开探讨。

相对比而言，德国的很多家长与中国家长相似，同样对孩子有着比较高的期望。比如，德国学生的分流是在小学毕业时就开始的，如果学习成绩不好或者有较早的职业规划，学生会进入实科中学等学校开始接受职业预备教育，而这对于那些对孩子有较高期望的家庭和父母来说是不体面的事情。但在德国实际的社会生活中，很多父母最终还是会尊重孩子的多样化选择。一般的德国家庭多希望孩子独立后有一份工作能够养活自己，实现经济独立，而喜欢做什么都是孩子自己的选择，父母一般会给予建议，其子女可能采纳也可能不去理会。德国社会的事实显示，父母的职业对子女的影响是无形的，其会在很大程度上影响子女的职业选择倾向。比如，父母若是教师，孩子大多也倾向于做出教师或相类似的职业生涯选择。

在对部分德国的家长的随机访谈中，多数人表示在他们看来，家庭教育中应该注重的是培养孩子的独立意识和独立自主能力，从而为他们踏入社会做准备，也就是社会化，这一点与中国的情况非常类似。不同的是，近年来由于人口的减少和社会的流动，德国社会的家庭和社区都发生了持续的变化，当今德国更注重社会秩序的建设，倡导社会成员意识行为公共性的养成，而公共性中的关键是社会成员之间的相互信任。所以，诚实在德国社会中是一条极其重要的价值标准，不诚实的人在社会上将会无法立足。这大抵是因为德国社会民众大多认为，个体的不诚实会导致对社会信任的破坏，进一步的逻辑是，失去了社会信任，就失去了稳定的社会秩序。为此，德国的家长会在家庭教育中教育孩子要诚实地与人交往。正如德国威斯巴登市恩豪森教育学和学习研究所的负责人赖曼·霍恩（Reimann Höhn）所指出的那样，"传统的人际关系价值观再次'流行'起来，这也对抚养孩子产生了影响。其中，除十分流行的成就概念和成功的压力之外，越来越多的父母认为他们的孩子应该内化'传统的'价值观，以便在生活中找到自己的位置。信任、诚实和可靠性高居流行榜首"①。

宗教在德国社会中有着十分重要的地位，很多德国人信奉宗教，因此德国家庭教育的内容与家长的信仰和各家庭情况有很大的关联。如果一个家庭中的大多数成员是宗教教徒，那么，宗教中关于诚实守信的教育内容就会成为其家庭诚信教育的主要内容，家长会培养孩子遵守教义，以及言行不违背教义规定。比如，"社会成员之间要互信合作"这种教义要求渗透到家庭之中，成为宗教家庭中教育的重要内容。此外需要提到的是，德国社会近乎苛刻地强调按照规则办事的重要性，所以无论是宗教家庭还是非宗教家庭在教育中都离不开遵守规则和社会公德的教育内容，也就是说，在家庭教育中，德国父母注重对孩子的社会责任感和社会公德的培养，而这其中诚实守信的内容必不可少。

同时，能够强化德国家庭诚信教育的还有弥漫在其文化氛围中的荣誉感和耻辱感教育，这也是德国家庭教育中的重要内容。德国父母在孩子小的时候会通过各种方式让孩子们知道什么样的行为是正当的、值得称赞的，什么样的行为是耻辱的。这种荣誉感和耻辱感所产生的内在驱动力使得德国诚信教育能够更加深入有效，它让人们从小就通过遵守诚

---

①　Uta Reimann-Höhn, Ehrlichkeit: So vermitteln Sie Ihrem Kind gute Werte. https://www. eltern-wissen. com/familienleben/harmonie-familie/art/tipp/ehrlichkeit-vermitteln. html.

信来提升自我认同感并获得自我价值感，因而能够更加有效地做到诚实守信。在德国，无论是家庭还是社会教育者，都将信用和信赖视作自我发展和心理成熟的重要一环。比如德裔心理学家、发展心理学的创始人艾瑞克森（Erik H. Erikson）就认为，信赖当中所体现的那种"对周边现象一致性、连贯性和相似性的体验赋予了儿童一种初步的自我认同"①。

在教育素材的选择上，家庭教育与学前教育有很多重叠之处，我们将在后文对其展开论述。

二　行为示范的比较

家长的行为示范在家庭诚信教育中尤为重要，家长要负起责任，要发挥身教示范的重要作用，在诚信道德品行上给孩子做出表率，使孩子树立明确的责任意识，学会对自己负责任。研究表明，有一种儿童说谎行为被称作效仿型说谎。儿童的模仿意识非常强烈，美国社会学者乔治·米德（George Herbert Mead）的"角色扮演"理论②认为，人的社会化会经历三个阶段，其中第一个阶段就是模仿阶段。儿童效仿型说谎通常是其偶然听到父母或者他人的言语，并明确知道该言语所表示的内容不为真，却由内心产生效仿冲动，导致出现效仿型说谎行为。苏联教育家马卡连柯认为，"每个家长都应该有非常清醒的认识。每个人都应该懂得，在家中他不是绝对的、不守任何约束的主人，而只不过是集体中一位年长的、负有责任的成员。如果很好地理解了这一思想，那么一切教育工作就都能正确地进行"③。

中国古代一些思想家十分清楚家庭成员之间守信的重要作用，如《韩非子》曾载：

---

① Erik H. Erikson. *Einsicht und Verantwortung*（Stuttgart：Klett-Cotta，1966），p. 241.
② 米德认为，个人社会化的过程是一个角色扮演的过程，即低幼段的儿童对于社会的认知是依据从观察别人的行为来进行内化的，并通过这一过程实现自身的社会化。
③ A. C. 马卡连柯：《家庭和儿童教育》，丽娃译，上海人民出版社，2005，第 22 页。

曾子之妻之市，其子随之而泣，其母曰："女还，顾反为女杀
彘。"妻适市来，曾子欲捕彘杀之，妻止之曰："特与婴儿戏耳。"
曾子曰："婴儿非与戏也。婴儿非有知也，待父母而学者也，听父
母之教。今子欺之，是教子欺也。母欺子，子而不信其母，非以成
教也。"遂烹彘也。①

其大致意思是说，曾子与其妻子带着孩子到市场去，但其孩子啼
哭，孩子的母亲（为哄孩子）说回去后为孩子杀猪。待回家后，其妻
子见曾子要捕猪杀猪，马上制止他，说之前说的话是和孩子开玩笑，曾
子却认为，孩子的认知来源于父母，父母不能失信于孩子，不然就会产
生对诚信的负向示范作用。于是曾子将猪杀掉，遵守承诺。由此可见，
部分中国古代思想家已明确认识到家长在家庭教育中以身作则的重
要性。

时至今日，很多中国家长都清楚自己的言行对孩子的价值观和行为
的养成非常关键，而且在重视教育的今天，越来越多的家长注意到了这
一点，特别是一部分比较关注儿童教育的家长在孩子面前会意识到应当
注意自己的言行举止，为孩子做出表率和示范。但在现实生活中，受各
种原因的影响，一些家长在诚实守信方面难以做到以身作则，有时甚至
难以遵守对家庭成员的承诺。比如，因偶遇一些突发事件，家长无法到
岗上班需要请假，他们有时会编出各种虚假理由以达到目的。一些显见
的事例是某些家长为请假而编造孩子生病的谎言，又或者为推辞某些事
情编造理由，等等。这种谎言如若让孩子听到，便会使其产生认知误
区，因为孩子明确知道自己并没有生病，父母所说的并非真实。虽然有
时他们并未马上通过外在的言行表示出态度或思维的变化，但对此类行
为却看在眼中、记在心中。父母多次的言行不一致、表里不如一会使儿
童对说谎行为不以为然，同时也会使他们对此种行为产生效仿兴趣，并

① 《韩非子·外储说左上》，载《韩非子》，王先慎集解，姜俊俊校点，上海古籍出版社，
2015，第 348 页。

最终形成效仿型谎言，他们甚至有可能为达到某些目的而编造谎言。此外，一些家长的不良言行示范还消解了学校的诚信教育。比如，孩子在学校接受了遵守交通规则的教育，形成了规则意识，但家长在生活中带着孩子闯红灯或者违反交通规则（有时还给自己违反规则的行为找理由），孩子便会产生疑问，并开始思考学校学到的规则的价值与意义，以及自己是否应当遵守。同时，在中国，还有一些家长有不自知的失信行为。比如，为了驱使孩子完成某项事情或任务，随意许诺、承诺，但孩子完成该事项或任务后，父母却以各种理由搪塞孩子，不去履约。这极大地影响了孩子对诚信价值观的认知。

德国的家庭教育受文化、宗教和法律制度的多重影响，很多家长对自己有严格的行为准则要求，他们以身作则、讲究诚信，并在日常行为实践中要求孩子诚实守信，以此做一个自律的、有尊严的人。① 德国的很多父母遵循这样一个理念：要教育孩子诚实守信，家长必须做出榜样。家长通过自己的言行示范，建立良好的家庭诚信氛围，给子女树立榜样。德国家长这样做的原因是他律基础上的自律，主要有几个方面：其一，德国的家长受严格的社会和法律规范，他们必须守法然后教育孩子守法；其二，很大一部分德国父母是宗教教徒，宗教教义要求对他人诚实无欺；其三，德国社会对说谎、失信等行为有强烈的排斥性，儿童如果养成了说谎的习惯，到社会上是不会被认可的，故而家长为培养儿童的诚信价值观，首先要以身作则，这与社会文化的联系较为紧密。

德国学者认为，如果父母能够承认自己的不当行为，可能会促使孩子更加诚实。他们在研究中指出，"孩子们一般不会在玩游戏时过于认真地对待真理和作弊。但是作为父母，您会产生特殊的榜样效应：当孩子被成年人欺骗时，他们会失去对诚实的渴望。现在的一项最新研究表明，父母的教养方式可能会对孩子的士气产生另一种影响：如果父母放心承认自己犯了错误，他们的后代就不会经常说谎。父母的诚信行为，

---

① Sabrina Klas. *Vertrauen Zwischen Grundschulkindern-Entwicklung Und Erprobung Von Unterrichtlichen Moglichkeiten*. (München：GRIN Verlag, 2013)，p. 127.

特别是做错事情后的主动认错行为也会影响自己的孩子"①。可见，德国社会对孩子的教育方式有很大一部分是言传身教式的生活教育。

三　教育地位的比较

纵使家庭结构千差万别，家庭在本质上依然是由享有平等权利的社会人所构成的集体，无论是父母还是未成年的子女在自然法意义上都是平等的，都拥有自己的权利。但在现实生活中，父母通常在家庭生活中居主导地位，作为未成年子女的监护人，拥有管理未成年子女的义务和权利，但这并不能成为其凌驾于子女权利之上的理由。家庭教育需要明确父母自身作为教育者的责任、义务与地位，并尊重子女的独立人格。事实表明，尊重儿童的人格平等权，发现其优缺点，使其与父母在话语上拥有平等沟通的权利，有利于培养其成为诚实守信、独立、完善的人。

在中国，未成年子女与其父母之间的关系一般被认为是从属关系，也就是说，未成年子女在某些意义上是从属于父母的，而父母作为未成年子女的监护人，有权利有义务对其子女进行管理，这既是法律规定，也是文化特点。《中华人民共和国民法典》第二十六条规定："父母对未成年子女负有抚养、教育和保护的义务。"第三十五条规定："未成年人的监护人履行监护职责，在作出与被监护人利益有关的决定时，应当根据被监护人的年龄和智力状况，尊重被监护人的真实意愿。"需要指出的是，父母管理未成年子女的权利和义务并不是决定其如何发展，也不是让子女按照父母的意愿学习和成长，而是要"在尊重被监护人的真实意愿"的前提下对其进行教育。由于未成年子女的心智并未成熟，因此在何种程度上"尊重被监护人的真实意愿"就为父母的选择提供了空间。不管中国家长是否承认，在他们的天然意识中，他们拥有

① Marie-Thérèse Fleischer（2017），Ehrlichkeit ist Erziehungssache. https://www.spektrum.de/news/kinder-zur-ehrlichkeit-erziehen/1435699.

教育自己抚养的未成年子女的权利，可以选择对子女进行怎样的教育和教育什么，处于一种道德教育权威者的地位。① 这种家庭地位甚至有可能导致某些家长在诚信价值观的教育上奉行双重标准，即"我说谎可以，你说谎不行"，或者发出"我的说谎是有理由的、合理的"等辩解，从而引发子女对诚信价值观念认识的混乱。

视线转向德国。虽然德国人不认为孩子是从属于父母的，但是，德国人的家庭荣誉感普遍很强，任何家庭成员的失信行为都被认为是整个家族的羞耻。在受传统价值观影响较深的德国家庭中，父母与未成年子女的关系多是命令与服从关系，父母处于绝对权威的地位，未成年子女必须服从和接受父母的安排，这相较于中国传统社会的家庭管理甚至有过之而无不及。但在今天的德国社会，伴随着社会的进步和发展，持这种传统观念的家庭在减少，大多数家长认为，父母与孩子是平等的，孩子不是自己的私有物，而是与父母一样，都是社会的公民，是独立的人。这些持有现代教育理念的德国家长一般不会把自己的意愿和喜好强加给孩子，"虎妈式教育"② 在他们看来是违背人的成长规律的。家庭生活中应倡导平等理念，无论谁做错了什么，承认自己的错误并道歉是基本的礼貌，即使是家长也是如此。德国人认为这样做有利于培养诚实、不撒谎的孩子。

在家庭管理中，一般德国家庭会对孩子的作息时间、活动等有比较严格的规定，比如：什么时间看电视；什么时间睡觉；外出玩什么时间回家；吃饭的时候应当怎样做；应当承担哪些家庭义务，包括分担家务、整理自己的卧室、整理自己的玩具、打扫卫生和花园；等等。对于这些规定，奖罚也通常比较明确。规则的制定是孩子和父母协商一致的，一旦规则确认，那么不管是家长还是孩子都要坚决执行，即便有些孩子有时会因为没有满足他的需求而哭闹，但通常父母是不会

① 当然，现在越来越多开明的家长会听从孩子的建议，对不当行为进行改正。

② 出自耶鲁大学华裔教授蔡美儿出版的《虎妈战歌》一书，其核心思想就是"对孩子的管理要有近乎于严厉的严格，只有加倍的刻苦努力才能踏上成功之路"。参见蔡美儿《虎妈战歌》，中信出版社，2011。

妥协并违背已经制定好的规则的，这实际上是一种诚信规则履约的价值培养。

四 不同家庭成员结构对教育的影响

家庭成员结构是指家庭成员之间相互关系的组织形式和结构模式，其有着不同的分类，按家庭的代际数量和亲属关系的特征分类是常见的分类方法，主要可以分为以下几种家庭类型：一是夫妻家庭，即只有夫妻两人组成的家庭，包括夫妻自愿不育的丁克家庭、子女不在身边的空巢家庭以及尚未生育的夫妻家庭。二是核心家庭，即由父母和未婚子女组成的家庭。三是主干家庭，即由两代或者两代以上夫妻组成、每代最多不超过一对夫妻且中间无断代的家庭，如父母和已婚子女组成的家庭。四是联合家庭，指家庭中有任何一代含有两对或两对以上夫妻的家庭，如父母和两对或以上已婚子女组成的家庭，或者兄弟姐妹结婚后不分家的家庭。五是其他形式的家庭，包括单亲家庭、隔代家庭、单身家庭等。① 不同的家庭成员结构决定了在这一家庭中哪些成员承担着主要的教育职责、扮演核心教育者的角色。

在中国，有一定数量的家庭是由（外）祖父母负责照看未成年儿童的，比如三代同堂的家庭和留守儿童家庭。在这些家庭中，儿童在幼年阶段由（外）祖父母承担主要的教育任务，其诚信教育方式和内容有着较为深刻的历史特点，同时也受到个人经验的影响。另外，还有一定数量的独生子女家庭。在这些家庭中，孩子处于家庭的中心，家长对孩子的关怀经常会或多或少地超出有益的范围，甚至有家长会因为对孩子的溺爱而对一些失信行为视而不见，这可能会使孩子习惯于这种特殊的地位，无法形成对谎言的正确价值判断，久而久之便形成了失信习惯。

德国社会由于历史传统和文化因素，倡导的是小家庭，也就是仅包括父母和未成年子女的小家庭，大家庭或者扩大家庭的现象是比较少见

---

① 参见《社会学概论》（第2版），人民出版社，2020，第124~127页。

的。德国的长辈通常是不会帮子女照看未成年的孩子的，甚至有些孩子要见（外）祖父母都要提前预约。因此，德国家庭中多是由父母承担教育职责的。在德国人的传统意识中，男性的社会地位通常要比女性高，即使在全社会大力倡导男女平等多年后，父亲在家庭中还是具有权威地位、拥有较大话语权，因此父亲的言行示范对孩子来说十分重要。传统德国人的生活观念是男人负责在外面工作挣钱养家，女人负责教育子女和管理家务，在今天也有很多家庭依然如此，家庭的主要收入来自父亲，母亲全职在家，尽管很多母亲也有大学等高等教育文凭。德国社会对全职母亲是认可的。孩子的教育被认为是母亲的重要任务，母亲对孩子的爱显得十分重要，并且孩子们与母亲一般比较亲近。也就是说，对于这样的家庭而言，母亲更多地扮演着教育者的角色，是家庭教育的主要实施者。同时，传统德国家庭中的全职母亲认为，学校负责教授知识，而道德、规则、习惯（包括诚信）的培养是由家庭来完成的，因此在传统德国家庭中，这几个方面的知识和素质的培养也是重要的内容。很多德国人认为，孩子没有到一定的年龄，就不应当全天在学校学习，不然会缺乏与父母之间的交流。但在实际生活中，随着越来越多的母亲走向社会去工作（或者为了生活必须外出工作），加上如前所述的，德国的长辈较少参与子女的家庭生活，很多家庭在教育上心有余而力不足，家长们开始呼吁政府和学校承担更多的教育孩子的责任，于是有些刚满 1 周岁甚至不满 1 周岁的孩子也进入了幼儿园阶段前的托管机构"托儿所"（Betreuungsangebote für Kinder），全日制学校也开始增多。由此，以前德国人意识中的属于家庭教育的很大一部分教育内容（如诚实守信、遵规守纪等）转入学校（幼儿园）中开展。

五　对待儿童说谎行为的不同纠正方式

基本上每个人在孩童时期都有过说谎的经历，同时也有过说谎被家长惩罚的经历。相关研究表明，4 岁以内儿童的说谎行为多为无明确理性意识的说谎，大多与感性认识和生物性驱动相关，是社会化的一个过程，有其合理性。然而，虽然低龄儿童说谎具有"无意识性"，家长却不能对其放任自流，而是需要给予重视，这是养成个体诚信思维模式的基础，对培育人的自主诚信思维意识起到"形塑"的作用。换言之，儿童在社会化过程中，家长必须对其加以正确的引导，这对孩子个人价值观的形成及诚信意识的养成起到了根本的作用。对于儿童说谎行为的矫正，中国和德国的家长在细节上有一些不同。

很多西方人认为，中国家长喜欢通过身体惩罚来教育孩子。我们不否认这种现象在一定范围内存在，但总体上看，这并不是中国家长对儿童说谎行为的主要纠正方式。随着受教育程度的提高，更多的中国家长选择"说理"作为主要的纠正方式。实际上，有些德国家长有时却会通过身体惩罚教育孩子。根据德国之声（Deutsche Welle）之前的相关报道，"德国每周有 3 名儿童因家庭暴力丧生……据德国儿童保护协会估计，德国有 13% 的父母'动手施暴'"[1]。与德国家长不同的是，中国的家长有时会在公共场所惩罚或严厉训斥子女，但德国人通常不会这样做，囿于社会法律制度等，若德国人在公共场所惩罚或训斥子女，其基本都会被其他人制止，并有可能被举报。在中国传统意识中，家长管教孩子天经地义，只要没有到虐待的程度，社会中的其他成员会认为这是他们自己家庭的事情，故而通常是不会干涉的。而在中国的法律中，对父母管教孩子的"度"的规定也是比较模糊的。[2] 相比之下，在德国社会，严格地训斥和惩罚孩子在社会成员的意识中是不被允许的，因

---

[1]　转引自《南德意志报》，*Jede Woche sterben drei Kinder in Deutschland*，https://www.sueddeutsche.de/medien/kindesmisshandlung-zdf-film-1.4685023。

[2]　2022 年 1 月 1 日，《中华人民共和国家庭教育促进法》正式施行，该法案第二十三条规定：未成年人的父母或者其他监护人不得因性别、身体状况、智力等歧视未成年人，不得实施家庭暴力，不得胁迫、引诱、教唆、纵容、利用未成年人从事违反法律法规和社会公德的活动。对于"家庭暴力"这一概念的具体范围，根据另一法案《中华人民共和国反家庭暴力法》的相关规定，是指"家庭成员之间以殴打、捆绑、残害、限制人身自由以及经常性谩骂、恐吓等方式实施的身体、精神等侵害行为"。目前来看，这一认定并非特别明确，特别是对于父母对子女不当行为的惩戒度而言。

此，德国人如果在公共场所惩罚孩子，哪怕只是稍微严厉地训斥孩子，通常都会有人出来制止。现实生活中，很多居住在德国的华人华侨父母经历过在公共场合"教育"自家孩子却被旁人制止的情况。德国法律规定不得体罚孩子，德国人通常是以法律为标准来谴责实施该行为的父母的。回归到家庭生活中，德国人对子女的管教则有时会与在公共场合的表现不太一样，特别是传统的德国家庭中，家长为惩罚孩子违反道德（包括不诚实）的行为，有时会采取体罚的方式。调查表明，针对"是否曾使用器物打孩子？"的问题，德国父母的施暴率为 5.6%。[①] 当然，在学校中接受过教育的孩子可能会以法律的名义对家长体罚的教育方式进行反抗，政府相关部门在收到相关的报告后也会查清情况，并会对父母的不当教育行为进行干涉，但这些相关部门也表示，他们人手有限，对很多事情也无能为力。我们在抽样访谈中发现，很多德国人在小时候有过因为撒谎被父母教训的经历，比如打碎东西却不主动坦诚地道歉和承认错误，父母得知后就会严厉地对他们进行教育，但他们教育的关注点不是东西坏了，而是孩子说谎。这其实与中国的家庭教育是相似的。

理论上，皮亚杰（Jean Piaget）将儿童的认知发展分为四个阶段：一是感知运算阶段（感觉—动作期，Sensorimotor Stage，0~2 岁）。在这一阶段中，儿童从一个仅具有反射行为的个体逐渐发展成为对日常生活环境有初步了解的问题解决者。二是前运算阶段（前运算思维期，Preoperational Stage，2~7 岁）。这时，儿童已经可以将感知动作内化为表象，建立了符号功能。三是具体运算阶段（具体运算思维期，Concrete Operations Stage，7~11 岁），该时期的儿童心理操作着眼于抽象概念，但思维活动需要具体内容的支持。四是形式运算阶段（形式运算思维期，Formal Operational Stage，从 11 岁开始一直发展）。此时，思维形式摆脱了思维内容，可以进行假设—演绎推理。[②]

---

① 转引自《南德意志报》，*Jede Woche sterben drei Kinder in Deutschland*，https://www.sued-deutsche.de/medien/kindesmisshandlung-zdf-film-1.4685023。
② 《皮亚杰教育论著选》，卢濬选译，人民教育出版社，2015，第 34~60 页。

科尔伯格则认为儿童道德发展分为三个水平，每个水平有两个阶段，且儿童的道德价值观是顺阶段发展的。[①]

表 3-1　科尔伯格的儿童道德发展"三水平六阶段"理论

水平	阶段	内容
前习俗水平	惩罚服从取向阶段	儿童评定行为好坏着重于行为的结果，如在这个阶段孩子常服从成人的命令，主要是为了避免惩罚
	相对功利取向阶段	儿童评定行为的好坏主要看是否符合自己的要求和利益
习俗水平	寻求认可取向阶段（好孩子定向阶段）	儿童认为：凡取悦于别人、帮助别人以满足他人愿望的行为是好的，如在这个阶段教师经常表扬孩子是个好孩子就会获得较好的效果
	遵守法规取向阶段	儿童认为：正确的行为就是尽到个人责任、尊重权威、维护社会秩序，如这个阶段的儿童认为遵守交通规则是每个公民应尽的责任和义务
后习俗水平	社会契约取向阶段	儿童认为：道德法则只是一种社会契约，可以改变
	普遍伦理取向阶段	儿童已具有抽象的以尊重个人和个人良心为基础的道德概念

按照以上的儿童心理学相关研究推论，低龄段儿童说谎主要有以下原因：一是为了逃避惩罚。比如将家里的东西弄坏了，儿童出于保护自身的本能判断，会产生通过撒谎来避免暴露自己的错误以逃避惩罚的倾向。二是为了实现愿望诉求，即通过说谎达成自己的某种诉求。比如有些孩子看见同龄的小朋友有玩具车，便谎称自己也有，其满足的是他自己内心的自尊或者虚荣。同样有事例表明，儿童的某些说谎行为是为获取个体的利益，如讨取父母欢心以获得自己想要的玩具等。三是出于效仿，即前文所说的效仿家长行为等而产生的说谎行为。

综合以上分析，低龄段儿童的说谎行为多为无意识的，与感性认识和生物性驱动相关，是其社会化的一个过程。因此，在儿童社会化的过程中必须对其进行正确的引导。

对于儿童失信行为，德国家庭中的道德羞耻感教育在这里可以发挥

---

① 参见 L. 科尔伯格《道德发展心理学：道德阶段的本质与确证》，郭本禹等译，华东师范大学出版社，2004，第 15~100 页。

重要作用，即在儿童尚未形成对说谎行为的理性认识之前，明确说谎行为是羞耻的，从感性的角度给予说谎行为以属性定义，再将理性和感性相结合，那么即便儿童在幼年时还不了解说谎行为的实际意义和社会危害，也会受耻辱感影响，拒绝说谎。

六 社会对家庭教育的支持比较

家庭教育相对于其他教育形式而言是十分特殊的，它比其他教育模式更具私人属性，所以在教育组织上，家庭诚信教育通常是长辈对晚辈的教育。但教育是相互的，有时，孩子也会使用在学校中学到的道德知识和规则影响家长。

毋庸置疑，每一个家长都渴望自己的孩子"成人""成才"，都想尽全力给孩子的成长提供帮助，然而大多数家长虽然重视教育，对科学开展家庭教育的知识的掌握程度却参差不齐，如对于儿童说谎行为，家长应当在何种程度上给予关注等。事实证明，虽然儿童的谎言只是偶发现象，但必须及时纠偏，否则当儿童有了说谎并成功地获得利益的经历后，他会更加认可这种方式，最终形成说谎、失信的习惯。现实生活中，我们看到很多家长对儿童一些微小的谎言保持容忍的态度；另有一些家长倾向于使用强硬态度来处理，比如对儿童进行恐吓："如果下次让我发现，将会……"但是，这种说法非但没有太多的实际用途，反而会增加孩子的恐惧，甚至会让孩子知道要更小心说谎细节，成为更高明的说谎者。对于这种情况，适时地抓住时机引导孩子，避免其说谎，如对孩子说实话的行为进行肯定，会比惩罚孩子更能让他理解其中的道理。

值得注意的是，近年来，中国社会各界对家庭教育的关注度不断提升，家庭教育已经不是单个家庭的事情，而是涉及全社会的共同关注。全国妇联、关工委以及教育主管部门和地方先后出台相关法规条例和政策指导意见，对家庭教育进行指导，如教育部在 2015 年印发了《教育部关于加强家庭教育工作的指导意见》（教基一〔2015〕10 号），进一步明确了家长在家庭教育中的主体责任，提出要"引导孩子学会感恩父母、诚实为人、诚实做事"①。《关于指导推进家庭教育的五年规划（2016-2020 年）》则提出要"普遍建立家长学校或家庭教育指导服务站点"，在重点任务中也指出，要"注重突出家庭道德教育内容。……注重对家长和儿童进行爱国主义教育、诚信教育……"② 2019 年印发的《全国家庭教育指导大纲（修订）》也在内容要点中指出，要"提升儿童道德修养。指导家长提升自身道德修养，处处为儿童做表率，结合身边的道德榜样和通俗易懂的道德故事，培养儿童良好的道德行为习惯；创设健康向上的家庭氛围；与学校、社会形成合力，净化家庭和社会文化环境；从大处着眼，从小事入手，及时抓住日常生活事件教育儿童孝敬长辈、尊敬老师，学会感恩、帮助他人，诚实为人、诚信做事"③。

在中央的指导下，一些地方也出台了相应的家庭教育促进条例，如江苏省 2019 年通过的《江苏省家庭教育促进条例》就对家庭教育的相关内容作出了具体规定，其中指出，"父母或者其他监护人应当针对未成年人不同年龄段的身心发展规律和特点，适时开展理想信念、爱国主义、社会责任，道德修养、行为规范、文明礼仪，生命安全、身心健康、生活技能等方面的教育，引导未成年人养成优良品德、健全人格、劳动精神和良好行为习惯"④。

最需要关注的是国家立法层面，2021 年 1 月 20 日《中华人民共和国家庭教育法（草案）》⑤ 提请全国人大常委会审议，自此我国正式开启了从法律层面对家庭教育的指导。2021 年 10 月 23 日，该法案正式定

① 《教育部关于加强家庭教育工作的指导意见》（教基一〔2015〕10 号），http://www. moe. gov. cn/srcsite/A06/s7053/201510/t20151020_214366. html。

② 《关于指导推进家庭教育的五年规划（2016-2020 年）》，http://www. nwccw. gov. cn/2017-05/23/content_157752. htm。

③ 《全国妇联、教育部等九部门关于印发〈全国家庭教育指导大纲（修订）〉的通知》（妇字〔2019〕27 号），http://edu. qingdao. gov. cn/n32563212/n32569477/n32569547/200514143640002140. html。

④ 《江苏省家庭教育促进条例》，http://www. jiangsu. gov. cn/art/2019/4/11/art_59202_8302547. html。

⑤ 《中华人民共和国家庭教育法（草案）》，http://www. npc. gov. cn/npc/jtjyfca/jtjyfca. shtml。

名为《中华人民共和国家庭教育促进法》，通过第十三届全国人民代表大会常务委员会第三十一次会议审议，对外公布，并于 2022 年 1 月 1 日起正式施行。该法案包括总则、家庭责任、国家支持、社会协同、法律责任、附则共六章 55 条，以法律的形式规定了家庭中儿童价值观的养成和开展道德教育是家长必要的责任，如第十四条规定"父母或者其他监护人应当树立家庭是第一个课堂、家长是第一任老师的责任意识，承担对未成年人实施家庭教育的主体责任，用正确思想、方法和行为教育未成年人养成良好思想、品行和习惯"；第十五条规定"未成年人的父母或者其他监护人及其他家庭成员应当注重家庭建设，培育积极健康的家庭文化，树立和传承优良家风，弘扬中华民族家庭美德，共同构建文明、和睦的家庭关系，为未成年人健康成长营造良好的家庭环境"；第十六条明确提出"未成年人的父母或者其他监护人应当针对不同年龄段未成年人的身心发展特点，以下列内容为指引，开展家庭教育"，其中第（二）项专门提出要"教育未成年人崇德向善、尊老爱幼、热爱家庭、勤俭节约、团结互助、诚信友爱、遵纪守法，培养其良好社会公德、家庭美德、个人品德意识和法治意识"①。

虽然一系列政策法规不断出台，但在中国的社会实践中，社会对家庭道德教育的影响目前来看却颇为有限，这似与中国传统的家庭本位观念有很大的关系，家庭生活的私人性与外部对家庭生活的干预的排他性之间存在矛盾冲突。相关法律规定、指导意见的教育、宣传存在较大不足，使其并未被人们所熟知，在调研中，大部分家长表示，不知道有相关的制度安排和政策建议②，更不知道其具体是如何规定的，这一点十分值得我们思考。

与中国不同，德国的家庭生活一直以来受国家和社会的影响比较大。"自 19 世纪末起国家以社会法介入家庭这一私人生活领域，影响了

---

① 《中华人民共和国家庭教育促进法》，http://www.npc.gov.cn/npc/c30834/202110/8d266 f0320b74e17b02cd43722eeb413.shtml。

② 在全国 6 地随机抽取 102 人进行调研，有 92%（94 人）的家长表示不知道有相关的教育政策。另有部分家长表示听说过，但不知道具体内容。

家庭形式的变迁，加深了国家与家庭之间的相互依赖，家庭政策的任务也在持续进行调整。"① 德国社会普遍认为，提高孩子的独立能力和辨别能力是家长、社会和国家共同完成的。德国的宪法《德意志联邦基本法》第六条指出，"抚养和教育子女是父母的自然权利，也是父母承担的首要义务"②，同时，其对父母在家庭教育中的角色和地位作出了明确的规定，指出家长对儿童负有重要的教育责任与义务，因此德国的家长是实施包括诚信教育在内的家庭教育的首要主体，家长一方面教导孩子诚实守信，另一方面也必须要以身作则。《德意志联邦基本法》还规定，"当教育权人不能履行义务或子女出于其他原因面临堕落的危险时，方可依据法律，违反教育权人的意志将其子女与家庭分离"③，即当父母无法履行教育子女的责任时，政府将强制剥夺其教育权，由社会公共机构代为行使教育责任。《德国民法典》第 1666 条对监护权的限制和剥夺作出了规定，"子女肉体上、精神上或心灵上的最佳利益或其财产受到危害，且父母无意或不能避开危险的，家事法院必须采取对避开危险来说为必要的措施"，"1. 要求提供官方援助（如提供儿童及青少年援助和健康方面的照料）的命令；2. 要求注意遵守就学义务的命令；3. 禁止暂时地或就不确定的期间而使用家庭住宅或其他住宅，禁止在住宅的特定周边地区内居留，或禁止探访子女通常在那里居留的待定的其他地点；4. 禁止建立与子女的联系或安排与子女见面；5. 代为作出有权进行父母照顾的人的表示；6. 部分地或全部剥夺父母照顾"。④对于以上这些法律规定的执行，德国人通常是不讲情面的，这在中国家长看来是比较难以理解的。德国通过家庭福利政策和家庭法等有关法律法规影响和干预家庭的发展和家庭关系。德国在教育法中规定：家长有义务担当起教育孩子的职责。此外，社会法治传统也影响着家庭关系，德国家庭中，父母用法律条文去教育孩子，孩子也会使用法律规定来同

---

① 刘冬梅、戴蓓蕊：《德国社会法中的家庭福利政策》，《德国研究》2017 年第 3 期。
② *Grundgesetz für die Bundesrepublik Deutschland*, München：Beck，2009.
③ *Grundgesetz für die Bundesrepublik Deutschland*, München：Beck，2009.
④ 《德国民法典》，陈卫佐译注，法律出版社，2020，第 584~585 页。

父母争取自己的权利。

此外，在"家校联动"方面，无论是中国还是德国，都非常重视家校合作、共同育人。中国和德国的幼儿园和小学都会经常邀请家长与孩子们共同参加一些教育活动，以加强儿童、学校与家长间的沟通。在中国，学校会通过家访、家长会、家长学校等方式对家长进行一些教育方法上的辅导。德国同样也有家长会，称作 Elternabend，直译过来就是"家长晚会"，一般每学期一次。同中国一样，德国也有父母谈话、父母对话日（Elternsprechtag）、学习进展会谈（Lernentwicklungsgespraech）、家访等。"当学生遇到困难，如出现学习问题、心理问题或者行为表现方面的问题时，学校会通过心理咨询教师和社会工作教师为学生及其父母提供咨询服务，帮助学生和父母解决问题。"[1]

需要提到的是，德国的家校合作同样也通过制度加以规定。如巴伐利亚州的《学校法》规定，"学校的领导、教师、学生及其家长须相互信任和合作，维护坦诚交流的文化"。萨克森州的《学校法》规定，"教育学生是父母和学校共同的责任，需要双方相互信任地合作。学校和父母须在教育中互相支持"。[2] 这种通过法律制度进行规定的方式可以将家校合作制度化、长期化，有助于家庭和学校共同对儿童进行培养。此外，教育和文化事务部长会议还印制了《教育和培训：家长和学校的共同任务》（*Bildung und Erziehung als gemeinsame Aufgabe von Eltern und Schule*）宣传册，为父母提供参与家校合作所需要的知识，其中明确指出"父母的参与是生活民主和法治学校的一部分。民主因参与而繁荣。这导致双方积极致力于相互尊重的合作"，"学校和家长之间教育伙伴关系的共同目标是以尽可能好的方式促进所有儿童和年轻人的发展和学习成功"。[3]

---

① 孙进：《德国中小学家校合作的成功经验及启示》，《人民教育》2020 年第 9 期。

② 孙进：《德国中小学家校合作的成功经验及启示》，《人民教育》2020 年第 9 期。

③ *Bildung und Erziehung als gemeinsame Aufgabe von Eltern und Schule*，Beschluss der Kultusministerkonferenz vom，https://www.kmk.org/fileadmin/Dateien/veroeffentlichungen_beschluesse/2018/2018_10_11-Empfehlung-Bildung-und-Erziehung.pdf.

第四章　中德学前教育中的诚信教育比较

　　学前教育指的是儿童自出生时起至入学前的教育阶段，通常由家庭教育和机构教育共同组成。由于我们在之前的章节中已对家庭诚信教育进行了专门的论说，因此本章所述的学前教育主要指的是通过专门的教育机构对学龄前儿童进行的教育。学龄前阶段是人从家庭迈向社会的第一个过渡阶段，该阶段的教育对人的价值观形成有着重要的启蒙作用。无论在中国还是在德国，学前教育都不是义务教育的组成部分，国家层面对学前教育所教授的内容没有统一的规定（中国有指导层面的意见）。在学前机构的设立上，两国均有公立的学前教育机构和民办（私立）学前教育机构之分，它们共同构成了学前教育的机构体系。

一　中国的学前教育及其诚信教育

　　学前教育虽然不属于义务教育范畴，但是中国政府仍然十分重视幼儿教育，将学前教育看作"是国民教育体系的重要组成部分，是重要的社会公益事业"①。教育部成立了专门的学前教育专家指导委员会，并通过法律法规、政策文件对学前教育进行指导。2001 年，中华人民共和国教育部印发《幼儿园教育指导纲要》；2010 年，国务院印发《国

---

① 　《中共中央国务院关于学前教育深化改革规范发展的若干意见》（2018 年 11 月 7 日），http：//www.gov.cn/zhengce/2018-11/15/content_5340776.htm。

务院关于当前发展学前教育的若干意见》；2012 年，教育部颁布《3-6
岁儿童学习与发展指南》，这些成为长期以来指导中国学前教育的主要
文件。2018 年 11 月，《中共中央国务院关于学前教育深化改革规范发
展的若干意见》颁布，这是新中国成立以来以中共中央、国务院名义
出台的第一个面向学前教育的重要文件。2021 年，教育部根据需要，
启动对《3-6 岁儿童学习与发展指南》的修订，使其进一步契合当前
儿童的实际情况。

在教育理念上，中国的公立幼儿园由政府投资（或出资补助）创
办，其课程受相关教育管理机构的规范和管理，一般来说不教授具体的
学科知识。而一些民办（私立）幼儿园所倡导的教育理念不一，有倡
导中国传统文化的，也有提倡蒙台梭利教学法[①]、IB 课程[②]教学体系、
华德福教学法[③]、福禄贝尔教学理念[④]、瑞吉欧教育体系[⑤]、IEYC 教育
理念[⑥]等的，可以说是五花八门、各有特色。但是，万变不离其宗，无
论是公立幼儿园还是民办（私立）幼儿园，其教育的核心都离不开儿
童的健康成长，都涉及对儿童的道德、价值观培养。根据《幼儿园教
育指导纲要》，中国的学前教育主要有五大领域培养目标，分别是：健
康目标、语言目标、社会目标、科学目标、艺术目标。[⑦]

[①]　蒙台梭利教学法是由意大利幼儿教育学家蒙台梭利创设的教育理念，对世界各国幼儿教育的影响深远，其特点在于十分重视儿童的早期教育。

[②]　IB 课程是指国际文凭组织 IBO（International Baccalaureate Organization）的课程体系，旨在为 3~19 岁学生提供智力、情感、社会技能等方面的教育。幼儿园阶段的 IB 课程主要是指 IB PYP 项目。

[③]　华德福教学法倡导自然教育，将儿童成长按照每 7 年一个阶段划分。其主张在早期教育中创设有利于儿童玩耍的创新环境，注重实践和手工活动。

[④]　福禄贝尔教学理念引自德国，大部分采用游戏的教学方式，主要教育原理为将儿童的自我表现、自由发展与社会生活相结合。

[⑤]　瑞吉欧教育体系全称是瑞吉欧·艾米里亚教育体系（Reggio Emilia Approach），是 20 世纪 60 年代由意大利洛利斯·马拉古齐（Loris Malaguzzi）兴办并发展的学前教育模式，其教育理念强调"互动关系"和"合作参与"。

[⑥]　IEYC 教育理念由英国教育与技能部提出，提倡培养孩子们的兴趣，并激发他们的自信心，再去培养孩子的自理能力和自我控制能力，让他们学会将自己的不舒适和需求表达出来，并尝试着自己去解决问题，能够从小培养幼儿全面发展的能力。

[⑦]　《教育部关于印发〈幼儿园教育指导纲要（试行）〉的通知》（教基〔2001〕20 号），http://www.moe.gov.cn/srcsite/A26/s7054/200108/t20010801_166067.html。

诚信作为中华民族优秀的道德传统，在学前教育中被放置在比较重要的位置上，归属五大培养目标中的社会目标范畴。应该说，中国的幼儿园在指导理念上大多秉承"诚信从娃娃抓起"的教育原则，力求通过游戏和活动，让孩子们形成"我说了的话就会做到""我不说谎话""我会做一个诚实守信的好孩子"的诚信意识。

当前指导幼儿园发展的纲领性文件《3-6岁儿童学习与发展指南》对诚实守信就提出了如下要求：

> 教育幼儿要诚实守信。如：
>
> ·对幼儿诚实守信的行为要及时肯定。
>
> ·允许幼儿犯错误，告诉他改了就好。不要打骂幼儿，以免他因害怕惩罚而说谎。
>
> ·小年龄幼儿经常分不清想象和现实，成人不要误认为他是在说谎。
>
> ·发现幼儿说谎时，要反思是否是因自己对幼儿的要求过高过严造成的。如果是，要及时调整自己的行为，同时要严肃地告诉幼儿说谎是不对的。
>
> ·经常给幼儿分配一些力所能及的任务，要求他完成并及时给予表扬，培养他的责任感和认真负责的态度。[①]

可以看出，其中关于诚信教育的内容不仅是对幼儿园诚信教育方法的指导，同时也是对低龄段儿童家庭诚信教育方法的指导。此外，在2021年印发的《教育部关于大力推进幼儿园与小学科学衔接的指导意见》（教基〔2021〕4号）中，"幼儿园入学准备教育指导要点"提示，幼儿园入学准备教育要"注重身心准备、生活准备、社会准备和学习准备几方面的有机融合和渗透"，其中"社会准备"要求让幼童"知道

---

① 《教育部关于印发〈3-6岁儿童学习与发展指南〉的通知》（教基二〔2012〕4号），http://www.moe.gov.cn/srcsite/A06/s3327/201210/t20121009_143254.html。

要做诚实的人，说话算数"。具体要求上，要"诚实守规"，"培养诚实守信的品质。对幼儿诚实和守信的行为及时予以肯定。发现幼儿说谎、说话不算数时不要简单批评和惩罚，要耐心了解原因，积极引导，帮助幼儿做到知错就改"。[①]

在中国幼儿园的教育实践中，根据孩子的成长特点，一般不会开展单独的诚信教育，其通常都是与各种教育内容组合在一起的，主要的教育方式有讲故事、挂图讲解、角色扮演等，让孩子们反思并理解说谎是错误的，明白遵守诚信的重要性。同时，要求教师要针对幼童偶发的说谎行为给予恰当引导。

二 德国的学前教育及其诚信教育

德国是学前教育的先驱，是世界上第一个成立幼儿园的国家。德国人福禄贝尔（Friedrich Wilhelm August Fröbel）被称为幼儿园之父，全球范围内广泛使用的"幼儿园"（Kindergarten）这一概念就是福禄贝尔提出来的。福禄贝尔认为，儿童早期教育的重要性无可比拟，因此，他大力倡导学前教育并提出相关理论。

德国的学前教育与中国一样，也不属于义务教育，主要由政府、教会、企业、协会、福利联合会、乡镇等负责举办。从入学年龄上看，有些德国儿童从 1 周岁起便被送至"托儿所"（Betreuungsangebote für Kinder）看管[②]，3 周岁进入幼儿园（Kindergarten）。在幼儿园，福禄贝尔发展了独特的游戏教育学，并且设计了相应的教具（如恩物[③]），通过这些对儿童进行基础的道德教育。虽然说德国是全球幼儿教育的先驱，

---

① 《教育部关于大力推进幼儿园与小学科学衔接的指导意见》（教基〔2021〕4 号），http://www.moe.gov.cn/srcsite/A06/s3327/202104/t20210408_525137.html。

② 甚至还有不到 1 周岁就被送到托儿所看管的。

③ 福禄贝尔把"恩物"（Spielgabe）看作神赐给儿童的东西，主要指游戏活动材料，最早主要有六种，分别是 6 个不同色彩的绒线球；木质的球体等；木质的立方体（积木）；木质的 8 个小长方体；可以分为 27 个等值小长方体的木质立方体；可以分为 27 个等值小长方体的木质立方体，其中一些可分为木板、斜角等更小的部分。

但是在德国，相关教育机构提供的名额却十分有限，根据 2021 年德国教育科研部数据，3 周岁以下的幼儿仅有 39% 可以去托儿所，这限制了德国低幼段儿童教育的发展。当然，3 周岁以上的儿童则有 94% 可以就读幼儿园。①

德国的幼儿园通常是混合年龄制的（0~6 岁），这与中国根据年龄划分大中小班的分班方式是不同的。德国最大、最受公众认可的幼儿园集团是以福禄贝尔的名字命名的福禄贝尔幼儿园，其遍布德国各个州，通常要两年至三年的预约期。

价值观教育方面，福禄贝尔在《关于德意志幼儿园的报告书》（1943）中指出，"幼稚园是收容在学龄以前即自 3 岁至 6 岁之幼童，用家庭的方法，以助长其身体之发育与精神上诸性能之发展，养成良善习惯为目的"②。在福禄贝尔看来，人是自然的一部分，与大自然一样，是不断趋于完善、不断发展着的。"因此，教育的教学和训练在根本原则上必须是被动的顺应的（重在维护方面），而不是命令的、绝对的、干涉的"，必须"适应他的情境、他的性向和能力等"③。在福禄贝尔看来，儿童的自由、独立和个性的获得遵循永恒的发展法则，幼儿园中的儿童不是要受学校的教育，而是要"自由发展"。在福禄贝尔理念的影响下，德国幼儿园大多以创造条件为教育方式，使儿童在这种创造的条件下，将自己内部所蕴藏的"神的本源"表现出来。

德国学前教育的相关文件中没有专门对诚信教育的指导，福禄贝尔的思想就是大多数德国幼儿园认可的教育理念。德国幼儿园普遍认为在幼儿园中，对儿童的教育就是要引导他们理解并遵守规则、认识社会。关于诚信教育，德国幼儿园的教育中特别强调，如果要孩子从小养成诚实的美德，树立诚信价值观念，第一要素就是必须给孩子一个可以舒服说实话的环境。

---

① 参见 https://www.bmbf.de/SharedDocs/Downloads/de/2021/210916-oecd-bericht-handout.pdf。
② 转引自雷通群《西洋教育通史》，安徽人民出版社，2018，第 282 页。
③ 张焕庭主编《西方资产阶级教育论著选》，人民教育出版社，1979，第 313 页。

具体来说，德国幼儿园道德、价值观教育的主要方式是环境情景教育。一是事实与环境教育。这是一种唤起幼儿环境保护初步意识的教育，通过观察周围环境、访问不同的机构，提高幼儿对周围环境的兴趣，让他们直观体验自然过程。通过各种方式让幼儿接触自然是促进儿童成为环境保护的主人的前提条件，比如让幼儿认识能量与水的意义，避免制造多余垃圾，或让孩子们直接参与分拣垃圾等。二是实际生活与家政教育。就是通过设计有意义的情境，给孩子以体验，学习集体生活中必须具备的技能，如穿衣、玩各种玩具、认识每年的重要事件、掌握家务劳动技能（整理房间、洗衣做饭等）、熟悉交通规则、学习一些仪器的使用（煎烤箱等）、对紧急情况作出反应等，并创造各种条件给孩子机会进行模拟练习。

与中国一样，德国的幼儿园同样不专门进行诚信教育，除了前面所说的环境情境教育外，大多是幼儿园教师的言传身教和幼儿初期规范教育。在德国的幼儿园教育中，孩子们很多时候就是"玩"，但是，在玩的过程中，孩子们有时会有意无意地"说谎"。而教师面对这种"说谎"行为，不会直接指责孩子们不诚实，而是会通过举例对比的方式让孩子们认识到说谎并无益处、没有意义。同时，教师作为一个职业，是学校系统的主要代表，但其并没有被社会当作道德高尚的代表，也没有为人师表的道德优势。然而，作为契约社会的一部分，教师必须以身作则、讲信用、说到做到，承诺却做不到的要对儿童进行解释和道歉。

三　中德学前教育中的诚信教育素材

教育离不开素材。无论在中国还是在德国，低年龄段儿童教育的主要素材都是童话故事、谚语、儿歌与童谣。童话故事生动活泼，符合孩子的认知特点，有吸引力并且易于被孩子们所接受；谚语、儿歌与童谣则朗朗上口，非常适合低龄段儿童记忆。

1. 童话故事

虽然中国有着十分丰富的传统神话故事作品，如《封神榜》等，但在中国家庭教育和学前教育中，这些神话故事却较少被使用。在中国，《狼来了》的故事几乎家喻户晓，主人公一次次的谎言，最后换来了羊被狼吃掉的恶果。其实，追溯来源的话，这一故事却是出自于西方《伊索寓言》中的"说谎的人"。中国家长会以此为原本，对孩子进行诚信教育。比如，"不诚实会被大灰狼吃掉"等类似的说法在中国的家庭教育中时常被使用。其实，《狼来了》的童话故事有着典型的后果主义色彩，也就是说，说谎会导致不良的后果，家长以此来警示儿童要守诚信。与这一故事相类似的《烽火戏诸侯》的故事也有异曲同工之处。可是，这种价值逻辑强调的不是"违背价值原则本身是不正当的"，而是"违背价值原则会让自己利益受损"，这并不符合中国传统诚信价值观良善正当、以良心为本的思考方式。

无论在中国还是在德国，《安徒生童话》《格林童话》都是家庭诚信教育的主要内容来源。比如《安徒生童话》里，"木偶奇遇记"中匹诺曹的故事就是教育中经常使用的诚信教育材料。"说谎话会长长鼻子，而诚实的话鼻子就会一点点变回原形"，用这样的童话故事教育孩子不要说谎。再比如说，同样是《安徒生童话》里的"皇帝的新衣"的故事，也是教育孩子要诚实，不说假话。

这里特别要提到的是全球闻名的德国本土儿童教育故事集《格林童话》（*Grimms Märchen*），《格林童话》原名叫作《儿童与家庭童话集》（*Kinder-und Hausmärchen*，*KHM*），是德国人雅各布·格林和威廉·格林兄弟（Jacob und Wilhelm Grimm）通过收集、整理、加工完成的德国民间文学作品集，带有浓厚的德国地域色彩、民族色彩和时代色彩。1812 年《格林童话》第一辑出版，到 1958 年先后出版了七辑，包含 200 多个故事。其中有很多教育孩子要诚实守信的童话故事，如"青蛙王子"教育孩子要诚实、信守诺言。而"圣母的孩子"这样的讲述谎言和诚实、宽恕的故事具有浓厚的宗教色彩，在中国较少被提及，而在德国却是教育孩子的主要故事之一。

2. 谚语、儿歌与童谣

在中国，有句在儿童之间广泛流行的童谣，叫"拉钩上吊，一百年不许变"，这句童谣几乎每个人都知道，其中的含义就是做人要遵守承诺。其实，这句话与早期的贸易承诺有关。在中国传统社会，铜钱是用绳子串起来的，大多数时候，一吊钱相当于 1000 个标准铜钱，一般而言，"上吊"就是说明认可了承诺，也就是交易的达成。这句童谣在儿童启蒙阶段起到了很重要的诚信教育作用。

此外，《三字经》在某种程度上说也属于儿歌与童谣，它简单易懂，朗朗上口，非常适合做幼童阶段的教育素材，其特别是在中国古代的教育活动中有着重要的地位。《三字经》中的"曰仁义，礼智信"中的"信"，说的就是做人要坚守诚信，它既是一种关于诚信认知的教育内容，又是对人的诚信要求。中国传统社会的儿童在启蒙阶段基本上都要背诵《三字经》。在今天，《三字经》依然作为重要的教育素材，在学前教育阶段发挥着一定的教育作用。

在德国，福禄贝尔著有一本书，叫作《慈母游戏与儿歌》（又译作《母亲与儿歌》，*Mutter und Koselieder*）[①]，该书形象地展示了德国幼儿教育中的一些诚信教育素材，其主要内容包含 7 首"母亲的歌"，反映母亲对孩子的情感；50 首"游戏的歌"，帮助儿童运用他们的身体、四肢，发展他们的感觉。这本书中的内容基本可以作为德国幼儿教育的素材代表，其中还有指导母亲的格言、儿歌以及与儿歌内容相联系的图画，儿歌下面还附有适合儿童身心发展的运动方式的说明。福禄贝尔想通过对这些素材的记录，指导母亲开展儿童教育，让母亲认识到家庭教育的责任。

---

① Friedrich Fröbel. *The Songs and Music of Friedrich Froebel's Mother Play*. Susan E. Blow (Translator 2007), Kessinger Publishing, LLC. 1843.

第五章　中德基础教育中的诚信教育比较

　　青少年阶段是价值观养成的重要阶段，这一阶段的教育任务主要由基础教育机构即中小学来承担。中国和德国有着不一样的基础教育体系，在诚信价值观的培养方面也有很多的不同。在中国，诚实守信一直是中小学生的重要守则，如教育部 2015 年印发的《中小学生守则（2015 年修订）》强调，中小学生应"诚实守信有担当。保持言行一致，不说谎不作弊，借东西及时还，做到知错就改"①，这是对中小学生的言行准则要求。在德国，福禄贝尔认为，"学校是一种机关，它致力于使学生认识到事物和他自己的本质和内部生活，教他了解和使他意识到各项事物彼此之间的内部关系、对人和对学生的关系，以及对一切事物之活的本源和不言自明的统一体的、即对上帝的关系。教学的目的就是使学生获得关于一切事物扎根于、存在于、生活于上帝之中的见解，以便学生有朝一日能按照这种见解去处理生活和进行活动"②。对中国和德国基础教育中的诚信教育进行比较，可以从教育体系、教育表现形式、教育管理等方面展开。

---

① 《中小学生守则（2015 年修订）》，http://www.moe.gov.cn/srcsite/A06/s3325/201508/t2015 0827_203482.html。
② 福禄贝尔：《人的教育》，孙祖复译，人民教育出版社，2001，第 92 页。

一　基础教育体系的差异

不同的学校体系和教育理念对学生培养的具体要求是不同的。中国和德国的基础教育体系不同，其在诚信教育方面亦有所不同，要对二者进行比较，就要对两个国家的基础教育体系进行剖析。

（一）中国：层级考试

中国的基础教育是从小学开始，再到初中、高中（或中专、中职、职高），分流基本上是在初中毕业以后。根据相关法律规定，小学到初中阶段（一～九年级，6~15岁）属于义务教育阶段，是"所有适龄儿童、少年必须接受的教育"①，是必须完成的。初中毕业以后，学生们可根据情况选择就业、就读职业学校，或者升入高级中学，而后选择是否接受高等教育。

在中国，教育的升学分流是通过考试实现的。初中毕业参加中考，高中毕业参加高考（中专或职高毕业也可以参加高考），从而实现层级分流。在层级分流的升学考试中，承担诚信教育任务的思想政治理论课这一政治科目是考试科目之一，学生可以根据自己的情况选考。

中国的书面考试升学方式对基础教育阶段道德教育的影响是在考察中偏重知识的掌握，这样的考察方式从学理上看并不利于诚信价值观的培养，因为从根本上说，诚信知识的掌握并不意味着诚信价值观的树立，生活中大量知而不行的案例都是证明，社会成员的道德观念和道德水平很难通过考试来评价。书面考试的形式或许可以实现对道德知识的考核，却无法关注到社会成员内心真实的道德想法。以此逻辑而言，考试在识记型知识的考核上虽然有其必要性，但对诚信观念的树立并无过多的益处。

---

① 《中华人民共和国义务教育法》，http://www.gov.cn/guoqing/2021-10/29/content_5647617.htm。

（二）德国：提早分流

德国是世界上最早实施义务教育的国家之一，今天德国的基础教育体系主要形成于魏玛共和国时期①，虽然各州对义务教育年限的法律规定不一样，但大部分都涵盖了 6~18 岁这个年龄段，即为期 12 年，其中 9 年是全日制学校教育，之后是职业学校教育。与中国不同，为避免青少年过早离开学校，德国要求那些没有进入普通全日制学校接受教育的学生必须进行 3 年的职业教育，这也被纳入其义务教育范畴。

德国的小学被称作基础学校（Grundschule），6 周岁可入学，大部分学制为四年（柏林和勃兰登堡学制为六年）②。德国的学生在小学毕业后即开始分流，这是德国基础教育有别于其他国家的一个最为突出的特点。一般在四年级后学生就会分班，要么去文理中学为将来考大学做准备，要么去实科中学或者综合中学，开始为就业做准备。

德国的中学有四种，分别是文理中学（Gymnasium）、实科中学（Realschule）、主科中学（Hauptschule）③ 和综合中学（Gesamtschule），分别对应中高等教育、职业教育和培训、双轨制职业教育。文理中学用中国的方式理解就是普通高中，又被称为完全中学，其就读时长通常是 8 年或 9 年，有了文理中学的毕业证就意味着获得了就读科研高校的资格，可以参加一年一度的高中毕业考试。但是，即便进入了文理中学，也不意味着所有的学生都可以毕业，学校会根据学生的情况随时调剂，成绩跟不上的学生会被调剂到其他中学，或者被要求留级。实科中学的定位介于文理中学与综合中学之间，其课程既有实践导向又有科研导向，学生通过学习获得实科中学的毕业证书后才有资格就读专科技术学校或者高等专科技术学校，如果实科中学的学生想要转到文理中学，那

---

① 魏玛共和国（Weimarer Republik，1918~1933）于第一次世界大战后成立，这个名字不是正式的国名，而是历史学者对德国政治体制分期的称呼。

② 德国小学中有很多半日制小学，近年来，有些州已经开始了向全日制小学方向的改革，但是改革速度缓慢。

③ 主科中学通常被认为是接受学业成绩最差的那部分小学毕业生的学校，社会声誉低下。目前德国只有少数几个州还保留有主科中学，其余大多数已经与实科中学或综合中学合并。

么可以选择就读文理中学的转学班或者十年级的常规班级。综合中学学制为六年，其课程目标主要是为学生以后就业打好基础，行为导向和方法导向特征显著，课程具有明显的实践性，也就是说，是为了给学生做好"职业选择准备"，综合中学九年级毕业后拿到毕业证书便有资格参加学校和企业共同开展培养的双元制职业教育。除此之外，德国还有一些私立学校，其中比较特别的是华德福学校（Freie Waldorf-schule）①。在德国的教育体系中，以往基本只有上文理中学的学生才可以考大学，而是否能上文理中学将在四年级毕业时由老师和家长讨论决定②（当前正在推进的教育改革已经变为由家长和孩子自行决定）。德国教育不鼓励所有的学生都上大学，而是建议学生根据个人的爱好、特长、学习能力和综合表现来自主判断应该就读什么样的初高中和大学。但是，由于大量声誉较差的主科中学被合并为实科中学，实科中学文凭贬值，与文理中学的差距越来越大，因此，越来越多的家长倾向于将子女送至文理中学就读。但从总体上看，目前德国基础教育的分流比例基本还是"三三三"，即相对平均的。

虽然德国社会所倡导的价值观是尊重各种职业的，但是接受不同教育的人群在社会上的职业收入确实存在差距。统计数据显示，大学毕业证书能够带来明显的收入增加，学历优势带来的收入优势在过去的十年增加了20%以上。③"德国的情况就是这样：谁如果上大学，谁就能在经济上获益。"④ 对此，德国进行了税收调节，使收入两极分化不是特别明显，同时有赖于工会体系和社会保障体系，满足不同人群的生活需求。

---

① 华德福学校（Freie Waldorf-schule）也被称作自由瓦尔多夫学校，是由奥地利教育家鲁道夫·史代纳（Rudolf Steiner）创立的教育体系，其大多是十二年一贯制学校，所授课程由教师和家长自主决定。

② 有些州会提供两年的定向阶段，相当于五年级和六年级，让学生和家长有充足的时间进行考虑、选择。

③ 桂乾元主编、陈莹编写《千姿百态看德国：教育篇》，上海译文出版社，2019，第62页。

④ 桂乾元主编、陈莹编写《千姿百态看德国：教育篇》，上海译文出版社，2019，第104页。

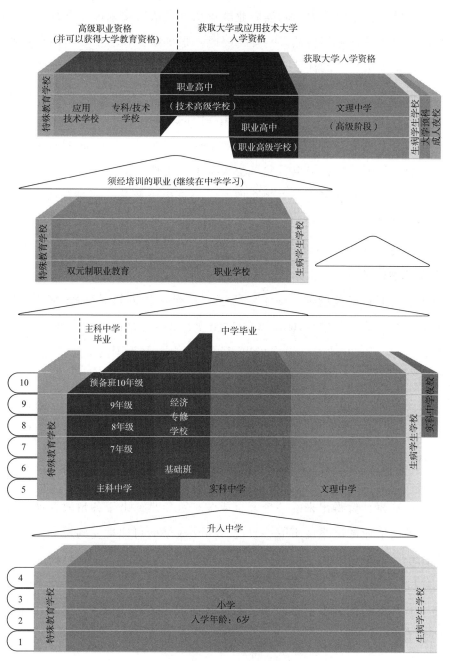

图 5-1　德国基础教育学制体系

资料来源：巴伐利亚州教育与文化事业部，https：//www.km.bayern.de/schueler/schul-arten.html。

　　曾经，在德国读大学和读职业院校从社会认可度来说并没有较大差距，读职业学校并不会低人一等，因此，很多家长和学生对学校和职业的选择是依据自己的评估和判断而做出的。但是，近些年来这种情况发生了较大改变。一组数据显示，20 世纪 70 年代，德国选择职业教育的年轻人占比约为 70%，而如今，每年约有 60% 的中学毕业生开始大学生涯。法兰克福"青年就业协会"（Gesellschaft für Jugendbeschäftigung）出具的一份评估报告指出，父母希望孩子上文理中学的愿望并不总是符合孩子的实际发展可能，有些文理中学的学生因此陷入心理危机。《德国国家教育报告（2022）》显示，在德国，"高学历人口数量增长，到 2020 年约 26% 的人口拥有高学历。然而，德国教育体系中的一个特别挑战仍然是成年人无大学入学资格的比例较高；在职业培训方面，由于职业生涯不确定性增加，缺乏熟练工，社会群体的辍学率较高"[1]。德国学者海因茨·布德（Heinz Budz）指出，"尽管德国的教育体系自 21 世纪初的'PISA 冲击'以来付出了很大努力，但德国的家长依然认为，他们的子女在公立学校中没有得到良好的教育和培养"[2]。

　　在德国，升入高等院校要参考高中毕业考试的分数，这被德国人称为 Abitur。由于德国各州拥有比较大的教育自主权，因此德国高中毕业考试的组织和实施归各州主管。Abitur 成绩不是指一次考试的成绩，而是综合高中阶段最后四个学期不同学科的成绩，和最后的毕业考试成绩加权计算累计后得出来的一个复合成绩。近年来，由于各州教育水平参差不齐、毕业考试难度不一，致使 Abitur 成绩的可比性受到质疑，建立全国统一的高中毕业考试制度的呼声愈渐增强。需要特别指出的是，由于 Abitur 成绩是一个复合成绩，而宗教或伦理学是必修科目，在平时成绩中其考察的侧重点更多在于运用宗教知识或道德知识进行判断和分析的能力。

---

[1] *Bildung in Deutschland 2022*，https://www. bildungsbericht. de/de/bildungsberichte-seit-2006/bildungsbericht-2022/pdf-dateien-2022/bildungsbericht-2022. pdf.

[2] 海因茨·布德：《焦虑的社会：德国当代的恐惧症》，吴宁译，北京大学出版社，2020，第 115 页。

表 5-1　北莱茵-威斯特法伦州高中毕业考试可选科目

宗教科目	天主教	新教	犹太教	伊斯兰教	东正教
语言科目	德语	英语	汉语	意大利语	拉丁语
	西班牙语	希伯来语	荷兰语	法语	土耳其语
	葡萄牙语	新希腊语	俄语	日语	希腊语
文学科目	文学				
艺术科目	美术	音乐			
社会科学科目	教育学	社会经济学	社会学	心理学	历史
	哲学	法学			
数学科目	数学				
自然科学科目	生物	化学	地理	物理	
科技科目	计算机	科技	营养学		
体育科目	体育				

二　诚信教育的不同体现

（一）中国：显性与隐性相结合、显性特征明显

在中国，学校教育被认为是诚信教育的主阵地和主渠道。中国学校诚信教育在课程设置上，一直以来主要由思想政治理论课承担，与此同时，在校园活动和文化建设方面，诚信教育也是主要内容之一。

指导意见方面，教育部办公厅在 2004 年印发《关于进一步加强中小学诚信教育的通知》（教基厅〔2004〕4 号），具体规定了基础教育中诚信教育的主要内容、途径和方法，指出要"通过多种形式的教育活动，使中小学生了解诚信的基本内容，懂得诚信是做人的基本准则，增强学生法律意识和诚信意识，提高守法、守规的自觉性，牢固树立守

信为荣、失信可耻的道德观念，从小立志作讲诚信、讲道德的人"①。在具体的教育实践上，学校中的诚信教育是从课程、校园文化、校园活动等几个方面来实现的。

其一，统一设置正式课程。在中国，基础教育的课程设置是统一的，诚信教育是思想品德课（思想政治理论课）的任务，在小学和初中的课堂教学目标中都有相应的课程安排。比如在现行教材《道德与法治》中，三年级下册第一单元第三课设计有以"我很诚实"为主题的教育内容②；八年级（初中二年级）上册第四课"社会生活讲道德"第三题目"诚实守信"，涉及诚信是什么、为什么、怎样做的问题，专门讨论诚信相关主题③。

其二，通过校园文化强化诚信意识。作为社会主义核心价值观的重要内容，诚信通常被视作校园文化中的应然内容。很多学校将"诚信"列为学校的校风或者校训，在学校的宣传栏或醒目位置进行宣传，通过反复强化，使教师和学生时刻谨记校风校训，并借此培育和影响教师和学生的价值观。

其三，通过校园活动开展诚信教育。校园活动是中小学教育的重要形式，在中国具有常态化的特点，中国的中小学会定期选择不同主题开展校园教育活动。比如，通过主题教育形式，包括观看相关视频、举办系列黑板报比赛进行诚信故事宣讲、举行以诚信为主题的辩论会或主题班会等，培养学生的诚信意识。还有一些学校在校园中尝试设立无人超市、考试无人监考等，培养学生诚信、自律。

总的来说，中国基础教育中的诚信教育形式是多样的，并且在教育活动中以显性教育为主、显性教育与隐性教育相结合。但是，受中国传统的知行认知逻辑的影响，中国基础教育中的诚信教育虽然在操作层面讲求多重径路，而实际上更多强调的是认知教育，即通过知识的传授促

① 《关于进一步加强中小学诚信教育的通知》（教基厅〔2004〕4号），http://www.moe. gov.cn/s78/A06/jcys_left/moe_710/s3325/201001/t20100128_81949.html。
② 《义务教育教科书：道德与法治（三年级下册）》，人民教育出版社，2018，第16~21页。
③ 《义务教育教科书：道德与法治（八年级上册）》，人民教育出版社，2017，第41页。

成价值观念的养成。

（二）德国：隐性教育主导、兼顾显性教育

德国学者认为，"教育必须传递信仰，促进信仰；科学取向不是教育、教学的唯一标准，伦理的标准同样重要"[①]。德国基础教育中的诚信教育与中国类似，也主要是通过课程、活动等方式实现，德国人同样关注认知教育，但更多的是法律知识教育，而对于道德知识，由于其对宗教和伦理课程的依赖性较强，在教育形式方面更多的是道德养成的隐性教育。因此，相较中国来说，德国的诚信教育隐性的特点要更多一些，在德国一般没有单独的诚信教育课程或者思想政治理论课程，诚信教育大多是与其他课程和活动结合在一起的（见表5-2）。

表5-2　德国小学教育课程体系（5年级）

RELIGIONSLEHRE（宗教科目）	
FREMDSPRACHEN（语言科目）	Deutsch（德语）
	Englisch（英语）
KÜNSTLERISCHE FÄCHER（艺术科目）	Kunsterziehung（艺术教育）
	Musik（音乐）
GESELLSCHAFTSLEHRE（社会理论科目）	Erdkunde（地理）
	Politik（政治）
	Praktische Philosophie（应用哲学）

由于两国国情不同，德国的基础教育在文教部长会议[②]规定的必要课程体系下，"各学校开什么课""怎样开课"这样的课程设置问题通常是由各州自己决定的。德国传统的基础教育的主要方法是背诵和记忆抽象的教条，随着近代以来教育的改革，德国基础教育有了比较大的变化。

---

① 彭正梅：《德国政治教育的里程碑：〈博特斯巴赫共识〉研究》，《外国中小学教育》2010年第5期。

② 即德国各州教育和文化事务部长常设会议（Sekretariat der Ständigen Konferenz der Kultusminister der Länder，简称KMK）。

表 5-3 显示，巴伐利亚州小学的主要课程有宗教/伦理、常识、英语、音乐、德语、体育、数学等。

表 5-3　巴伐利亚州小学的课程和课时安排

学科	一年级	二年级	三年级	四年级
德语			6 课时	6 课时
数学			5 课时	5 课时
常识	基础课程		3 课时	4 课时
艺术			1 课时	1 课时
音乐	16 课时	16 课时	2 课时	2 课时
体育	2 课时	3 课时	3 课时	3 课时
宗教/伦理	2 课时	2 课时	3 课时	3 课时
英语	–	–	2 课时	2 课时
个人和共同发展	1 课时	2 课时	2 课时	2 课时
工艺	2 课时	1 课时	1 课时	1 课时
总计	23 课时	24 课时	28 课时	29 课时

资料来源：https://www.km.bayern.de/download/11862_STMUK-Die-bayerische-Grundschule_2022_Web_BF.pdf.

在德国小学中，有一门课程是非常重要的，那就是常识课，又叫社会理论课（Gesellschaftslehre）。在德国，这门课与德语、数学一样，是小学生必修的三大核心课程之一，其课时数和德语、数学相差无几，是十分重要的课程。这门课程的内容非常广泛，涉及天文、地理、历史、生物、科学、环境、社会学、伦理学、心理学、性常识等，德国小学中的诚信教育主要是由这门课所承担的。这门课在德国被视作教授学生掌握基本生活常识和认识世界、认识人类社会的重要课程，通过该课程的学习，能让儿童对生活中遇到的一些问题有一定认识和了解。它不像德语或者数学那些课程那样内容有所限定，而是让学生在这门课程上接触到的东西越杂越好，一方面是为了让儿童在踏入社会之前掌握基本生活技能，另一方面在于引发儿童的兴趣，如果他们对某一方面内容感兴趣，等他们长大后自然会根据自己的兴趣深入研究某一部分内容。在德国的各种教育计划当中，在交易和市场活动中能够诚信交往被当作参与经济活动的能力之一而加以培养，如巴登符腾堡州就在 2016 年的教学大纲（Bildungspläne）中明确提出，学生应能独立地履行个人信用行为并对其原因和可能带来的后果有所理解，能准确地对信用等级和信誉准则（Kreditfähigkeit und Bonitätskriterien）进行解释。

社会理论课在德国深受小学生欢迎，其原因在于该课程的形式多样、活泼，符合学生特点要求，并且在一、二年级阶段，该课程基本没有作业，即便有，也是一些非常简单的贴贴画画。内容方面，这门课程涉及的诚信教育主要是规则教育，包括交通规则、防火规则，以及服务和合作精神等。该课程在三年级后，作业难度有所加强，课程教师开始布置学生围绕一些问题写社会调研报告或科学研究报告。这样的课程设置使得很多德国小学生在文化知识的学习上相较中国学生差了许多，但是，其对生活各类知识的掌握却十分丰富。德国还将这类诚信价值观念教育结合生活实践，用丰富多彩的形式如演讲、座谈等讨论诚信问题和诚信行为。

德国的中学一般来说会开设伦理课，其主要教育内容是伦理学知识以及与生活密切相关的道德规范，如果不选择宗教课程，那么学生就要选择伦理课为必修课。在分流之后的德国基础教育体系中，诚信教育在不同类型的学校里有着不同的要求。例如，巴伐利亚州教育与文化事业部制定的课程指南中这样指出："我们的世界越来越复杂。为了使儿童和青少年能够根据他们的个人能力来定位自己，并最终作为社会的直接成员在其中发挥有意义和负责任的作用，他们必须在以价值为导向的基础上发展适当的态度和获得必要的知识，并建立与其各自的才能相适应的能力。"巴伐利亚州宪法第 131 条规定："学校不仅要传授知识和技能，还要塑造心灵和品格。教育的最高目标是敬畏上帝，尊重宗教信仰和人的尊严，自制、有责任感、乐于助人，对所有真理、善良和美丽的开放，以及对自然和环境的责任感。教育学生要本着民主的精神，本着对巴伐利亚祖国和德国人民的热爱，本着民族和解的精神。"① 在巴伐利亚州，文理中学的伦理课程考核是书面考试（Schriftliche Abiturprüfung）和口头考试（Mündliche Abiturprüfung）的结合。书面考试有不同的要求，其中基础要求（gA，grundlegendes Anforderungsniveau）的考试时间为 210 分钟，高阶要求（eA，erhöhtes Anforderungsniveau）的考试时间为 270 分钟。考试材料为理论文章、事例或者漫画，要求考生根据内容进行分析和作答，简单理解就是"材料分析"。根据公布的试题范例，该考试分为两部分，第一部分是仿真任务（Beispielaufgaben），第二部分是辩论和建议（Erläuterungen und Lösungsvorschläge）。在第二部分的考试范例中会探讨这样的主题——"道德文化告诉我们，被认定存在歧视和说谎是对正义的侵犯"。口头考试的形式是两个 15 分钟的谈话（Das Kolloquium gliedert sich），在教学过程中，教学部门要求教师在四个学期中，至少要及时公布三个主题领域，毕业生最迟在考试前四周决定主题领域，第一部分谈话时，学生要从之前讲授的课程中选定主题领域，第二部分可以从其他两个主题或者其他相关的主题中选定内容。② 在德国教育改革相对激进的北莱茵—威斯特法伦州（Nordrhein-Westfalen），其文理中学高级阶段课程中的"社会科学领域"课程包括历史、社会科学、地理、哲学、教育学、心理学和法律等，其中同样包含诚信教育的内容。政府要求文理中学的每个学生都必须连续选修三个领域的课程。此外，宗教不属于任何领域，但也是选修课程的一部分，是诚信教育的主要方式。实科中学则更多倾向于职业道德教育，如职业中的诚信道德守则等。虽然内容有所不同，但教学目标、手段和方法是大致相同的。

在德国基础教育中，《博特斯巴赫共识》（Beutelsbacher Konsens）是一个重要的文件，它是德国巴登—符腾堡州政治教育中心与德国各州

① https://www.lehrplanplus.bayern.de/bildungs-und-erziehungsauftrag/gymnasium.
② https://www.isb.bayern.de/schularten/gymnasium/faecher/ethik/illustrierende-pruefungsauf-gaben/.

教育机构、各党派政治教育学者于 1976 年秋季在雷姆斯—穆尔县的博特斯巴赫镇举行的一次政治教育会议上所达成的共识，概括了德国中小学政治教育的三大原则。

第一，禁止灌输。不允许教师采用任何手段对学生进行灌输，因为这样会阻碍学生形成独立的政治判断。教师的角色就是要保持中立，使得学生具备独立使用知识、形成自己政治观点的能力。

第二，保持争议。在学术界存在争议的问题以及政治话题，在教学中也应当继续保持争议，要求教师持有的政治观点、科学观点都应该是中立的、客观的，设计的讨论也同样可以以开放式的问题结束。

第三，培养学生在现实政治情境中决定自身立场的能力，要求学生在处于某一政治情境时，具备自我决定政治立场的能力，并可以从自身利益角度寻求一种对政治形势产生影响的方式。

我们可以从中看出，德国的基础教育在要求层面强调的是教师不应带有意见和观点，要保持中立，反对灌输，重点在于培养学生的自主判断能力。但是，在实际操作层面，教师不可能完全保持中立，价值观的教育也必须符合社会的要求，其实质仍然是一种"灌输"①，这也是 20 世纪 60 年代风靡的价值澄清理论②走向衰落的重要原因。

---

① 马克思主义理论中，灌输是价值观教育的核心，列宁认为，"工人本来也不可能有社会民主主义的意识。这种意识只能从外面灌输进去"。这里所说的灌输，是思想的引入，是一个由外到内的过程。参见《列宁全集》第 6 卷，人民出版社，2013，第 29 页。

② 价值澄清理论（Values Clarification）是美国 20 世纪 60 年代兴起的道德教育理论流派之一，在 20 世纪后期遭到了社会多方面的批判并逐步走向衰落。其不关注价值内容，主要侧重个体价值形成的过程和方法。其代表人物——美国学者路易斯·拉斯思将价值澄清方法的基本要素归纳为"（1）以生活为中心；（2）对现实的认可；（3）鼓励进一步思考；（4）培养个人的能力"四个方面。虽然价值澄清理论尊重教育对象的主体地位及其自由选择的能力，让价值选择成为社会成员的主动行为，以减少灌输的外在强制性和排斥性，具有一定的合理性，但价值澄清理论否定核心价值理念存在的客观性和普遍性的价值相对主义以及忽视对教育对象进行合理价值引导的价值中立主义，是片面的。

三　教材和教学内容的比较

教材承载着教学内容，是教学内容的集中体现。目前，世界上关于教材的制度主要有任选制、认定制、审定制和国定制四种①，中国与德国在基础教育阶段使用不同的教材制度，在教材的管理、设计和应用等很多方面存在不同。

（一）中国：统一编写

中国的基础教育所使用的教材和教学内容是有统一规定的，承担诚信教育任务的思想政治理论课的教材经过政府统一组织编写和审定，具有权威性，按照相关的法律法规要求，各级各类学校必须按照规定使用。

中国现行小学统编教材三年级《道德与法治》下册第一单元第三课的课程内容标题为"我很诚实"②，该课程的目标设计主要是让学生知道"诚信是什么""诚实在人际交往中的作用"，以及"如何在生活中做到不说谎"。根据教师教学用书的指导，这一课的教学重点主要是"让学生懂得诚实在生活中的重要性"③。教育内容方面涉及很多关于诚信的事例，比如在教材中设计加入了"明山宾卖牛"④ 的故事，引导学生讨论自己的感想，并且谈到了对"善意的谎言"⑤ 的认识。

在初中的《道德与法治》课程教材中，同样有专门探讨诚信问题、

---

① 任选制是指由学校或教师个人选择教材，如英国；认定制是由地方推荐、学校或教师选定，如北欧和美国；审定制是由出版社组织编写，政府认定，地方只能选用审定过的教材；国定制是由国家组织编写并统一使用的。

② 《义务教育教科书：道德与法治（三年级下册）》，人民教育出版社，2018，第16~21页。

③ 《义务教育教科书教师教学用书：道德与法治（三年级下册）》，人民教育出版社，2019，第66页。

④ 明山宾把牛卖掉后，突然想起牛曾经患病，却忘记告诉买主，于是追上去告诉了买主，买主要求退钱，明山宾诚实无欺，将钱退还给了买主。参见《义务教育教科书：道德与法治（三年级下册）》，人民教育出版社，2018，第17页。

⑤ 老人得了重病，为避免影响他的心情，向老人隐瞒病情。参见《义务教育教科书：道德与法治（三年级下册）》，人民教育出版社，2018，第21页。

对学生进行诚信教育的"诚实守信"章节（《道德与法治》八年级上册第四课"社会生活讲道德"第三题）。其主要教学内容分为两个方面：一是强调认知，引导学生了解诚信是一项民法原则；二是强调践行，引导学生在日常生活中积极践行诚信。同时，培养学生在复杂情境中运用所学知识认识和理解诚信的能力。

例：

诚实守信

A同学：不管遇到什么情况，都要绝对尊重他人的隐私。

B同学：诚实与隐私不能共存，讲诚实就没有隐私，保护隐私就做不到诚实。

C同学：为了表明自己的诚意，有时难免说些"善意的谎言"。

问：你是否赞同上述同学的观点？说说你的理由。

结合一个典型案例，分析说明应该如何处理诚实与保护隐私的关系。①

（《道德与法治》八年级上册第四课第三题）

该题通过案例讨论，引导学生独立思考问题、分析问题。

《普通高中思想政治课程标准（2017年版2020年修订）》中，对于诚信教育的相关目标要求主要集中在第四模块中的"认识社会与价值选择"上，主要涉及"理解价值观的形成""解析价值观差异与冲突产生的社会根源""能够进行合理的价值判断和行为选择""理解价值观对人们的行为导向作用"等内容；在教学提示方面，提倡以"面对价值冲突如何选择"为议题，引导学生认识价值观，并"可针对'价值两难'的情况，辨析价值评价中的'动机论'和'效果论'"②。

① 《义务教育教科书：道德与法治（八年级上册）》，人民教育出版社，2017，第44页。
② 中华人民共和国教育部：《普通高中思想政治课程标准（2017年版2020年修订）》，人民教育出版社，2020，第21~22页。

同时，教学提示还指出，要"以'怎样才能内化于心、外化于行'为议题，探究如何践行社会主义核心价值观"①。这里虽然并未涉及具体的诚信价值观内容，却从整个社会主义核心价值观的角度进行了讲解。此外，《普通高中教科书 思想政治选择性必修 2：法律与生活》中，第八课"自主创业与诚信经营"，设计了与"守法诚信的经济活动"有关的教学内容②。

综上，中国在基础教育中的诚信教育课程设计有着从简单到复杂、从具体到一般和抽象的螺旋上升的理念，是一个有系统的、逐步递进的教育过程。

此外，中国基础教育中的价值观教育在教育内容上还坚持将"思政课程"与"课程思政"相结合的原则，除明确的思想政治理论课之外，还要把政治道德教育渗透到各种课程之中。具体到诚信教育上，相关文件要求指出，要"将诚信教育渗透到学科教学中。教师在教学中要善于抓住时机，结合教学内容，将诚信教育有机渗透到教育教学活动之中，培养学生诚实守信的品质。德育课程和文科教学要结合教学内容，丰富诚信教育内容，寓诚信人物、事件等于课堂教学之中，理科教学要在体现实事求是、严谨科学精神的基础上，融入诚信精神"③。比如，语文课中，设置诸如"一诺千金"等诚信故事；体育课中，涉及诚信体育竞技等内容。

（二）德国：自主选择

德国基础教育中，教育部门通过课程指南的方式，提供案例供教师参考使用，学生常常是没有统一使用的教材的，教师也较少按照教材讲解内容。德国人把教材称作"学习材料"（Lernmittel）或"教学材料"

① 中华人民共和国教育部：《普通高中思想政治课程标准（2017 年版 2020 年修订）》，人民教育出版社，2020，第 22 页。

② 《普通高中教科书 思想政治选择性必修 2：法律与生活》，人民教育出版社，2020，第 74 页。

③ 《教育部办公厅关于进一步加强中小学诚信教育的通知》（教基厅〔2004〕4 号），http://www.moe.gov.cn/s78/A06/jcys_left/moe_710/s3325/201001/t20100128_81949.html。

（Lehrmittel），从称谓上就可以看出德国基础教育对教材的态度。德国也有被称作"课本"（Schulbuch）的教科书，但是各州对教材的要求不一样，比如有些州规定，只有课堂上长期使用的印刷刊物才必须接受教材审核并获得许可，其他的是不需要的；另有些州把《圣经》等也纳入教科书的范畴。各州文教部长会议（KMK）负责制定各学科的教学大纲，然后对小学和中学初级阶段一些编制的教材进行审定（Zulassung）。简单地说，在德国，理论上教材是任何社会成员都可以组织编写的，中小学教材编写后报送审核，审定后就可以列入官方名单供学校和教师使用。近年来，随着教育改革的推进，德国有些州①甚至取消了审定的环节，直接由学校自行决定使用。

作为教材直接使用者的教师是教材选用的主导，他们共同讨论课程教材的选择标准，家长和学生代表也会通过会议参与讨论。当然，即使德国的教师们选定了某个教材，他们通常也不会按部就班地按照教材内容开展教学，而是挑挑拣拣地讲，只给学生们讲解教师自己觉得重要的学习内容。这在中国人看来似乎是很没有系统性的，也没有遵循循序渐进的原则。德国基础教育中最常用的教学方法就是教师根据需要讲解的内容，自行决定打印相关材料，因此，学生们拿到的是一张张的打印材料，需要用不同颜色的文件夹归类整理。

具体到诚信教育，更是没有固定材料的，在与之相关的伦理课的选材上，教师通常会选择学生在日常生活中常见的一些问题和现象，印发一些案例作为教育材料，然后与学生一起从伦理学视角进行分析并提出符合伦理规范的解决方案，重点在于培养学生的社会责任感和道德判断力。比如，类似"失控的电车"②的案例就经常被用作课堂讨论的材料。在诚信教育方面，教师同样也会选用"道德两难"的问题来引发

①　比如柏林、汉堡、萨尔兰、石勒苏益格-荷尔斯等州。
②　"失控的电车"，又称"电车难题"，是道德领域用以讨论的经典问题，其主要内容是：失控的电车将不可避免地撞向铁轨工人，问题是，是选择撞向 1 名工人，还是撞向 5 名工人？从而引发思考。

学生思考，类似于"回避杀人犯的谎言"① 或者"海因兹偷药"的案例亦会经常被使用。

例：

海因兹偷药

在欧洲，有一位妇女因患一种罕见的癌症已濒临死亡。医生认为还有一种可以救她的药，即该镇一位药剂师最近发明的一种镭。药剂师以 10 倍于成本的价格 2000 元出售该药。病妇的丈夫海因兹向每一位熟人借钱，但总共才凑得药价一半左右的钱。他告诉药剂师：妻子危在旦夕，请他便宜一些售药或允许迟些日子付款。但药剂师说："不。"因此，海因兹绝望了，闯进该药店为妻子偷了药。

丈夫该不该偷药？为什么？②

德国教师通过这种问题分析的方式进行教育，引导学生自主思考以培养学生对诚信问题的道德判断力。巴伐利亚州伦理课程指南中也提到，课程中要讨论案例，以"说明没有道德的幸福生活是不会发生的"③。正如德国教育学者第斯多惠（Friedrich Diesterweg）提出的那样："没有激发便没有发展，天资也就停滞不前。教育就是激发。教育理论就是激发理论。"④

从教学理论上说，德国的这种教学的方式被称作范例教学（Exemplarisches Lehren，又称案例教学）。该教学流派兴起于 20 世纪 50～60 年代，是当时"与苏联赞科夫的'新教学体系'和美国布鲁纳的'学

① "回避杀人犯的谎言"是康德提出的案例，其主要内容是：杀人犯正在追杀一名无辜的人，他路过你的住所，寻求躲避。当杀人犯追到此处时，你是否应当使用谎言欺骗杀人犯，以保证无辜人的安全？

② 柯尔伯格：《道德教育的哲学》，魏贤超、柯森译，浙江教育出版社，2000，第 113 页。

③ https://www.isb.bayern.de/schularten/gymnasium/faecher/ethik/.

④ 第斯多惠：《德国教师培养指南》，袁一安译，人民教育出版社，1990，第 79 页。

科结构'教学论并驾齐驱的最有世界影响的三大教学论流派之一"①。
其基本思路是"通过来自日常生活的那些基础、简明但又隐含本质因
素的典型的实例和事例进行教学，帮助学生从这些范例中获得对于一般
性、结构性和本质性规律、特征的认知，从而主动地建构自己的知识体
系"②。范例教学论认为，"教学的着眼点应当正视青少年在学校中的有
限的学习时间，组织他们进行'教养性的学习'（BildendesLernen）。所
谓'教养性的学习'，就是学生通过这种学习，可以使自己始终处在一
种不断受教育与培养的状态中"③。"范例教学论认为，深入地教学这种
范例，就可能使其形成一种'共鸣'。这就是说使范例地讲授的一种学
习内容像一个物体发出声音使另一个同频率物体也发出声音那样，能让
那些在课堂上不教的同类学习内容或潜在的学习内容为学生所认识，或
者引起了学生自发去学习它们的兴趣。因此，应用这种范例进行深入彻
底的教学，一方面使教学既能做到少而精，减轻负担；另一方面恰恰又
能丰富教学过程，即通过范例将使学生理解课堂上不教的内容或激发起
他们在课外自己去学习这些不教内容的积极性，使课堂教学还能在课堂
以外得到额外的收获。这就是说，这种范例性的课堂教学将会使学生的
学习不再局限于课堂内，不再局限于上课时间范围内，而使课堂教学冲
破课堂，得到延伸。"④ 按照其代表人物之一的克拉夫基（Wolfgang
Klafki）的观点，范例教学能够培养学习者的学习独立性，"由此能够
把知识学习和了解科学的系统性、培养积极的学习态度以及情操修养的
提升结合在一起"⑤。

　　但是，这种教育方式导致有些教师在教育过程中不讲授关于诚信价
值观的内容，在他们的意识中，一方面，诚实守信是生活的必然，不用
专门讲授；另一方面，他们有时会在其他课程上讲授与诚信相关的内

---

①　李其龙：《德国教学论流派》，陕西人民教育出版社，1993，第 4 页。
②　秦琳：《德国基础教育》，同济大学出版社，2015，第 103 页。
③　李其龙：《德国教学论流派》，陕西人民教育出版社，1993，第 8 页。
④　李其龙：《德国教学论流派》，陕西人民教育出版社，1993，第 9 页。
⑤　秦琳：《德国基础教育》，同济大学出版社，2015，第 103 页。

容，所以不需要单独讲授。

诚如范例教学论所认为的那样，"以范例方式组织的教学，每一个作为范例的个别都是反映整体的一面镜子，其所反映的整体将包含两个方面的意义，一方面它反映学科的整体，另一方面又反映了学习者的整体，即，这种教学对于学生的作用，不仅仅是使学生获得知识，而且也将使他们的智力发展得到促进，能力得到培养，情操得到陶冶，因此将是对学习者的整个精神世界的开发"①。

此外，德国人还认为，"神话的幻象无疑拥有一种力量，几乎可以不受时间限制地服务于各种目的"②。因此，神话故事成了德国基础教育中的重要素材，经常被教师所使用。德国学者赫尔弗里德·明克勒指出，"德国在18世纪末开始寻找自己的民族神话和民族英雄，用来取代世纪中叶已经枯竭的宫廷新斯多葛派英雄神话。各种文学作品和历史人物都被拿了出来，包括《尼伯龙人之歌》、歌德的《浮士德》和塔西佗的《日耳曼尼亚志》，还包括切鲁斯科人的首领赫尔曼/阿米纽斯（Hermann/Arminius）、霍亨斯陶芬王朝的皇帝巴巴罗莎和宗教改革家路德，以便从中挑选出合适的建国神话和价值观神话。人们赋予那些有传说的地方、文学作品和历史事件某种意义，由它们引申出更深的意义"③。比如，"浮士德越被表现成忙碌不休的德国人的典范，就越构成了'民族教育的一个组成部分'，它把英雄说成英勇的，把叛徒表现为可耻的，把单个人物变成了集体形象的代表，从而消除了那些模糊不清和模棱两可的地方"④。对此，马克思、恩格斯有过相关的论述。

马克思、恩格斯作为德国人，对德国文化有着深刻的理解，虽然他们都不是专门的教育家，更没有专门写过关于道德教育的文章或专著，

① 李其龙：《德国教学论流派》，陕西人民教育出版社，1993，第9页。
② 赫尔弗里德·明克勒：《德国人和他们的神话》，李维、范鸿译，商务印书馆，2017，第76页。
③ 赫尔弗里德·明克勒：《德国人和他们的神话》，李维、范鸿译，商务印书馆，2017，第4页。
④ 赫尔弗里德·明克勒：《德国人和他们的神话》，李维、范鸿译，商务印书馆，2017，第24页。

但是，对于德国社会的道德教育，马克思、恩格斯都做出过一些论述。其中，最为形象的当属恩格斯在《德国民间故事书》中的相关论述。在这篇文章中，恩格斯指出："民间故事书还有一个使命，这就是同圣经一样使他们①有明确的道德感，使他们意识到自己的力量、自己的权利和自己的自由，激发他们的勇气并唤起他对祖国的热爱。"②

在恩格斯看来，德国民间故事是德国社会价值观教育的组成部分，具有重要的教育功能。当然，恩格斯在《德国民间故事书》中也讲到，民间故事中，有精华也有糟粕，有些"诗意盎然、妙趣横生"，但"在其他方面，所有这些书却根本不能令人满意"③。恩格斯还列举了两部"由德国人民创作并逐步完善"的传说——"浮士德的传说"和"永世流浪的犹太人的传说"。在恩格斯看来，"它们是取之不尽、用之不竭的；每个时代都可以采用它们而不改变其实质"④，德国人创造了这两部经典的传说，但在发展中，这两部经典的传说却被歪曲。的确，民间故事在德国的社会教育中有着特殊的地位，它们有些来源于历史，有些来源于宗教，还有些来源于神话。曾经，《浮士德》（*Faust*）是德国学校教育的必读书目，它对德国人有着极其重要的影响，历史学家海因里希·冯·特赖奇克（Heinrich von Treitschke）在他的著作《十九世纪德国史》中指出，浮士德的故事在德国人身上产生了"巨大的魔力"，是"直到今天也没有一个外国人能够完全理解的魔力"⑤，其中讲到了浮士德与魔鬼的契约，以及灵魂的救赎。诚如恩格斯所言，民间故事并未从一开始就定型，而是在不同时期，由人们根据其核心内容，经过长期的、不断的加工被改写的，故事最终呈现的是各时期人民内心的意愿和政治诉求。同时，人们通过民间故事实现教育的功能。

---

① 指"农民"。——作者注
② 《马克思恩格斯全集》第 2 卷，人民出版社，2005，第 84 页。
③ 《马克思恩格斯全集》第 2 卷，人民出版社，2005，第 86 页。
④ 《马克思恩格斯全集》第 2 卷，人民出版社，2005，第 88 页。
⑤ 赫尔弗里德·明克勒：《德国人和他们的神话》，李维、范鸿译，商务印书馆，第 104 页。

四 "榜样教育"在中德两国基础教育中的不同地位

（一）中国：崇尚道德榜样

榜样教育是中国传统的道德教育形式之一，中国自古便崇尚榜样的作用，中国传统文化认为，人要有榜样，以其作为学习的标杆和标准。孔子曰："其身正，不令而行；其身不正，虽令不从。"① 杨雄认为："师者，人之模范也。"② 这说明了榜样的重要作用。以现代心理学进行分析，榜样教育的心理机制是"观察—模仿—强化"的过程，人们往往将其视线范围内的某一人或某一人群作为自身的榜样示范。从概念上说，"道德榜样，就是具有崇高的道德理想和道德境界、高尚的道德人格和道德品质、富有道德魅力和道德吸引力而令社会大众景仰、学习和模仿，从而对提升社会大众的道德素质和整个社会道德水平产生重大影响的先进人物"③。可见，道德榜样具有引领社会精神的重要作用。事实上，在道德教育中，对教育对象的道德接受和内化产生作用的绝不止写进文件中的道德条例、写进教科书中的道德规约、人们嘴上说的道德口号、墙上挂的道德训示，更为重要的是教育者、周围人群对道德的实际践行所产生的示范和引导。

因此，中国各层级的学校教育中，教师会通过典型人物的事迹来展开教育。比如：革命年代，张思德、刘胡兰等典型人物的事迹鼓舞人们为民族解放、国家独立而奋斗；新中国成立以来，20 世纪 50 年代的黄继光、邱少云，20 世纪 60 年代的王进喜、雷锋、焦裕禄，20 世纪 80 年代的蒋筑英、张海迪等一系列典型人物的典型事迹在人民群众中广为传颂，教育影响了一代又一代人。这些鲜活的例子中，有很多坚守诚信的典型事例。同时，中国文化也认为人具有天然的"向师性"，在这一

---

① 《论语·子路》，载《论语·大学·中庸》，朱熹集注，上海古籍出版社，2013，第 154 页。
② 杨雄：《法言》，纪国泰注评，中州古籍出版社，2022，第 10 页。
③ 廖小平：《论道德榜样——对现代社会道德榜样的检视》，《道德与文明》2007 年第 2 期。

文化基因的影响下，学生往往会将教师作为自身的示范榜样，正所谓"安其学而亲其师，乐其友而信其道"[1]。教师的言行可以感染学生，使其将教师作为自己的参照标准和学习榜样，进行自我审视、自我调节、自我反省、自我约束，进而自觉、自主地调校自己现有的道德观念。此外，中国的中小学还通过评选"三好学生""五好学生""优秀学生"等荣誉树立榜样，鼓励学生向德、智、体等各方面表现优异的学生学习，引导学生"见贤思齐焉，见不贤而内自省也"[2]。

（二）德国："没有榜样"的榜样

与中国的榜样教育不同，德国学校中并没有显著的榜样教育方式，更加没有"道德榜样"这样的说法。学校一般不突出某位学生，在大多数德国人的意识中，任何人只要不违反法律，其行为是正当的，那么就是合理的，学生之间不需要学业的竞赛，学生们不必向"谁"学习，也不能简单地单方面评价一个人。

德国基础教育中，对历史上知名人物的评价通常是在教师和学生之间褒贬不一的讨论中进行的。德国学校给学生的教育是"每个人都不一样，重要的是做自己"。学校和教师不会号召学生向某某学习，也不会让某个学生起带头作用。特别是在道德品质上，很多德国人认为，谁也不能评判别人是崇高的还是低劣的，所以他们找到了一个简单的解决办法，就是干脆不评。当然，对于德国历史上某些已有定论的特殊人物，其评价仍与原有评价保持一致。虽然德国社会中有着融入社会生活各方面的信用评级，但是道德上的评分在德国却难以被理解。德国社会也会颁发一些奖章或者奖项，用以奖励有突出贡献的人，比如"荣誉市民"等，但其不存在于基础教育阶段，德国的基础教育对此同样也保持审慎的态度，很少在学校中特别宣传，将其作为学习的榜样。

在大多数德国人的意识中，每一位社会成员的价值观都不同，不能强求一致，有些人天生就喜欢帮助别人，另外一些人可能从不热心于社

---

[1]　陈成国：《礼记校注》，岳麓书社，2004，第265页。
[2]　《论语·里仁》，载《论语·大学·中庸》，朱熹集注，上海古籍出版社，2013，第54页。

会事务。在对诚信价值观所持的态度方面，虽然德国人对失信行为不齿，但是他们通常不会以此为唯一标准去评判一个人。比如，一个慈善家很可能偷税漏税，一个小偷又可能是一个很好的父亲。所以，在德国的教育体系中，并不要求学生们的道德和价值观一致，他们不必向某个人学习或看齐、视其为榜样，只要学生们敬畏法律、规章、制度并严格遵守就可以了。

虽然德国人自己是这样看待相关问题的，但德国在教育中不强调榜样并非真的没有榜样教育。康德认为，道德榜样把道德法则"所规定的东西变成可行的、无可怀疑的。它们把实践规则以较一般的方式表示出来的东西，变成看得见、摸得着的"[1]。比如，德国有着优良的师范教育的传统，18 世纪普鲁士就创建了师资训练中心，对教师的言行，德国有着严格的规定。德国教育学者第斯多惠专门著有《德国教师培养指南》，用以为德国的教师培训提供指南。在此情况下，教师会对自己的行为严格要求，这既是法律的要求，也是教师道德的要求，教师通过行为示范潜移默化地影响学生，其本意在于鼓励和引导学生树立正确的价值观和进行行为选择。同时，虽然德国社会对历史人物的价值评价看似保持中立，但这显然是不可能的，整个社会会潜移默化地对某些人物表示肯定或否定的态度。所以，尽管在很多德国人看来，他们所坚守的诚信价值观不是学来的，而是自然而来的，可实际上，这种价值观是在教师、家长、同辈群体、社会成员等都严格遵守社会规则的言行示范下、在整个社会环境的共同熏陶和影响下形成的。

五　两国基础教育中的"诚信管理"对比

诚信价值观的培育除教育外，还关乎"管理"，比如，如何避免失信现象的发生、如何对不诚信现象进行惩戒等。中国和德国的基础教育

---

① 康德：《道德形而上学原理》，苗力田译，上海人民出版社，2012，第 20 页。

机构对于一些失信行为都有相关的管理规定，比如，两国都会对作弊行为作出严厉的惩罚。

中国基础教育中的管理主要指对学生日常行为的规范，如从 20 世纪 80 年代以来，教育部先后印发了《小学生守则》、《中学生守则》和《小学生日常行为规范》、《中学生日常行为规范》等行为准则，用以指导、规范中小学生行为，其中都包含关于诚信的内容，如 1981 年版《小学生守则》中的"十、诚实勇敢，不说谎话，有错就改"，《中学生守则》中的"十、诚实谦虚，有错就改"等内容。

2004 年以来，教育部将中小学生守则合并，并不断对其进行修订。现行使用版为《中小学生守则（2015 年修订）》，其中关于诚信专门有一条内容进行了具体规定："6. 诚实守信有担当。保持言行一致，不说谎不作弊，借东西及时还，做到知错就改。"①

根据教育部的文件，很多地方中小学依据自己的实际情况作出了具体规定，如校规等，其中不乏关于诚实守信的内容。

谈到德国基础教育中的"管理"，就不能不关注德国著名教育学家赫尔巴特（Johann Friedrich Herbart）的一些观点。在他看来，学生的道德观念在一定的年龄段是不成熟的，"最初儿童并没有能下决断的真正意志，只有一种处处驱使他的不驯服的烈性，这是不守秩序的来源，它……把儿童的未来人格置于许多危险之中"②。所以，他们必须要接受"管理"。赫尔巴特指出，"如果不坚强而温和地抓住管理的缰绳，任何功课的教学都是不可能的"③。在管理方法上，他提出的具体措施是使用威胁、监督、命令等方法，甚至对于违反规则的学生，要进行体罚。赫尔巴特同时指出，在管理中要使用权威，因为"权威可以有很大的用处"④。赫尔巴特关于教育管理的思想是德国传统教育教学观的

---

① 《中小学生守则（2015 年修订）》，http://www.moe.gov.cn/srcsite/A06/s3325/201508/t20150827_203482.html。

② 张焕庭：《西方资产阶级教育论著选》，人民教育出版社，1979，第 267 页。

③ 张焕庭：《西方资产阶级教育论著选》，人民教育出版社，1979，第 267 页。

④ 张焕庭：《西方资产阶级教育论著选》，人民教育出版社，1979，第 270 页。

体现，有其产生的历史背景，虽然伴随着时代变化和教育改革，他严苛的教育管理思想已经不适用于当代德国社会，但是，他所提倡的"学校应建立严格的规章制度对学生进行管理"的思想，仍然在今天的德国基础教育中有所体现。此外，赫尔巴特还认为，教师一旦得到学生的爱，就可以"减轻管理工作的困难"，这一观点也被现代德国教育界所认可并在教育实践中得到关注。当今的德国学校并不提倡过分的管理。

在德国的基础教育中，考试作弊同样被认为是非常严重的失信行为，是非常不诚信的表现。如果考试作弊被发现，试卷会被没收，该科成绩被取消，并影响个人整体的成绩和学业发展。相比而言，在中国的实践操作中，作弊行为似乎有时显得还可以商量，虽然在理念上和规则上是绝对不被允许的，但是，有些学校或教师出于"对学生发展"或者"爱护"学生的考虑，采取的更多是口头批评的方式，并不如德国那般严厉。让人不解的是，尽管德国在基础教育阶段对考试作弊的处罚十分严厉，但是到了高等教育阶段，在德国仍然会有大量的作弊行为存在。

六　德国基础教育中的宗教教育

在德国，宗教课程是被纳入正规教育体系之中的，以宗教教义为主要教育内容的教育活动在学校教育中拥有合法并且十分重要的地位，这是中国与德国在诚信教育方面很大的不同。

从历史溯源上看，德国乃至很多欧洲其他国家的学校都是从教会教育机构演化而来的，因此，学校的道德教育很长时间以来都是由宗教教育来承担并完成的。从 1870 年开始，宗教教育就被写入德国的宪法，规定为学校教育的核心课程。1990 年德国统一以后，这一传统通过法律的形式继续得以确立。按照《德意志联邦共和国基本法》规定，"公立学校的宗教教育是一门正式课程，在不违背国家监督权的情况下，宗教课程根据宗教团体的有关原则进行"①。学生无论信教与否都可以按照自己的兴趣来自主选择是否参加宗教课程。

宗教课的目标"只是传授基督教的历史知识以及它的教义、它的文学记载和生活准则、它的发展和变革，等等。至于教导人们相信这种或那种教义为绝对真理，则超出学校职权和职责的范围了"②。不少教会开办的宗教学校坚持要在教堂里由牧师主持第一天的开学仪式，而并不是在学校中由校长主持。整体上说，德国的学校教育受到宗教的较大影响。正如德国教育学者鲍尔生在描述德国学校教育中的宗教教育时所言："如果学校的使命是帮助青年一代在他们目前生活所在的和有朝一日工作所在的这个环境中，寻求正确的方向；如果我们承认对人生最密切和最有实际意义的环境是历史的世界，而不是自然的世界；那就不能有所怀疑：学校不能，也不应该回避把基督教作为历史现象来讲授和阐述。""不管称之为宗教教育，或基督教知识，或其他名称，讲授这一门学科是学校必不可少的任务。"③

德国高中毕业考试（Abitur）涵盖语言—文学—艺术、社科和数学—自然科学—技术三个领域，而宗教课不属于这三个领域中的任何一个。但是，在高中毕业考试中，其可以被视作社会科学领域的学科。不修宗教课的学生可以选择哲学课作为替代。

因为宗教派别不同，各学校开设的宗教课程也不太相同，德国主要是天主教和新教，涉及的课程内容有"教会史""基督教社会论"等，课程结合现实生活，传授宗教教义和信条。

通常情况下，因为宗教课程形式多样且富有吸引力，加上家庭和同辈群体的影响，很多学生乐于选择参加此类课程。此外，参加宗教课程可以较为容易地得到学分。在课程的学习过程中，有些学生被课程内容或形式所吸引，接受其所传导的价值观，不自觉地形成了对宗教的信

---

① *Grundgesetz für die Bundesrepublik Deutschland*，München：Beck，2009.
② 弗·鲍尔生：《德国教育史》，滕大春、滕大生译，人民教育出版社，1986，第187页。
③ 弗·鲍尔生：《德国教育史》，滕大春、滕大生译，人民教育出版社，1986，第186~187页。

仰，开始遵循宗教教义的伦理观念。诚信价值观的培育是宗教教育的重要内容，其教育过程主要涉及社会生活中人际交往的诚实守信等。方式上，在德国的宗教教育中，除通过礼拜活动学习教义以外，更多的是教职人员深入学校之中，以教义为分析工具，对学生开展"道德两难"的讨论教学。

此外，宗教教育中还有一种特别的教育方式，就是童军联盟。德国的童军联盟（Ringe deutscher Pfadfinderinnen und Pfadfinderverbände, RdP）是国际童军联盟的组成部分，主要由基督教童军联盟（Deutsche Pfadfinderschaft Sankt Georg）、基督教女童军联盟（Pfadfinderinnenschaft St. Georg）、天主教童军联盟（Verband Christlicher Pfadfinderinnen und Pfadfinder）、无宗教童军联盟（Bund der Pfadfinderinnen und Pfadfinder）等组成①，参加学生众多，覆盖青少年整个年龄段。虽然有宗教童军联盟和非宗教童军联盟之分，但其面向的是任何信仰和任何民族的青少年，也就是说，不是宗教信徒的青少年也可以参加童军。实际生活中，家长们认为在童军联盟中可以让孩子得到成长和锻炼，非常乐于让孩子参加童军，而青少年们对童军的活动也特别感兴趣，有强烈的参与向往。童军联盟组织的各项活动的目标，一方面是对各种技能的培养，另一方面就是对集体感和规则意识的培育，比如要求组织成员团结协作，这离不开成员相互之间的信任。童军中的团建活动很多是围绕诚信和相互信任展开的，如成员之间通过手拉手的方式织网，其他成员从高处背对着倒下，建立的便是成员之间的信任关系。

可见，宗教教育在德国的教育中发挥着举足轻重的作用，其既在正规教育体系之中有着一席之地，又充分补充了正规教育体系之外的社会实践，使二者相辅相成。诚实守信的价值观念贯穿整个宗教教育之中，对青少年产生持续、反复的影响，特别是面向社会生活，德国的宗教教育与其文化脉络相一致，讲求社会成员之间的相互信任。

---

① Rdp Jugendpolitisches Konzept, November 2021, https://www.vcp.de/pfadfinden/wp-content/uploads/2022/06/Jupo-Konzept_rdp.pdf.

第六章　中德高等教育中的诚信教育比较

高等教育主要指大学及以上阶段的教育，该阶段的教育对象随着年龄的增长和文化水平的提高，思想逐步成熟，思维活跃，易于受外界影响，处于价值观变动最为频繁的时期。因此，高等教育中的诚信教育对一个人最终是否能形成并且坚守诚信价值观念起着很强的定向作用。

一　课程体系与课程内容比较

课程体系的设置和对课程内容的规定是一个国家教育理念的集中体现。可以说，有怎样的课程体系就有怎样的教育逻辑、教育思想。对比发现，中德两国高等教育的课程体系和课程内容有诸多不同。

（一）中国高等教育中诚信教育的课程体系和课程内容

与在基础教育中一样，诚信教育在中国高等教育中同样拥有举足轻重的地位。在中国高等教育课程体系中，涉及诚信教育的主要是通识课的内容，在具体的课程上，是由《思想道德与法治》① 这门课来承担

---

① 中华人民共和国教育部办公厅 2006 年印发《教育部办公厅关于全国普通高校从 2006 级学生开始普遍开设〈思想道德修养与法律基础〉课的通知》（教社科厅〔2006〕3 号），要求从 2006 年秋季学期开始，全国普通高校在 2006 级学生中普遍开设"思想道德修养与法律基础"课程。2021 年，根据《中央宣传部、教育部关于印发〈新时代学校思想政治理论课改革创新实施方案〉的通知》（教材〔2020〕6 号），从 2021 年秋季学期开始，该课程名称改为《思想道德与法治》。

的。从属性上说，这门课属于思想政治理论课的范畴，其开设的课时与选用的教材、讲授的内容在中国都是由国家统一规定的，并且，作为公共必修课，该课程是所有本专科大学生都必须修学的。

在《思想道德与法治》这门课程中，有关诚信教育的内容被放置在社会主义核心价值观的章节中进行专门的阐述。具体来看，该教材（2023版）中有如下表述。

> "诚信是个人立身处世的基本价值规范，是社会存续发展的重要价值基石。"
>
> （重点强调诚信的价值意义）
>
> "社会主义核心价值观倡导的诚信，就是要以诚待人、以信取人，说老实话、办老实事、做老实人。"
>
> （主要说明诚信是什么的问题）
>
> "现代社会不仅是物质丰裕的社会，也应是诚信有序的社会；市场经济不仅是法治经济，更应是信用经济。"
>
> （再次强调诚信的价值意义）
>
> "只有激发真诚的人格力量，每个人都遵信守诺，才能构建言行一致、诚信有序的社会；只有激活宝贵的无形资产，建立良好的信用关系，才能营造'守信光荣''失信可耻'的风尚，增强社会的凝聚力和向心力。"[①]
>
> （继续阐发诚信的价值意义）

从以上教材内容看，其主要阐释的是"是什么"和"为什么"的问题，至于"怎么办"，教材中并未提及。当然，教材还做了一个"拓展"内容，列举了2021年的"诚信之星"，其目的是发挥榜样的教育作用，表明榜样们"以诚立身、守信践诺的人生信条"。但是，单从教

---

① 《思想道德与法治》，高等教育出版社，2023，第117页。

材上看，对大学生的诚信教育仍较为薄弱，缺乏说服力。当然，对于道德整体的实践，课程内容上还是有所提及的，包括如何践行、怎样去做，但这样的论说显得有些宽泛，对实践的指导有些力不从心。因此，中国高等教育课堂上的诚信教育特别需要教师对教材进行补充和发挥，以充实教育内容，实现教育目标。

此外，需要指出的是，在研究生教育阶段，中国并无专门的和道德教育相关的课程设置，诚信教育就更无处找寻，这对于整个教育体系来说是有所缺失的。作为高等教育的重要组成部分，研究生学习阶段应特别重视对学生的科研诚信和信用生活方面的教育和指引。

（二）德国高等教育中诚信教育的课程体系和课程内容

德国大学的起源脱胎于启蒙哲学，是现代大学的起点之一。19 世纪末，洪堡（Alexander von Humboldt）以德国教育主管的身份，主持建立了柏林大学①，提出了高等教育改革的新理念，并对今天德国高等教育课程体系和课程内容的设置产生了深远的影响。1999 年之前，德国大学只设硕士和博士两个学位，也就是说，德国大学毕业拿到的学位就是硕士学位，当然，这也意味着更长的学习年限，一般来说，一名大学生修完全部课程所需的时间大致是 6 年左右。1999 年之后，德国引进了学士学位，但与此同时，每一门课程的成绩对学生而言都变得更加重要，从而给学生带来了更大的压力。在教育体制上，由于德国的联邦制度，各高校的管理都由各州政府自行负责。但是，德国曾发布《高等学校总纲法》（Hochschulrahmengesetz）②（也称《大学纲领法》，以下简称《总纲法》），通过法律的形式对高等教育的发展进行规制。该法案特别指出："本法所指的大学是指根据国家法律设立的属于国立大学的大学、教育学院、艺术学院、应用科学大学和其他教育机构。"也就是说，各州政府须按照《总纲法》的要求，对高等院校进行具体管理，

---

① 1810 年成立，二战后分裂为两个学校，分别是柏林洪堡大学（Humboldt - Universität zu Berlin）和柏林自由大学（Freie Universität Berlin）。

② 1976 年，联邦德国制定了第一部《高等学校总纲法》，后于 1985 年修订，两德统一后，于 1998 年再次进行修订。https://www.gesetze-im-internet.de/hrg/。

可以自由设立不同地区自己的对高等院校的管理规定，但不能与《总纲法》的规定产生冲突。

《总纲法》规定，要使大学生"具有必要的思想品质和行为标准，使他们具有为发展社会生活、发展科学技术而献身的精神"，"对自己的行为负有责任感"[①]。

在诚信教育方面，德国的高等教育与基础教育一样，并没有设置专门的道德课程或者诚信课程，德国的大学一般通过伦理学、道德推理、法学、神学等课程来开展诚信教育。同时，德国的高等教育体系还设置了有针对性的关于学术规范的课程，也就是大学论文写作规范课，其重点是防止学术剽窃和抄袭的问题。有些州将学术伦理规范课程作为大学生的必修课。此外，在德国大学中，"民法"作为一门必选课程，要求学生完成学习并通过考试获取学分，内容上主要有对法治的合理性、权威性和不可侵犯性的教育，其中包含失信的法律处置问题等内容。除直接的法制课程外，德国还在很多人文科学和自然科学课程中渗透有关诚信的思想，通过潜移默化的方式，影响人们坚守诚信的法律意识和规则意识的形成。德国高等教育中，除少数必修课外，学生们可以根据自身情况自主安排学习计划，因此，德国很难像中国一样通过国家规定的课程体系和课程内容进行诚信教育。

综合比较，中德高等教育中的诚信教育在课程体系和课程内容设置上的主要异同如表6-1所示。

表6-1　中德高等教育中的诚信教育课程体系及课程内容比较

	中国高等教育	德国高等教育
课程设置	思想道德与法治	伦理学、道德推理、法学、神学
课程方法	讲授、讲座、实践	讲授、讲座、讨论、实践
课程属性	必修课	选修课
课程内容	统一审定	教师自由选定

---

① Hochschulrahmengesetz（HRG），https://www.gesetze-im-internet.de/hrg/.

二　诚信制度建设比较

诚信制度建设是高等教育阶段进行诚信教育的重要方面，它可以规约和限制一些失信行为的诱因的生发，通过制度限制对失信行为进行规制，从而起到诚信教育的作用。

（一）中国高等教育中的诚信制度建设

中国在大学生的诚信制度建设方面一直进行着不懈的努力，不断完善与大学生相关的诚信制度。中华人民共和国教育部于 1990 年颁布了《普通高等学校学生管理规定》，随后多次对其进行修订。在 2016 年修订、2017 年实施的《普通高等学校学生管理规定》中，第二十条明确指出"学校应当开展学生诚信教育，以适当方式记录学生学业、学术、品行等方面的诚信信息，建立对失信行为的约束和惩戒机制；对有严重失信行为的，可以规定给予相应的纪律处分，对违背学术诚信的，可以对其获得学位及学术称号、荣誉等作出限制"①。这显示了中国政府对高等教育机构中诚信相关制度的重视。具体来说，中国高等教育机构中通过诚信制度的设立来开展诚信教育的方式主要有以下几种。

一是通过学生行为管理规定，倡导诚信，杜绝失信。教育部印发的《高等学校学生行为准则》明确提出"诚实守信，严于律己。履约践诺，知行统一；遵从学术规范，恪守学术道德，不作弊，不剽窃；自尊自爱，自省自律"等要求，凸显了对大学生诚信做人的倡导。为杜绝失信，《普通高等学校学生管理规定》第三十七条提出："对以作弊、剽窃、抄袭等学术不端行为或者其他不正常手段获得学历证书、学位证书的，学校应当依法予以撤销。"第五十二条规定，"代替他人或者让他人代替自己参加考试、组织作弊、使用通讯设备或其他器材作弊、向他人出售考试试题或答案牟取利益，以及其他严重作弊或扰乱考试秩序

---

① 《普通高等学校学生管理规定》，http://www.moe.gov.cn/srcsite/A02/s5911/moe_621/2017 02/t20170216_296385.html。

行为的"和"学位论文、公开发表的研究成果存在抄袭、篡改、伪造等学术不端行为，情节严重的，或者代写论文、买卖论文的"，"学校可以给予开除学籍处分"。① 这些针对大学生有可能出现的失信行为所做的具体规定，不仅对于大学生在日常的学习生活中恪守诚信做人的准则是一种直接的引导和规范，而且对于我国高校加强诚信管理制度建设具有重要的指导作用。

二是细化考试违规处理办法，严惩作弊行为。中国历来重视考试诚信问题，特别是针对作弊问题，教育部出台了一系列具体的规定，使考试诚信方面的规定越来越细化。早在 1990 年教育部颁布的《普通高等学校学生管理规定》中就有"考试作弊的，应予以处分"的条文。但显然，这只是一种原则性的规定，其无法应对作弊问题所呈现出的各种行为类型，而且易于引起纠纷。2005 年，教育部在修订的《普通高等学校学生管理规定》第五十四条中增加了关于学生考试作弊和剽窃、抄袭他人研究成果情节严重者可予以开除学籍的规定，并细化了可开除学籍的作弊行为种类，对考试作弊行为作出了更具体、更严格的规定。2012 年，教育部发布《关于修改〈国家教育考试违规处理办法〉的决定》，对相关规定进一步细化，并且特别强调法律的作用，指出涉及重要考试的要按照《治安管理处罚法》予以惩处。应该说，中国在考试诚信方面的规定越来越具体，而且对考试作弊行为的惩罚力度也越来越大，这表明了教育部对杜绝大学生作弊的坚定态度和决心；同时，这些规定对大学生也是一种警示，这就是要让不诚信考试、违纪作弊的考生付出相应的代价。

三是加强学术道德和规范建设，注重学术诚信。学术诚信是高等教育阶段诚信建设的重要内容之一，教育部在过去的二十多年间先后出台了《关于加强学术道德建设的若干意见》《高等学校哲学社会科学研究学术规范（试行）》等文件，对高校科学研究的基本规范、学术引文

---

① 《普通高等学校学生管理规定》，http://www.moe.gov.cn/srcsite/A02/s5911/moe_621/2017 02/t20170216_296385.html。

规范、学术成果规范、学术评价规范和学术批评规范作出了明确的规定，这对于防范学术失范和学术不端行为具有重要的作用。2010 年，国务院学位委员会为进一步加强学术道德和学术规范建设，颁布了《国务院学位委员会关于在学位授予工作中加强学术道德和学术规范建设的意见》。该意见不仅要求"学位授予单位要建立健全学术道德标准和学术规范，通过各种有效途径，对学位申请者和指导教师进行学术道德和诚信教育。在整个培养过程中，都要安排必修环节，对学位申请者进行学术道德教育和学术规范训练，培养学位申请者严谨的治学态度和求实的科学精神。要进一步加强指导教师的师德教育，督促指导教师自觉维护学术尊严和学者声誉，加强学术自律，恪守学术诚信和学术道德"，而且明确规定"学位授予单位应依据《中华人民共和国学位条例》及其暂行实施办法的规定，建立和完善对学位授予工作中舞弊作伪行为的惩处机制，制订切实可行的处理办法，惩治舞弊作伪行为，促进学术自律"①。并且，突出了对"舞弊作伪行为必须严肃处理"的规定，并列举了舞弊作伪的具体行为。2018 年，中共中央办公厅、国务院办公厅印发《关于进一步加强科研诚信建设的若干意见》，提出"以优化科技创新环境为目标，以推进科研诚信建设制度化为重点，以健全完善科研诚信工作机制为保障，坚持预防与惩治并举，坚持自律与监督并重，坚持无禁区、全覆盖、零容忍"②。2019 年，科技部等多部门还联合印发了《科研诚信案件调查处理规则（试行）》（国科发监〔2019〕323 号）。这些文件、要求及具体的规定，对于我国高校建立对舞弊作伪行为的惩处机制、完善高等教育中的诚信制度建设具有积极的推动作用。

（二）德国高等教育中的诚信制度建设

德国高校在诚信制度方面受其社会严苛的规则意识的影响，也十分

---

① 《国务院学位委员会关于在学位授予工作中加强学术道德和学术规范建设的意见》（学位〔2010〕9 号），http://www.moe.gov.cn/s78/A22/xwb_left/moe_839/201005/t20100512_87505.html。

② 《关于进一步加强科研诚信建设的若干意见》，http://www.gov.cn/zhengce/2018-05/30/content_5294886.htm。

严格，主要体现在对考试作弊的规定和科研诚信的规定方面。德国高等教育机构对考试作弊的处理是相当严格的，虽然德国不像中国一样有全国统一的规定，但是德国高校对于考试作弊的处罚也同样非常严厉，在很多学校的制度之中，考试作弊被认为是最严重的失信行为，其惩罚是无法继续学业以及留下失信记录。比如，有些学校①规定，只要发现学生在考试时携带手机，不论其是否有作弊行为，都要取消其考试资格，而如果在补考中作弊，则会被拒绝参加其他所有考试，也就是该学生无论如何都没有办法完成其大学学业，相当于被开除。这种严苛的处罚在很多人看来是具有很强的威慑力的，然而奇怪的是，虽然德国人有着对制度遵守的严谨性，也有着严格的相关制度，但在今天的德国，很多大学生却认为考试作弊不是什么特别大的错误，有些人会采用多种手段进行作弊，并且，在德国的 gutefrage 平台②（类似于中国的知乎）上，可以发现很多关于作弊的提问和回答，甚至有些学生在被抓到作弊后，仍然没有悔改之意。

图 6-1　gutefrage 平台上关于作弊的问答

图 6-1 的大致内容如下。

---

① 如美茵茨大学（Johannes Gutenberg-Universität Mainz）、法兰克福大学（Universität Frankfurt）等。
② gutefrage 是德国最大的问答平台。

问题：小抄最佳藏身之处在哪里？

有人能告诉我在学校里，小抄最好的藏身之处在哪里吗？那就太好了。(:

回答：作为一个女生，你可以放在上衣里，男老师什么都不能说。或者在大腿附近，然后交叉双腿，这样你的一条腿就在另一条腿的膝盖上。

另外一个答案是：

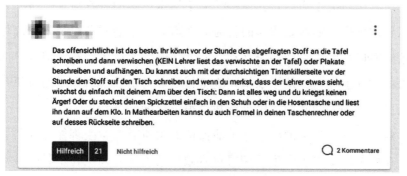

图6-2　gutefrage平台上关于作弊的回答

你也可以在上课前用半透明的墨水写在桌子上，如果你注意到老师看到了什么，只需用你的手在桌子上擦一擦，它就没了，你就不会惹麻烦了！或者你可以把你的小抄放在你的鞋子或口袋里，然后去厕所看。在数学作业中，你也可以把公式写进计算器或写在计算器的背面。

调研发现，一般来说，文史类的开放性题目的考试，考试作弊现象相对较少，因为考试内容很多都是个人见解的阐释。而材料、法律还有经济等学科的固定记忆内容比较多，作弊的会多一些。

特别值得一提的是德国高校在学术（科研）诚信建设方面的做法。在德国高等教育领域中，科学研究机构联合体马克斯·普朗克学会（Max-Planck-Gesellschaft zur Förderung der Wissenschaften，简称 MPG、马普学会)① 对高等教育科学研究道德的规范起着引领作用，德国科研评审一般委托马普学会的科学委员会来完成，该委员会虽然经费由政府承担，却是独立的科研组织。这就最大限度地减少了科研评审的行政色彩。该学会在 2000 年制定并出版了《科学研究中的道德规范》②，其中详细规定了科学研究中的道德规范要求，并在附录"关于处理涉嫌学术不端的规定"中对什么是学术不端、如何对学术不端进行处理作出了明确的规定。为警示科研人员，马普学会在其网站上专门列出了六类可能触犯刑法的科研不端行为。③ 根据马普学会的特别规定，青年科研人员进入该学会工作，首先要接受关于学术道德的特殊培训。研究人员要识别在科研中哪些是错误的行为，知道如何才能避免以及如何确保自己始终坚持行为端正的科研活动。此外，研究人员还要在一些具有法律效力的文件上签字，承诺承担相应责任。在马普学会所列举的科研不端行为可能受到的制裁中，民事制裁是很重要的一类。④

然而，马普学会的严格并不能保证德国所有大学生都能遵守科研诚信。在德国，很多大学生是懂得科研诚信的道理并知道违反科研诚信的处罚的，所以，他们并不选择整段照抄，而是对别人的文献进行改写，并且认为这不是抄袭。对于这一行为，各个大学的衡量标准不太一致。当然，德国也有一些大学出于保护声誉的考虑，在发现学生的剽窃行为

① 马普学会是一个独立的非营利性研究组织。其主要任务是支持自然科学、生命科学、人文科学和社会科学等领域的基础研究，支持开辟新的研究领域，与高等院校合作并向其提供大型科研仪器。马普学会作为非营利性法人机构，有点类似于中国的中国科学院。其主要运作财源由联邦政府科研部及各州政府一起平分。

② Max Planck Institutes, *Rules of Procedure in Cases of Suspected Scientific Misconduct*, http://www.mpg.de/197361/procedScientMisconduct.pdf.

③ 这六类行为是：侵犯私人领域或个人隐私；致人死亡或人身损害的刑事犯罪；财产犯罪；剽窃数据；财产损害；侵犯版权法的行为。参见 Max Planck Institutes, *Rules of Procedure in Cases of Suspected Scientific Misconduct*, http://www.mpg.de/197361/procedScientMisconduct.pdf。

④ 马普学会一共列举了科研不端行为可能产生的五类民事后果：不准进入某处场所的法庭庭谕；向科研不端者要求赔偿，例如要求赔偿被盗窃的科研材料及类似材料；根据版权法、与个人诚信相关的法律以及专利法和竞争法，要求违法者减少和停止损害；要求放弃奖学金、第三方基金等补助金；在造成人身伤害和财产损失的情况下，马普学会或者第三方可以提出索赔。参见 Max Planck Institutes, *Rules of Procedure in Cases of Suspected Scientific Misconduct*, http://www.mpg.de/197361/procedScientMisconduct.pdf。

后，不会直接给予其处罚和对外公布，而是允许学生对其毕业论文进行修改。

三　校园文化建设比较

由于两国的教育情况不同，因此在校园文化的建设上，两个国家有着较大的区别。在中国，高等学校承载着大学生全部的学习生活，从学习用的教室、实验室、图书馆再到生活用的宿舍、餐厅、运动场等，基本上囊括了大学生的生活必需，并且，大多数中国高校是院系结合制，也就是说，所有的学院都集中在大学校园之中，在一起共同开展教育教学活动以及学生活动等。而在德国，高等学校最主要的职能就是教学，所以学校的主要设施就是教室，很多高等学校的校园面积很小，主要有教室、实验室、研讨室和图书馆等设施，一般的大学很少负责管理学生的住宿、饮食等活动，并且德国的很多高等学校院系是分散的，不集中在一起，而是散落在城市的各个区域，独立性比较强。这样不同的高等教育组织形式，使得两国对校园文化建设的理解是不同的。

（一）中国高校的校园诚信文化建设

中国高校对校园文化的建设十分重视。2004 年，《中共中央、国务院关于进一步加强和改进大学生思想政治教育的意见》指出，"校园文化具有重要的育人功能，要建设体现社会主义特点、时代特征和学校特色的校园文化，形成优良的校风、教风和学风"。可见，校园文化建设在中国是加强和改进大学生思想政治教育的一项重要工作，被视作塑造和培育大学生各种价值观念的重要途径。整体上看，中国高校的校园诚信文化建设主要是通过以下方式展开的。

一是建设校园文化设施，构建立体型校园诚信文化体系。校园文化设施作为学校的"硬件"，是文化"软件"必不可少的物质承载，发挥着建设大学生诚信价值观念的教育功能。在中国，校园文化设施不仅是诚信文化内涵的载体，还是涵育诚信元素的文化土壤，为大学生提供了自我教育的物质支撑。中国高校大都重视校园文化设施建设，积极构建立体型校园诚信文化体系，从各个方面考虑其对学生的作用，以多角度的方式，力求使生活在大学校园中的每位大学生在思想观念、行为方式、价值取向等诸方面深受影响，从而实现对其精神的引领和心灵的塑造，培育其诚信价值观念。具体措施上，很多高校的主要做法是：通过加强校报、校刊、校内广播电视、学校出版社以及校园网等平台的建设开展诚信文化宣传活动；建设图书馆、大学生活动中心、文化广场等场所，使之能够成为大学生开展诚信文化活动的场地；通过精心规划设立诚信教育专栏，在教学区、学生宿舍区和其他公共场所的适当位置设置诚信格言、警句牌、提示语等，并借助它们推动校园诚信文化发展。

二是开发校园文化隐性课程，促进多层次校园诚信文化的发展。在校园诚信文化建设中，开发隐性课程就是要在贯彻隐性课程理论的基础上，以学生为本，充分考虑学生的需要，提高诚信教育的吸引力与感召力。根据《中共中央、国务院关于进一步加强和改进大学生思想政治教育的意见》的要求，开发校园文化隐性课程一方面可以通过开展丰富多彩、积极向上的学术、科技、体育、艺术和娱乐活动，把德育、体育、美育有机地结合起来，寓诚信教育于文化活动之中；另一方面可以结合传统节庆日、重大事件以及开学典礼、毕业典礼等，开展特色鲜明、吸引力强的诚信主题教育活动，如开展无人监考的诚信考场活动、设立校园无人超市等，促进多层次校园诚信文化的发展。

三是发挥学生社团的作用，培育自主性校园诚信文化品格。校园是大学生群体共同的生活环境，校园文化品格正是校园之中"群体特性"的体现，它反映的是校园共同体内所有成员所特有的文化和生活状态，是他们共同创造和形成的价值体系以及体现这种价值体系的独特气质。校园文化品格以其潜在的规范性和强有力的渗透性影响着生活在其中的每位大学生的思想和行为，促使其完成诚信道德的内化与外化。在中国的高等学校中，学生社团是活跃在校园里的中坚力量，它们作为学生自治团体，无论是在活动的组织方面，还是在文化的宣传方面，都对校园文化的建设作出了不可小觑的贡献，是创造诚信校园文化品格的重要力量。在学生社团中，大学生们组织开展的各类诚信教育系列活动为他们自己提供了一个自我学习的空间，不仅使作为组织者的大学生们在活动的设计、编排等过程中受到了教育（因为他们对诚信思想、范例等所进行的研究本身就是一种最好的自我诚信教育），而且在一定程度上削弱了大学生对诚信道德社会教化的排斥心理，有益于加深参与活动的其他同学对诚信道德的信服感。大学生通过参与学生社团组织的诚信活动，可以把德育知识转变为个人的思想认识，不仅能丰富道德情感、增强道德意志，而且能弱化和矫正原有的不良习气。

（二）德国高校的校园诚信文化建设

如前所述，德国高校主要承担的是教育教学、科学研究等功能，很多大学校园面积有限，并且学校通常是没有围墙的。因此，德国高校的校园文化建设主要是宣传学校知名校友的榜样力量和科学精神。有些德国高校将校训与诚信文化结合起来，比如德国柏林自由大学的校训是：Veritas，Justitia，Libertas，即真理、正义、自由。

德国高校中同样有很多社团，它们由学生根据兴趣组成，其活动涉及方方面面，与诚信相关的主要是一些宣传科研诚信的社团组织，他们所组织的各项活动大多是自发的。相对比来看，中国高校的社团活动既有在学校统一的指导下开展的，也有学生们自发组织的。当然，由于德国国家的宗教特点，在德国高校之中还有一些宗教类社团，他们会经常性地开展一些价值观教育活动，其中就有关于良知和诚信、信任的内容，显示了校园文化与宗教文化的杂糅。

总体来说，德国高校的校园诚信文化建设不是特别突出，也可以说，很多德国的大学没有专门的关于诚信的校园文化建设，对诚信价值观念的教育大都与对真理的追求等价值观熏陶混杂在一起，这与中国相比有很大的不同。

第七章 中德社会中的诚信宣传与培育比较

在学校教育体系之外，社会作为人们日常生活的环境，同样承载着重要的诚信教育职能。中国人讲求社会环境的教育意义，重视社会宣传教育对社会成员价值观的持续和持久影响。德国人认为，"打开教育的道路，创造和维护正式和非正式的教育项目，提供人力和物质资源，设置强制性的教育目标，是地方、州和联邦政府、商业机构及社会组织都应当承担的责任"①。这种相同的认识决定了两国都致力于社会诚信环境的构建，注重在全社会范围内开展诚信宣传与培育工作。

一 诚信荣辱意识的建设与比较

（一）诚信荣辱意识的教育作用

社会荣辱系统是一个能对位于其中的行为人产生作用、从而使其表现出一定认可和评价的社会网络空间，是一种意义性的空间存在，它通过纵横交错的制约行为人的关系束，组成了一个独特的网络体系。诚信价值观念是在一定的社会荣辱系统中产生、形成、变化和发展的，社会荣辱系统对人们诚信价值观念的形成具有十分重要的引导作用。从生成逻辑上看，社会成员诚信价值观念的形成过程是一个由社会文化向个体

---

① *Konsortium Bildungsberichterstattung*, Gesamtkonzeption zur Bildungsberichterstattung in Deutchland, 2005. https：//www.bildungsbericht.de/de/forschungsdesign/grundlagen.

内在精神文化不断传导的渐进过程。由于社会结构的深刻变革，特别是经济全球化、信息化产生的不同文化间的频繁交流与震荡，社会荣辱文化对社会成员诚信价值观念的影响越来越直接，作用越来越凸显。

其一，诚信荣辱意识的价值选择和价值导向决定着人们诚信价值观念形成的方向。任何社会文化之中都蕴涵着一定的荣辱观念，它具有明显的价值导向作用，而且这种荣辱观念一旦在社会中形成，就会凭借制度、风俗习惯、社会舆论等各种力量，力倡其所倡导的价值观念，以形成强大的主导社会文化氛围，其对人们言行的约束是一种环境形成的润物细无声的教化。社会文化中所蕴含的荣辱评价从表面上看没有形成压力，实则是一种无形的环绕压力。生活在一定文化氛围中的每个人，如果其行为与其所处的文化氛围不和谐，就会与群体产生信息交流困难，而且其行为难以被群体所理解，这就势必会产生所谓的信息压力和规范压力的问题，从而迫使个体调整自己的行为，使之与群体行为趋于一致。法国学者布迪厄（Pierre Bourdieu）把环境称为场域，也就是位置客观关系的一个网络或一个形构。个体在群体中，常常不知不觉受群体压力的影响改变自己的知觉、意见、判断和信念，在行为上与群体中的多数人保持一致。也就是说，人需要适应环境。人们顺其而行，会得到社会的肯定性评价并融入社会之中；反之，人们逆其而为，就会得到社会的否定性评价，与社会格格不入而遭遇社会的排斥。

从这个意义上可以说，社会形成良好的诚信文化氛围，尤其是对失信者形成的制裁压力和道德谴责氛围，对于社会成员诚信价值观念的形成是至关重要的。在人的诚信道德形成过程中，社会文化不仅会将诚信道德文化传递给社会个体，而且也会接受社会个体所反馈的信息，并将其整合成为社会文化的一部分，形成社会文化系统与社会个体之间有关诚信价值观念的良性互动和循环。如果社会文化系统所传递的诚信价值文化信息的性质和形式与人们的成长环境、受教育程度、认识水平、思想素质以及其既有的价值观相吻合，就会刺激人们的诚信价值需要，并使其逐渐形成诚信品行；相反，如果社会文化传递的信息与人们的生活经验和认知特点不吻合，就会影响其对诚信价值的接受和内化。

其二，诚信荣辱价值系统形成的稳固的社会价值观念，对人们诚信价值观念的形成具有正强化的作用。社会价值信念反映的是社会成员对社会力倡和推行的价值理念、原则的普遍认同、内化和信心，而社会价值信念稳固与否，既是社会价值理念和原则在社会中的反映，也是继续强化社会成员对其认同和信服的重要前提条件。具体而言，如果一个社会之中的社会成员对社会的主导价值没有形成普遍认同，而是在价值取向上处于一种多元混乱的状态，在缺乏有力的社会价值导引的情况下，社会成员面临价值选择时不仅会无所适从，甚至还有可能出现价值错位和行为失范，尤其是在尚利的工具价值文化以及法律的疏漏所产生的投机获利行为现象的影响下，社会成员的社会价值信念易于被消解，而社会成员一旦缺乏坚定的社会价值信念，便极有可能陷入投机文化的泥潭。毋庸置疑，社会文化系统所形成的诚信价值信念稳固与否，在很大程度上直接关系着人们对社会诚信价值体系的信任度，关系着社会成员诚信意识的坚定与否。

社会成员对诚信价值具有普遍的信念，不仅认同诚信之理，而且坚信社会成员对诚信之规的普遍遵守，或坚信社会对失信者必会给予处罚，社会所形成的这种对诚信的较为稳固的价值信念就会强化人们遵守和践行诚信价值观念的意志；相反，如若社会成员普遍缺乏对诚信价值的信念，对他人是否诚信、对政府对失信行为的惩处等持怀疑态度，则必会消解人们坚守诚信价值观念的意志，甚至会导致他们在诚信选择时持有机会主义的策略态度，为实现获利需求而选择投机，背离诚信价值要求。

概言之，诚信荣辱意识是一种道德场域，其对人的价值观念的影响潜移默化，有着较为深远和持久的影响。此外，社会之中的诚信荣辱意识与人的诚信品德的形成具有互动性，它不仅会将诚信价值观念传递给社会个体，而且也会接受社会个体所反馈的信息，并将其整合成为社会诚信文化的一部分，形成社会文化系统与社会个体之间有关诚信价值观念的互动和循环。通过社会荣辱意识的建构开展诚信价值观念的宣传和培育，核心在于打造诚信的道德场域，通过场域对社会成员施加持续不断的网格型影响。

（二）中国文化中的诚信荣辱意识与其当代境遇

中国文化历来讲求诚信，特别是在中国传统文化之中，诚信并不是特别崇高的道德品格，而是做人最基本、最起码的要求。也就是说，守诚信是做人的根本，且在中国传统社会的原初并不值得太多的褒扬，反而不守诚信的人则必然会遭到他人和社会的排斥。换言之，在熟人社会个人信息相对透明的情况下，坚守诚信理所当然，但如若某人不遵守诚信的道德原则，那么他便会丧失周边社会成员对其的信任，导致其产生如吉登斯（Anthony Giddens）所言的"存在性焦虑或忧虑"（existential angst or dread）[1]，怀疑或担心自身的"本体性安全"（ontological security）[2]。

历史的发展赋予了诚信新的价值，诚信从道德基本要求慢慢演变为一种社会资本，由底线伦理逐渐变成一种值得称赞的道德品性，甚至有人将诚信当作一种无形资产，遵守诚信也成了值得炫耀和标榜的东西，如从宋代到明清时期，以"诚实守信，义利并举"树立自身形象的晋商和以"讲道义，重诚信"树立自身形象的徽商。这一方面缘于交通和商业的发展，人们的交往范围从熟人之间越来越多地扩展为陌生人之间，人们之间原有的信任模型发生了变化和转型；另一方面，交往的扩大导致投机主义者增多，不诚信行为也发生得越来越频繁，由此人们开始关注诚信的价值。可见，诚信价值的凸显与失信现象的增多是紧密联系在一起的。

到了当代，诚信的利益价值愈加明显。但是，被资本"绑架"的诚信却不如道德原则中的诚信那般有着内在的张力。2006 年，中共中

---

[1] 安东尼·吉登斯：《现代性的后果》，田禾译，译林出版社，2011，第 87 页。

[2] 吉登斯认为，本体性安全指大多数人对其自我认同之连续性以及对他们行动的社会与物质环境之恒常性所具有的信心，是一种对人与物的可靠性感受。参见安东尼·吉登斯《现代性的后果》，田禾译，译林出版社，2011，第 80 页。

央提出倡导和弘扬以"八荣八耻"为基础的社会主义荣辱观，引导广大干部群众特别是青少年明辨是非荣辱，其中特别提到"以诚实守信为荣，以见利忘义为耻"，再一次强调和确立了中国社会诚信荣辱观的精神坐标。在现实生活之中，诚信仍然是中国价值观念体系的重要组成部分，同时也是重要的社会资本，不诚信的行为被社会成员所不齿，这在整体的社会价值取向上是确定的。然而，我们却从另一个侧面看到资本对价值观产生的严重侵袭。在当代中国社会，与社会倡导的荣辱观念相背离的错误思想在一些领域存在着生存空间。比如，某人通过失信行为获取巨大利益，其得到的并不一定是道德舆论上的谴责，反而有时在有些人那里，很多失信行为甚至会被视作是合理的，这一点值得我们深思。

此外，诚信在整体的价值排序上仍处于下位层面，诚信价值会让位给许多其他价值。以"善意的谎言"为例，其在中国的文化中就有着较强的褒扬性。无疑，谎言是有悖于诚信原则的，然而，在"谎言"前面加上定语——"善意的"这个限定词后，谎言的本质也就发生了改变。其实，在现实生活中，我们无法纯粹地拒绝谎言，例如，一个身患绝症的病人的亲友用谎言将他的病情说得很轻，鼓励他配合医生治疗，等等。从目的论上说，"善意的谎言"表达了谎言的目的，即出于"善"的原因，所以，它是人们对事物寄托的美好愿望，是人们善良心灵的对白，是人们彼此之间相互安慰的一丝暖意。谁也不会去追究它的可信程度，即使听到善意谎言的人明知道是谎言，也一样会去努力相信，而不会觉得说谎者虚伪，有时还会从心里感激他。需要注意的是，这并不是为谎言正名。在实际生活中，有些人在失信的时候有很强烈的"阿Q精神"。也就是说，明知自己失信，但仍安慰自己，认为这种失信是一种"善意的谎言"，利用"善意的谎言"作为借口为某些不守信行为进行开脱，借用"善意的谎言"来掩饰其失信的本质，形成了错误的诚信价值观念。

那么我们就会有这样的疑问，"善意"的标准是什么？怎样才可以被定义为"善意的谎言"？其实，关于"善"，古今中外学者不乏论述，它涉及元伦理学的核心理念，这里不展开论述。但针对"善意的谎言"，这里所说的"善"，更多的是以"目的善"的形式而存在，即行为主体基于"善"的目的驱使，选择使用谎言，而这种目的大多是基于"我"之外的他人利益，既在为社会公认的道德原则体系框架之内，又不违背法律原则，如前文所举的事例均属于此类。当然，不能将所有基于他人利益的谎言都归于"善意的谎言"，如法庭要求证人作证，以证明犯罪嫌疑人有罪，证人站在犯罪嫌疑人的利益角度作出伪证，这既违背了诚信原则，也违背了正义原则，同时还触犯了法律。除此之外，与"恶"相对的某些谎言也可归入"善"的范畴，如面对穷凶极恶的歹徒，机警地用谎言逃脱其魔掌或报警，虽然其基本出发点是保护个人利益，但由于其与恶相对，仍具有广义的"善"的涵义。面对生活中不可避免的善意的谎言，我国的诚信宣传和教育尚缺乏足够的解释力。

（三）德国文化中的诚信荣辱意识与其当代境遇

德国诗人海涅有句名言："生命不可能从谎言中开出灿烂的鲜花"①。德国的整体社会环境对其社会成员的诚信价值观念影响很大，在大多数德国人的意识中，签订了契约就必须遵守，这就是诚信，德国人对诚信的第一意识理解便是"履约"。这并不是说德国没有失信或者偷窃、撒谎、逃税、逃票、论文抄袭、腐败等问题，而是整个社会的制度构造和体系设置的目的是尽量减少此类失信现象，从而减少社会成本，尽可能地保持社会制度作用的发挥。德国是具有浓厚宗教文化氛围的国家，加之法律在德国社会中的影响和调控作用较大，德国文化中诚信荣辱意识的产生通常来自于宗教和法律的双重路径。

一方面，宗教是德国社会文化中诚信荣辱意识形成的重要源泉。基督教是德国的主要宗教，在基督教教义的理解中，谎言本身就是一种罪，这足以表示出其文化之中对谎言强烈的批评态度。但是，基督教徒

---

① 纹绮编《海涅妙语录》，甘肃人民出版社，1990，第134页。

对于"善意的谎言"，通常是用"爱"的标准对其进行评估的。在德国的基督教文化中，"善意的谎言"也是谎言，不同的是说谎者的恶意加重了这种罪，而"善意"则减轻了这种罪，使人们有可能宽恕和原谅"善意的谎言"。其核心评判标准在于是否有"爱"，如果是出于"爱"的目的的谎言，就可以被原谅和宽恕。当然，并不是所有德国人都是基督教徒，特别是近些年来，信教的人正在减少，尤其是年轻人。所以我们只能说，在德国，宗教中的诚信荣辱意识拥有较大的影响力，是德国人诚信荣辱意识形成的重要源泉之一。相反的例证我们可以从一些德国哲学家那里找到，比如，在康德那里，诚实是人的理性之义务，无论结果如何，人们都应该坚持说真话的义务，谎言就是谎言，无论怎么加以证明，都是对道德义务"理性人—绝对命令—普遍化"的违背。

另一方面，法律制度的规定是德国诚信荣辱意识的重要标准。受长期以来规则化的教育和传统法治文化的影响，德国人有一种违背了规则即违背了道德的观点，也就是说，在很多德国人看来，某人如果违背了规则或者法律制度，那么他就是耻辱的。所以，在大多数德国人那里，对法律制度和规则的遵守是人最基础的行事准则，这也直接影响了其社会文化中诚信荣辱意识的形成。简言之，在很多德国人的意识中，违背法律的行为就是失信行为，就是可耻的；遵守规则和法律制度不是高尚的，而是必须的，是最基本的。因此，在德国社会文化中，诚信不为荣，失信却为耻。如果某人违背了社会诚信规则，即便其并不触犯法律制度，由于社会诚信文化氛围的影响，一旦其失信行为被曝光，也会受到周围人的谴责或者异样的眼光，对其形成潜在影响，迫使其约束自身，趋向选择合乎规则要求的行为。这一点在现实生活中的表现较为明显，比如，德国的许多书店或花店会在其店外无人看管处摆放一些待销售的物品，任消费者自行挑选后，自觉进入店内付款，这主要是基于社会诚信文化氛围下产生的信任。

德国的这种诚信荣辱意识与中国一样在现代社会遭遇了资本和利益的挑战。一部分德国人或德国企业为追求利益的最大化选择违背其价值准则，并不以为耻，比如大众汽车公司的"造假门"事件等。关于此类现象的表象和产生的缘由，我们将在随后的章节中展开论述。

相比之下，我们可以看到，诚信荣辱意识建设确实是诚信教育的重要环节，加强诚信教育需着重推进社会诚信荣辱系统建设。一方面，运用立体化网络进行诚信场域道德干预。丰富课堂教育、户外设施、网络空间、电视广播、公益广告等媒介，使教育对象无论何时都置身于诚信场域的干预之中，从而实现无缝教育，让其对诚信价值进行了解、消化与吸收。另一方面，通过创设道德两难选择处境进行道德干预。创设道德两难处境即将教育对象置身于两难选择之中，使其冷静地思考问题，把握好诚信道德要求的绝对性与相对性，进而做到原则性与灵活性的有机统一，真正能够辨别是非、善恶，能够不为失信投机现象所迷惑、不为社会上的不良风气所腐化，能够自主对诚信缺失现象进行剖析和批判，拥有正确的道德判断力。

二　社会诚信维护的参与意识比较

（一）参与意识在社会诚信维护中的作用

参与的重要性最初是被政治学学者所挖掘的，主要指"决策活动中的参与"[①]，后来被广泛应用于社会生活的各个领域，意味着主体性的提升、责任的分担、成果的共享。社会诚信建设与每一个社会成员息息相关，其过程应该是社会成员在引导下积极参与诚信建设并进行自身诚信价值观塑造。换句话说，社会诚信教育绝不能仅停留在理论层面的探讨和精神层面的教育上，而是需要每一位社会成员有效地参与到社会诚信建设之中，成为诚信建设活动中的一员。

首先，社会成员参与社会诚信建设，可以强化其诚信认知，推动诚信习惯的养成。"纸上得来终觉浅，绝知此事要躬行。"（陆游《冬夜读

---

① 参见卡罗尔·佩特曼《参与和民主理论》，陈尧译，上海人民出版社，2006，第45页。

书示子聿》）实践在诚信价值观念入脑、入心的过程中发挥着重要的作用。社会成员参与社会诚信建设的过程，其实就是把诚信价值观念的认知付诸实践并内化为个人品格的过程，是诚信道德的生活实践。通过参与实践，人们可以更好地反思自我，从而将所学到的诚信守则与具体的道德实践相结合。同时，社会成员在参与中多次重复道德行为，形成诚信习惯，便会在自觉意识基础上形成习惯性诚信选择。

其次，社会成员参与社会诚信建设，有利于将诚信自律与他律相结合。社会交往范围不断扩大、陌生人交往日益频繁，诚信的价值面临着由传统到现代的转型，因此无论是在中国还是在德国，诚信教育的思路都面临着调整。特别是对于中国社会而言，以往依靠社会成员自身自律性的诚信教育思路需要转变为自律与他律相结合的内外兼治的教育思路。这我们不仅需要注重对社会成员自身诚信道德修养的培育，还需要引导社会成员广泛地参与到"律他"的诚信实践活动中，发挥监督作用，实现理论教育与生活教育的结合。有时，某些社会诚信问题仅止于道德层面，而未触及法律制度，除在道德上予以谴责和引导外，法律制度并没有办法对其进行约束，这时，社会成员参与社会监督并给予道德上的评价显得尤为重要。也就是说，在诚信教育中，教育者与受教育者是相互转化的，受教育者在一定程度上又变成了教育者，在将诚信价值观念内化为自身道德准则的基础上对外传播，形成了诚信价值观念培育的"拓扑结构"，扩大了社会诚信教育的范围。

最后，社会成员参与社会诚信建设，可以对社会信用体系的构建起到推动作用。一方面，社会信用体系的建设是一个不断发展和完善的过程，面对新的情况和新的问题，"摸着石头过河"的探索也在持续地进行，这需要更多"摸石头"的人提供反馈信息，以实现"不被同一块石头绊倒"。社会成员的广泛参与，可以查漏补缺，发现现有社会信用体系中存在的问题并提出改进建议，推动相关制度的修订与完善。另一方面，社会成员的参与还可以极大地丰富征信系统的信息源。作为社会信用体系的核心内容之一，征信系统需要大量真实可靠的信息源。然而长期以来，征信信息源一直以金融信息为主、其他信息为辅。征信系统主要是由政府主导产生的，社会成员参与征信的积极性并不高，导致一些信用信息存在不准确、不完善、不完全以及更新不及时等问题，因此需要广泛征集信用信息。社会成员参与社会诚信建设，能够扩大信用信息来源、促进征信活动的展开，进而推动社会信用体系建设。

（二）中国民众参与诚信维护的现实图景

在中国，就目前来看，社会成员虽已广泛参与到社会诚信建设之中，但是在参与的形式上，以舆论方式的间接参与远多于行动上的直接参与。当前，中国公共舆论领域已经呈现出维护诚信的强烈氛围，但在实际生活领域，这种舆论氛围却并未很好地落地。也就是说，在面对各种失信现象之时，大多数社会成员采取的主要表达方式是通过网络自媒体等途径表示愤慨与谴责，或是抱怨与牢骚，而在现实的失信场景之中，很多社会成员却羞于发声，貌似是与己无关的"看客"，显现出社会成员在社会诚信建设中的非主人公意识，也就是说，社会成员并未实质性地参与到优良的社会道德生活的重建之中①。有些社会成员虽对他人的失信行为表示斥责，但对于自身的失信行为却奉行双重标准，不以失信为耻，有时也会做出有违诚信原则之事。这种表面"在场"而实质"缺场"的以道德义愤为表达的参与，易于产生所谓的旁观者效应（Bystander Effect）②。虽然倡导诚信、斥责失信的舆论环境创设了舆论压力，但是在社会成员诚信价值观践履方面却收效甚微，即对于各种失

---

① 袁祖社：《制度理性、社会质量与优良诚信伦理文化的实践——价值共契：基于现代公序良俗社会之卓越治理的理念与逻辑》，《陕西师范大学学报（哲学社会科学版）》2017年第 3 期。

② 旁观者效应是指当旁观者的数量增加时，任何一个旁观者提供帮助的可能性便减少了，即使他们采取反应，反应的时间也延长了。社会心理学家拉塔尼（Latané）和达利（Darley）基于对 1964 年发生在纽约的一桩惨案的研究提出了此理论。一位女子被连捅数刀，最后伤重而死。整个过程中有大约 38 个人目睹/耳闻了凶案，却没有一个人采取行动。为了了解这些人的心理及其普遍性，拉塔尼和达利设计了一系列实验，以便检测群体的存在会怎样影响个人的行为。而结果无一例外：当有别人在场时，人们总是变得更冷漠，更不负责任。参见 Darley, J. M. and Latané, B. 1968. "Bystander intervention in emergencies: Diffusion of responsibility." *Journal of Personality and Social Psychology* (8): 377–383。

信现象，人们只是以一种道德旁观者的角度看待问题、表达观点，并没有诚信建设的主体意识，并未真正参与到社会诚信建设之中，难以推动整个社会诚信氛围的塑造和诚信价值观念的培育。

（三）德国民众参与诚信维护的具体表现

相比之下，德国人对社会秩序的维护不仅在舆论层面有所体现，而且在现实生活中，他们会对身边发生的失信行为直接进行管理和谴责。在很多德国人眼中，社会公共秩序的维护是全社会共同努力的结果，因此，他们之中的很多人会对其身边发生的或看到的失信行为进行纠正，特别是在对社会规则、制度的维护上，德国人表现得非常严苛。比如，某人不遵守交通规则，人们一般都会直接劝阻；看到某人乘车逃票，也会对其进行直接的谴责。德国人这样的观念与那些"事不关己、高高挂起"的思维有很大的不同，由此而形成的社会舆论压力比中国要大，也更为直接。这样的行为方式大致与德国的社会制度和德国人的思维特点有很大的关系：一方面，德国的社会制度对相关行为有所支持和保护；另一方面，德国人的思维特点使其较少考虑到此类行为会产生怎样的后果（如反击或报复等）。从整体上看，德国人通常在对生活秩序的维护等方面表现得比较活跃、责任意识很强，比如要遵守排队的秩序、公共交通秩序、观看演出或比赛的秩序等，而在其他方面对失信行为的纠正并不明显，如对假冒伪劣商品的举报等，德国人显得并不是很积极。

第八章　中德诚信教育面临的问题与反思

社会是发展的社会，人的认识也伴随着社会的发展而不断变化。在社会发展的进程中，无论是在中国还是在德国，诚信教育都面临着很多新情况、新问题，它们直接影响到了诚信教育的效能，干扰了社会信任的生成。我们需对这些问题进行分析，找到经验、吸取教训，为反思和改进当前的诚信教育方式提供思路。

一　德国社会的失信现象及其缘由与应对

随着人们利益追求的多元化和外来移民的增多，今天的德国已不再是以前人们印象中传统、严谨、不造假的德国，甚至很多德国人都承认"德国制造"的质量在下降，德国正在遭受着信誉危机。

（一）"德国制造"：信誉丧失及其原因

商业诚信是德国经济发展的重要基石。"德国制造"正是德国社会整体诚信的重要表现。SCHUFA① 等第三方征信机构和银行的信用体系等共同建构了德国的商业诚信基础，企业或者工厂失信将面临很大的法

---

① SCHUFA 成立于 1927 年，其全称是 Schutzgemeinschaft für allgemeine Kreditsicherung，直译为通用信用保险保护协会。在德国，从开立银行账户到租房买房，再到各种信贷消费，SCHUFA 出具的信用证明都是重要的支撑材料。以 SCHUFA 出具的个人信用报告为例，该报告包含个人信用分值、评级信息等，说明了个人财务的可靠性和履行付款义务的可能性，具有法律效力。

律、社会风险。商业诚信是市场经济良好运行的基础，是公司的一个"标签"。偷税等行为会面临巨额的罚款，据德国媒体报道，很多企业被查出偷税进而被罚款，包括德意志银行、药品公司等，破产法人在欧盟（或仅限德国）10 年内不得担当法人。严格的法律规范着市场主体的诚信行为，保障了整体经济的运行。

其实，德国的工业化在起步阶段是通过仿制他国的产品获取商业利益的。那个时候，"德国制造"还是劣质产品的代名词。直到 19 世纪 90 年代初，德国科学家提出"理论与实践相结合"的方针，大力推进应用科学发展。由于德国有基础科学方面的雄厚根基，其很快就建立起科学理论与工业实践之间的联系，从而在半个世纪的时间里将世界一流的科学家队伍、工程师队伍和技术工人队伍结合在一起，领导了"内燃机和电气化革命"，使德国工业经济获得了跳跃式发展。此后，德国制造的产品，从机械、化工、电器、光学产品，到厨房用具、体育用品等都成为世界上质量最过硬的产品。"德国制造"也从假冒伪劣转化为质量和信誉的代名词。

企业是以营利为目的的，其必然有对利润的追求，德国的企业也不例外。但是，在很长一段时间里，大多数德国企业在追求利润的同时，也会考虑更长远的、可持续发展的问题，特别是信誉的问题，他们将其视为无形资产，使得"德国制造"长久以来在全世界范围内成为一个"金字招牌"。

然而近些年来，"德国制造"却屡屡蒙羞。类似"大众造假门"的现象在德国时有发生，给德国的社会诚信系统带来了较大的挑战。其实，不仅仅是大众集团，这些年，西门子、拜尔、宝马等很多德国的大企业中都出现了有较大影响的失信现象，小到吃"回扣"，大到行贿洗钱，这些现象屡见不鲜。据《南德意志报》（Süddeutsche Zeitung）报道，德国几乎所有的军工企业都在接受检察机关的调查。除了行贿洗钱，德国一些企业还采取"产品阉割"的方式获取利润最大化，比如压片机生产商 Fette（菲特），其在中国生产并对中国售卖的产品在关键部件材质的使用上以次充好，与其在德国本土生产出售的产品有很大的不同，为了控制成本，生产商违背了信誉的宗旨，放弃了对品质的追求，最后带来的是产品质量的大幅下降。"德国制造"在今天与之前已然不可同日而语，"金字招牌"的意义也日渐消退。

"德国制造""金字招牌"的受损，表明信任社会的建设仅仅依靠法律制度是不够的，必须要将制度和思想道德建设相结合，既观照外在行为，又指涉内在心灵。也就是说，法律制度的完备并不足以杜绝失信现象，一个诚信的社会更需要社会成员的道德自律和良知。一旦社会成员缺乏道德良知的守望，失信的欺骗行径就难以阻遏。

首先，制度是以不作恶的道德底线为边界的，它仅有权力禁止人们作恶，却没有权力强制人们行善。这种"底线伦理"式的社会控制方式对社会诚信的维护是单纯的后果模式，其发展逻辑是通过对失信者的惩罚保护守信者的利益。所以，当制度规定存在疏漏或者得不到有效执行时，制度的影响便会被削弱，特别是在利益的影响下，诚信价值观的稳定性更容易受到干扰，导致为追求利益最大化而违背诚信原则的现象发生。这些现象在一定程度上反映了市场经济下西方社会利益取向与价值追求的冲突，在引发人们争论的同时，消解了公众的社会诚信观念，对西方国家诚信制度建设产生了重大冲击。

其次，制度虽然是一种非人格化的权威，但它是由人格化的主体来制定与执行的，因此，如果人格化的主体不具有正义的道德精神和诚信的道德信念，再好的制度设计也难以发挥作用。德国法哲学家拉德布鲁赫（Gustav Radbruch）曾这样描述正义女神：她"手持衡器，当其闭上双眼时，一视同仁，普遍适用；当其张开双眼时，则观照个案（Fallanschauung），均在实现正义"[1]。在德国，每个公务员上岗前都要在国旗下宣誓，要以"传统的布鲁士官员的道德标准"要求自己，做到廉洁奉公、公私分明，但这并不是能决定他是否秉公执法的核心因素，因为

---

[1]　转引自王泽鉴《民法学说与判例研究（8）》，中国政法大学出版社，1998，第25页。

在德国，关系（relationship）同样被视作重要的社会能力。德国人称"关系"为"维生素 B"，因为在德文单词中，"关系"（Beziehung）的首字母就是 B。在他们看来，关系对于一个人的重要作用如同维生素 B 对人的作用一样，是不可或缺的。不难看出，无论是在讲求人情义理的中国社会，还是在关注制度契约的德国社会，人际关系都是十分重要的。从理论上说，人际关系是干扰制度有效执行的因素之一，其在某种程度上会让制度执行人对制度的执行存在犹豫，有时甚至会使制度发生异化。所以，我们必须清醒地看到，在具有较强规则意识的德国，并非完全没有凌驾于规则之外的现象发生，只是程度似乎相对较低。总部设在柏林的透明国际（Transparency International）发布的数据显示，2023年德国的廉洁指数为 78（数值越低，表示腐败现象越严重），全球排名第 9 位，相对比来看，排名第 1 位的是丹麦，廉洁指数为 90。[①] 而美国一调查公司发布的民众对政府的信任度测分显示，德国民众对政府的信任分从 2021 年的 53 分下降到了 2023 年的 46 分（百分制），成为信任度综合指数下降幅度最大的国家。[②] 所以，在德国民众的声音中，经常可以听到要求政府遵守诚信原则、治理腐败的呼声。

最后，制度的实施具有后果主义性，即它仅可以干预人们的行为后果，而不会考虑人们的行为动机。如此，如果人们形成过度的制度依赖，便会在社会中形成马克斯·韦伯笔下富兰克林式的诚信观[③]，无法达到诚信建设的核心目的。诚如福山所言："法律、契约和理性经济为后工业社会的稳定和繁荣提供了必要的基础，但还必须用相互关系、道德义务、对群体的责任以及信任来激活它们。"[④] 后果主义的误区易于导致思想与行为的偏差，二者逻辑对冲下的双面人格演变为道德的双重标准（double moral standard），一旦制度失效，则会引致社会混乱的发生。

---

① 见 www. transparency. org/cpi。
② 见 https://www.edelman.com/trust/2023/trust-barometer。
③ 马克斯·韦伯：《新教伦理与资本主义精神》，斯蒂芬·卡尔伯格英译，苏国勋等中译，社会科学文献出版社，2010，第 28 页。
④ 福山：《信任》，彭志华译，海南出版社，2001，第 14 页。

由上显然可见，德国的诚信制度追求的目标仅在于让人不敢失信，而不过多地关涉思想意识问题，具有明显的后果主义倾向，体现的更多是理性至上的观念，强调以理性维护自己的权利和义务，在契约的框架下，直接规制违反诚信原则的行为。即，德国的诚信制度只限制失信行为的发生，至于不想失信的思想意识问题其并不关涉。德国近年来的失信现象证明，社会诚信的建立仅仅依靠外在制度的规约是远远不够的，因为，他律的力量毕竟是有限的，它"所涉及的是人类的外部表现和活动……它对人类的内心动机不感兴趣"①，而"道德之陶冶，以道德律为基础而不以约束为功；一则防止恶习惯之养成；一则陶镕人心使能反省"②。所以，再完备的法律制度也不足以遏止人们内心的贪欲，诚信法律外置而忽视对个体德性的尊崇会导致人们伺机作恶，唯有基于人们"善良意志"下的自律才是根本。而自律在于个体的诚信德性，即使对于企业、社会组织等主体而言，从人格化角度理解，其诚信自律同样有赖于管理层的诚信德性，如财务审计和信用评级机构等本以公正立身，一旦其缺乏诚信的道德信念和自律精神，就会因利而失去公允。因此，制度作用的发挥要与人们的德性、内在良心和信念相协调，在发挥法律外治作用的同时，更需要价值观念的教育善化人们心灵。

（二）矛盾心理：说谎的日常与对说谎的低容忍

"根据德国一家名叫 Shoop.de 网站的调查，65%的德国人称自己每天都会说一些大大小小的谎言，50%的人称自己每天都会跟同事撒谎，一半以上的受访者称自己每天在购物的时候都会向营业员撒一些谎。有意思的是，相比之下，虽然很多德国人会撒谎，但是只有9%的受访者认为撒谎是一件正常的事情，比如撒谎是为了在工作中更有优势等。在商业会谈中，20%都是谎言，28%的迟到理由也都是谎言。很多德国人表示，在部分情况中，撒谎也是为了避免尴尬。比如70%的受访者都认

---

① 彼得·斯坦、约翰·香德：《西方社会的法律价值》，王献平译，中国人民公安大学出版社，1990，第5页。

② 任钟印主编《西方近代教育论著选》，人民教育出版社，2001，第213页。

为，如果是为了避免遇见不喜欢的人，那么撒谎是一件很正常的事情；68%的人同意为了防止他人担心，可以撒一些谎；66%的人会因为不想得罪他人撒谎；43%的人会因为想保持一次简短的谈话顺利进行而撒谎。"① 上面的数据是对德国人诚信观念的一种反映。也就是说，德国人有一种很矛盾的心理，虽然他们对说谎的容忍度很低，但是他们自己却经常会说谎。前文曾经提到塔西佗根据历史的分析对德国人诚信品性的认知："塔西佗证明，日耳曼人具有正直、热爱自由和道德纯洁、忠诚和正义、男人勇敢和女人贞洁的特点。但人们忽略了一点，塔西佗也描写了日耳曼人的另一面，即阴险奸诈和诡计多端。"② 根据《布洛克豪斯百科全书》中的观点，日耳曼人"对朋友正直忠实、开诚布公，对付敌人却狡猾奸诈、诡计多端"③。

说德国人对说谎的容忍度很低也并非空穴来风。2012年，德国总统武尔夫因为失信原因受到来自舆论的强大压力，导致其辞职。近些年来，一贯以学术严谨著称的德国曝出多起学术腐败和学术造假事件，这些事件直接影响到了关系人的前途和命运。2011年，当时最受德国人欢迎的政治人物之一——德国国防部长古滕贝格因论文抄袭被撤销博士学位，6万多名德国民众联合签名抵制，要求其辞职④。同年，德国籍欧盟议会副议长科赫·梅林也因为同样的原因辞职。2013年，经过全面调查取证，德国杜塞尔多夫大学认定时任德国教育和科研部部长的安奈特·沙范（Annette Schavan）1980年的博士学位论文存在隐瞒引文出处及剽窃问题，并正式决定取消沙范获得了33年之久的哲学博士学位。最有戏剧性的是，这位被认定为剽窃的前教育和科研部部长之前从事的是道德教育相关领域的研究，她于1980年完成的论文为《人和良知：

① *Chinesische Allgemeine Zeitung Dutschland*, 18. April, 2017.
② 赫尔弗里德·明克勒：《德国人和他们的神话》，李维、范鸿译，商务印书馆，2017，第143页。
③ 赫尔弗里德·明克勒：《德国人和他们的神话》，李维、范鸿译，商务印书馆，2017，第145页。
④ *Der Tag*, *an dem der Minister aufgab*. Süddeutsche Zeitung（1. März 2011）.

关于现今良知教育的条件、需要和要求研究》（*Person and Conscience—Studies on Conditions，Need and Requirements of Today's Consciences*）。在德国民间，一些人成立了论文剽窃纠察队，专盯拥有高学历的政客名人。这个团体之中的人声称其没有政治目的，只为"保证德国博士学位的信誉"。下图为近十几年来因为抄袭等原因被取消学位的部分德国政治界名人。

表 8-1　近年来部分涉及毕业论文造假的德国政界人物

作者	获得学位年份	就读大学	被发现造假年份
约格·查兹马克基斯 （Jorgo Chatzimarkakis，1966–） 曾任欧洲议会议员	2000	波恩大学	2011
弗兰齐丝卡·吉费 （Franziska Giffey，1978–） 曾任德国联邦家庭部长	2010	自由柏林大学	2021
卡尔-特奥多尔·楚·古滕贝格 （Karl-Theodor Zu Guttenberg，1971–） 曾任德国国防部长	2007	拜罗伊特大学	2011
科赫·梅林 （Esther Silvana Koch-Mehrin，1970–） 曾任德国欧洲议会副议长	2000	海德堡大学	2011
安奈特·沙范 （Annette Schavan，1955–） 曾任德国联邦教研部部长	1980	杜塞尔多夫大学	2013
弗兰克·斯蒂费尔 （Frank Steffel，1966–） 曾任德国国会议员	1999	柏林自由大学	2019

从表象上看，"抄袭门"触及的是德国人对诚信问题的低容忍，当然，其背后也可能涉及政治、利益等复杂的问题，但是可以确认的是，在德国，一旦某位政客在诚信方面存在问题并被人发现，那么他的政治生涯就基本完结了。德国舆论普遍认为，教育界、科学界必须要保持严谨和诚信。

当然，除了学术、科研等方面，德国民众对于很多其他领域的失信问题也是低容忍的。2020 年，"德国支付巨头 Wirecard① 被逼自曝财务造假，涉及的金额是 19 亿欧元，折合人民币 150 亿元左右，这部分资金占到它整个资产负债表总额的四分之一"②。这对一向以信誉著称的德国企业产生了极大的影响，这起丑闻甚至被称为"德国的安然"。

虽然德国人对失信是低容忍的，但是在数据调研中，他们中有很多人表示自己"会说谎"。其实，这个现象不仅仅发生在德国人那里，在中国和其他国家也同样如此。英国 BBC 电视频道专门做了一期节目，名为"一周不说谎实验"，最后的结论是，在我们的日常生活中，谎言随处可见，并非出自内心的赞美、偏离本心的意见表达等都在证明人们似乎不可能完全拒斥谎言。

那么，我们就不得不思考一个问题，"说谎"是不是人的本性行为？从生物学意义上说，人的自然属性使人有自保的需要，那么，这种自保的需要就可能会驱使人做出说谎的选择。但是，在现实生活中，我们见到的很多说谎现象并非出自自保的需要，也无法用自保对其进行辩护。这里我们就要对"说谎"作出一个定义。根据佩纳（Perner）的观点，说谎应具备三个要素：①它在事实上的确是假话；②说话的人肯定知道它不是真的；③说的人希望听的人能够认为它是真的。③

无论是古希腊文化中的契约精神，还是基督教文化中的上帝对人的训诫，归根结底都是一种他律的体现，所不同的是，古希腊文化是基于契约关系的人之约束，而基督教文化是一种先验论基础上的文化。德国学者兰德曼（Michael Landmann）认为，"人可能把自己提升为一种值得敬慕的、令人惊奇的事物，……人也可能利用他自我形成的能力而'变得比任何野兽更野蛮'"④。"完美性和腐败性均等地包含在人之中，

---

① Wirecard 公司主要提供互联网支付服务，曾经被业界公认为欧洲最有前途的科技公司之一，号称"德国版支付宝"。它的总部位于德国慕尼黑，当时在全球 26 个国家拥有近 6000 名员工。

② 《欧洲百年金融史的耻辱：德国支付巨头造假，150 亿元"不翼而飞"》，《华夏时报》2020 年 7 月 20 日。

③ Perner, J (1991), *Understanding the representational mind*. A Bradford Book. pp. 23-35.

④ 兰德曼：《哲学人类学》，张乐天译，上海译文出版社，1988，第 203 页。

唯有人决定着道路是朝着完美性拓展还是向着腐败性延伸。"① 一方面，人的生命存在的生物性即自然属性是人永远无法彻底割舍掉的，这就决定了人对其身上动物性和野蛮性的超越、对行为任意性的克服的必然性，即人需要修身养性、善化心灵、扩展才智，使人更具人性。因此，任何社会人都有人格完善的道德需要。另一方面，人具有人格完善的主观条件，即人能够借助理性能力的存在优势抑制或克服人性中的带有动物性、侵略性、破坏性的冲动或贪欲以及自私自利的倾向，人们能够对自己的欲望和行为进行合理的节制。就像法国思想家卢梭在《社会契约论》中所描写的那样，"唯有当义务的呼声代替了生理的冲动，权利代替了嗜欲的时候，此前只知道关怀一己的人类才发现自己不得不按照另外的原则行事，并且在听从自己的欲望之前，先要请教自己的理性"②。人的感性欲望和冲动、人的意识和理智，不仅使道德存在成为可能，而且由于人的理智能够控制各种情欲和行为，也使人遵守道德规则成为可能，即人敦促自己对自己的品行进行主动的修养，并在价值追求中发扬人性的光辉。

（三）统一、移民与难民：多元诚信价值观冲突

德国社会在历史上经历了多次变迁。近代以来，二战后的两德格局对德国社会有着深远的影响。1990 年 10 月 3 日，二战后开始分裂的联邦德国和民主德国宣告统一。由于两国之前有着不同的国体、政体和文化，原有的价值观教育的内容、方式方法都不同，40 多年的分裂使得二者的民众形成了不同的价值观念，统一之后的社会价值观出现了比较大的混乱，特别是原民主德国（东德）的许多青少年产生了价值危机。经历了由分裂到统一洗礼的德国，面临着国民价值观念重建的重要议题。

如果将当时的两个德国进行对比，联邦德国的经济实力远在民主德国之上，但是，如若从社会信任和个体诚信水平方面来说，则很难对它们进行比较。在联邦德国，资本市场的逻辑影响着人的利益需求，利益

---

① 兰德曼：《哲学人类学》，张乐天译，上海译文出版社，1988，第 206 页。
② 卢梭：《社会契约论》，何兆武译，商务印书馆，2009，第 25 页。

与道德时常发生冲突，但这并不是说人们抛弃了道德要求而单纯追求利益，联邦德国政府也在社会中通过制度和宣传的方式对失信行为进行规制，以避免市场对道德社会产生不利影响。而在民主德国，政治体制决定了其市场模式，市场上的失信行为从表象上看并不十分频繁，查阅民主德国的宣传资料我们可以发现，其社会诚信水平似乎很高。但在两德统一后的资料中我们发现了不同的情况，相关信息表明，在民主德国，政治失信时有发生，欺上瞒下、形式主义从政治生活扩展到人们的日常生活中，成为影响全社会诚信价值观念的重要因素之一。经过几十年的努力，现今德国人民的价值观念已日渐融合，但在某些方面仍存在着一些差异。

同时，经济全球化和欧洲一体化进程给德国带来了大量的外来人口，加速了德国社会多元的价值观念体系的形成。不同的价值观念对诚信的道德认知是不同的，在利益的冲击下，德国社会中存在部分诚信观念淡薄的人群，他们在观念上奉行双重道德标准，背离诚信的伦理要求。当然，在很多传统的德国人看来，有着"纯正""日耳曼血统"的"纯德国人"还是更值得信赖的。

21世纪以来，伴随着西亚、北非、东欧等地的战乱，越来越多的民众逃往德国等国避难。对于难民的态度，德国最初还是较为宽松的，当时的德国总统高克甚至还曾表态说德国要负责任地对待难民。但是，随着难民人数的急剧增加，德国社会面临着巨大的挑战。栖居在德国的难民出于生活所迫或其他原因，与当地居民发生了冲突，盗窃、抢劫、强奸等现象时有发生，犯罪率不断升高。如何安置难民、管理难民，如何对难民进行教育，使他们更快地融入社会、与德国社会原有的价值观达成一致，成为让德国政府非常头疼的事情。

在对难民的教育方面，目前德国政府最主要推动的还是语言教育和职业教育。最新的数据显示，德国目前登记的避难申请人中，有55%不到25岁①，这些人正处于教育的关键期，涉及幼儿教育、基础教育、职

---

① 参见德国联邦统计局网站：http://www.destatis.de。

业教育、高等教育等。对于难民的价值观教育，德国政府有时显得力不从心，但是，基本的规则教育还是在发挥着一定的作用。

综上，德国社会遭遇着统一、移民与难民等多元价值观冲突，不同群体由于历史文化背景不同，其价值观也是不同的。因此，对其进行价值观教育、塑造符合德国社会要求的价值观绝非易事，这也是德国政府近年来面临的十分棘手的问题。就目前的情形来看，德国政府把更多的精力投入到了对法律制度的执行和维护上，以发挥直接的作用。根据现实中发生的社会诚信问题，德国及时完善现有制度体系，通过制度规范社会失信行为。比如，在制度的执行上，限制处罚权的使用，仅授予秩序局、警察以及税务局等部门处罚权；针对执法诚信问题，出台《联邦政府关于在联邦行政机构防范腐败的指导意见》（*Richtlinie zur Korruptionspraevention in der Bundesverwaltung*），并在附则中详细分析了公务人员腐败的迹象和预兆，给予不同情况下具体的意见指导，以保证制度执行的公正性。[①] 从短期来看，这样的制度规制确实起到了很大的作用，至少在社会秩序的维护上能很明显地体现出来。但是，由于制度执行的成本较高，需要大量的人力物力财力，德国政府也在同时寻求社会多方的参与。

（四）宗教丑闻及其感召力的下降

由于德国的宗教特性以及宗教在国家道德教育体系中发挥的重要作用，宗教的公信力直接关系到其诚信教育活动的开展以及诚信教育效果的实现。最近十几年来，虐童和性侵犯等宗教丑闻几乎席卷了整个基督教社会，除德国外，美国、奥地利、爱尔兰等国家都有类似事件发生。[②] 宗教公信力受到较大影响，这直接导致了宗教教育感召力的下降。数据显示，2007 年，德国福音教会尚有成员 2480 万人，然而到了

[①] *Richtlinie zur Korruptionspraevention in der Bundesverwaltung*，http://www.bmi.bund.de/SharedDocs/Downloads/DE/Themen/OED_Verwaltung/Korruption_Sponsoring/Richtlinie_zur_Korruptionspraevention_in_der_Bundesverwaltung.html.

[②] A. Ramelsberger, K. Prummer, D. Stawski. *Pädophiler Priester in Ratzingers Bistum*, Süddeutsche Zeitung (12. März 2010).

2022 年底，成员已减至 1920 万人。^① 截至 2022 年底，德国有 44% 的人口未加入任何宗教^②，宗教影响力的下降从人数的变化上可见一斑。

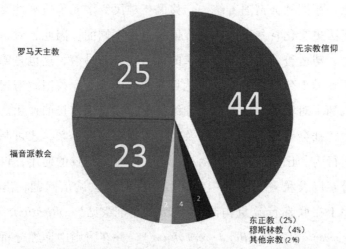

图 8-1　德国宗教信仰人数占比（截至 2022 年 12 月 31 日）

　　在当今德国，虽然宗教依然发挥着必不可少的社会教育作用，但是在部分人群中也产生了对宗教的质疑，宗教信仰度下降已成为不争的事实。调研中有德国人表示："在很多德国人看来，宗教教育是没有发挥作用的，很多人，特别是年轻人，表面上信奉宗教，然而实际上内心里只是将其作为一种形式的存在。"当然，这只是一部分人的观点，在与德国本土从事宗教活动的相关人员的沟通交流中，他们仍认为宗教是最重要的社会影响力量，发挥着道德教育的重要作用。在很多宗教人士看来，宗教是一种关注内心的修养，其与制度建设是相辅相成的。但是，如果按照唯物主义的理论，宗教说到底是一种他律的体现，正如马克思曾在《评普鲁士最近的书报检查令》中明确指出的那样："独立的道德要损害宗教的普遍原则，宗教的特殊概念是同道德相抵触的。道德只承认自己普遍的合乎理性的宗教，宗教则只承认自己特殊的现实的道德。……因为道德的基础是人类精神的自律，而宗教的

---

①　*Evangelische Kirch in Deutschland* 2022, Kirchenamt der EKD Hannove. p. 2.

②　https：//fowid. de/meldung/religionszugehoerigkeiten-2022.

基础则是人类精神的他律。"①

对于宗教感召力的下降，用德国哲学家尼采（Friedrich Wilhelm Nietzsche）的话来说就是"上帝死了"，人们从宗教的虚幻与束缚下挣脱出来了。尼采借此希望表达的是，上帝已不能成为人类社会的道德标准和终极目的，"如果人们放弃了基督教信仰，那么，人们从而就剥夺了自己遵守基督教道德的权利"②。很多西方哲学家认为，现代社会伴随宗教价值体系的衰落而进入世俗价值社会，使与人的主体性相关的自由、平等、价值、独立等得到尊重和讴歌。宗教感召力下降与利益需求驱使的双重逻辑造成了德国民众对自身诚实守信的约束降低，从而影响了整个社会的信任水平。

综合来看，德国社会的诚信教育应包含契约观念、宗教思想以及法律规定等内容，主张从宗教、利益、情景的外在关系调整中生发和影响社会成员的诚信认知，强调通过外在规则解决诚信教育面临的诸多问题。所以如前文所述，德国的诚信教育在很大程度上依赖于德国历史文化传统中契约精神的完善与传承，即倡导契约精神传统以促使人们遵守诚信的道德要求。而在整体上，德国社会构成了以宗教文化、信用制度为核心的失信代价系统，在社会成员的意识中塑造了忠于上帝、履行义务、坚守契约的思维模式。这种依靠外在的诚信教育径路在社会诚信建设的时效上效果显著，能对社会成员的行为选择产生直接作用，降低社会失信现象的发生率，但从另一角度看，却藏着舍本求末的隐患。特别是近代以来，宗教感召力的下降与制度固有缺陷的共同作用，导致了次贷危机、"大众造假门"等现象的出现，严重影响了德国社会的诚信建设，喻示着德国重视外在约束的诚信教育之弊。可见，德国的诚信教育通过宗教教义和制度安排，加大了个体因不诚信行为所引发的利益损耗，由此使得个体产生"失信行为会引发利益损失"的预判，从而远离失信，短期内收效明显，但长期看来，他律的力量毕竟是有限的。总

① 《马克思恩格斯全集》第 1 卷，人民出版社，1995，第 119 页。
② 尼采：《偶像的黄昏》，李超杰译，商务印书馆，2017，第 55-56 页。

体而论，德国社会成员遵循诚信原则的原因主要可以归结为两个方面：一是遵守契约或惧怕契约规则的惩罚，二是忠于上帝或畏于上帝。一旦这两个调节因素失效，那么德国社会诚信将会面临巨大的问题。

二　中国诚信教育面临的问题解析

与德国社会诚信教育面临的问题不同，中国有着中国的国情。在中国式现代化的进程中，我们的诚信教育既与其他国家面临着相同或相似的问题，也有很多自己的特点，需要认真分析和解决。从整体上看，当前主要的问题聚焦在以下几个方面。

（一）教育方式偏重抽象

中国社会历来以诚信为本，极其重视诚信教育，特别是改革开放以来，党和国家在诚信教育方面投入了大量的人力、物力、财力，开展了大量的工作，伴随着一些问题的出现，国务院也将诚信缺失作为我国当前道德领域突出问题专项教育和治理的重点。应该说，近年来，我国在学校层面已建立起从幼儿园到小中大学一整套的诚信教育体系，社会上也形成了较为系统的诚信教育宣传路径，诚信教育工作取得了很大的成效。但同时必须正视的是，我们同样也有许多待改进的问题。比如，首要的突出问题是诚信教育存在一定的空洞化现象，即尚未很好地将诚信价值的说理性、规范性教育寓于与人们社会生活相关的实践活动中，存在理论与实际的脱节，人们所学习的理论知识当遭遇实际问题时无法被用来指导人们的行为选择。

综合中国的诚信教育现状不难发现，无论是学校的诚信教育还是社会中的诚信文化氛围营造，大多偏重抽象原则以及诚信价值的讲解与宣传，注重宣讲诚信原则的正当性及规范要求。这种以道义为特征的诚信教育在传统农耕文明的经济条件下、在等级森严的政治秩序中、在交往后果可以预见的熟人社会里具有极大的现实适用性。但是，在工业化、信息化的经济条件下、在民主平等的政治环境中、在交往后果难以预见的陌生人社会里，必然会面临挑战。我们缺乏围绕与诚信相关的法律规定、信贷业务、信用卡办理、消费活动、职业发展等与生活息息相关的知识的教育普及，尤其缺乏针对诚信道德两难选择境遇或多重价值冲突而进行的道德选择能力的培养。这一问题导致一些社会成员在认识上仅把诚信视为一种维序的社会要求而难以内化；在行为上出现了只知不信、只知不行的知行不一现象；在较为复杂的具体诚信道德行为选择上，人们虽然了知诚信价值原则要求但又不知如何运用这一原则更好地进行善的行为选择，最终产生了社会成员诚信价值观念的认知程度普遍偏高而诚信坚守或行为转化相对匮乏的问题。

（二）教育路线相对单一

中国的诚信教育受儒家思想影响深远，在儒家看来，道德知识的学习是重要的，良好的道德行为是道德知识驱使的，只有具备了良好的道德知识，才会产生好的道德行为。在儒家那里，"修身"是提升个体道德修养的重要手段，所谓"君子不可以不修身"①"修己以敬""修己以安人"②，主张通过自我修养，实现内心修养与外在行为的和谐。对于"修身"的路径，儒家强调"慎独"，指出"君子戒慎乎其所不睹，恐惧乎其所不闻，莫见乎隐，莫显乎微，故君子慎其独也"③。即以道德自律为核心，诚信于己，即使独处时仍坚守道德原则。不难看出，在中国传统文化中，人的先验善性具有重要地位，从而决定了由自我修养到外在行为的道德养成逻辑，显示出中国古代先贤们对个体内心世界洗礼的偏爱。《礼记·大学》中说，"欲诚其意者，先致其知"④。也就是所说的"知而后行"，如"知止而后有定"⑤"知耻近乎勇""知所以修身"⑥，都是倡导从知的角度解决行的问题。到宋明时期，二程提出：

① 《中庸》，载《论语·大学·中庸》，朱熹集注，上海古籍出版社，2013，第 282 页。
② 《论语·宪问》，载《论语·大学·中庸》，朱熹集注，上海古籍出版社，2013，第 179 页。
③ 《中庸》，载《论语·大学·中庸》，朱熹集注，上海古籍出版社，2013，第 268 页。
④ 《大学》，载《论语·大学·中庸》，朱熹集注，上海古籍出版社，2013，第 249 页。
⑤ 《大学》，载《论语·大学·中庸》，朱熹集注，上海古籍出版社，2013，第 249 页。
⑥ 《中庸》，载《论语·大学·中庸》，朱熹集注，上海古籍出版社，2013，第 282 页。

"不致知，怎生行得？勉强行者，安能持久？"① 朱熹主张"知行相须"，延续了传统文化一以贯之的知行关系认知，并提出"知为先""行为重"②，更加重了"知"在道德转换过程中的砝码。虽然王阳明"补偏救弊"地提出"知行合一"说，对知行先后、轻重的逻辑思路进行了反思，但他也认为"能知必能行"，"知而不行，只是未知"③。在这种"知先行后"道德逻辑统摄下形成的中国传统社会诚信教育，讲求个体对诚信道德知识的背诵和学习，即便"言知之易，行之难"④ 的"知易行难"已被古代思想家们所认知，但解决"行难"依靠的依旧是"知"，也就是道德知识的强化，使个体自我约束、自我控制的道德自律达成诚信知行的统一。总的来说，在中国传统诚信教育中，诚信认知是调控诚信行为的基础，没有对诚信的认知，诚信行为便不可能被引发。反方向理解，也就是诚信的"不行"是因为对诚信"知"的不够，需要通过强化诚信认知以增强道德意志加以解决。

当代中国社会的诚信教育与传统文化表现出高度的承继性，在当代社会语境下，"真心实意""心虔志诚"等含有明显主观意愿色彩的词语通常被人们视作具有高水平诚信素养的形容词，流露出在诚信教育中重视诚信主观意愿培育的明显痕迹。这一现象的潜台词证明了当代中国诚信教育受传统文化"诚信行为动力来源于诚信认知"的影响之深，以至于长久以来中国的诚信教育首要的便是道德说理，通过阐述道德原则和道德案例，强化社会成员的道德认知和道德意志。也就是说，在诚信教育中，首先要告诉教育对象"诚信是什么""为什么要守诚信""怎样守诚信"这样的知识性问题，以此实现对教育对象诚信价值观念的塑造，而在对教育对象诚信水平的评定上，诚信认知也成为考量一个人诚信与否的重要标准。

---

① 程颢、程颐：《二程集》，王孝鱼点校，中华书局，2004，第 187 页。
② 黎靖德编《朱子语类》，王星贤点校，中华书局，1986，第 148 页。
③ 王守仁：《王阳明全集》（壹），陈恕编校，中国书店，2014，第 4 页。
④ 《尚书·说命中》，载林芝奇《尚书全解（上册）》，陈良中点校，人民出版社，2019，第 324 页。

分析而言，中国社会诚信知行观中的"知"主要指道德知识，它的确在很大程度上决定了主体诚信行为的选择，由"知"到"行"的诚信知行转化逻辑关注内在驱动力的提升，从而减少了对利益和情景的依赖，跳出了利益干扰和情景约束的藩篱，不失为诚信知行转化的理想模式。然而，"人皆可以为尧、舜"① 的道德理想面临着"岂人所不能哉？所不为也"② 的桎梏，高水平的诚信认知标准并非所有人皆可达到，而诚信认知主导诚信行为的逻辑也并不足以证明诚信知行转化的必然过程，大量明知失信有悖道义却依然做出失信行为选择的"知而不行"现象的发生成为中国当前诚信社会建设的顽疾。可见，中国社会这种由"道德思想"改造"道德行为"的诚信知行转化的惯常思维方式虽重视对失信现象的源头治理，却忽视了外在约束对人的主观意愿的引导与规约，在现阶段难以回应"知而不行"的诚信知行背离现象的诘问。在某些情况尤其是在复杂的道德选择境遇中，尽管人们知晓诚信道德原则，但如果不能进行正确的道德判断和选择，往往会影响人们对诚信价值观念的遵循，产生知而不行、信而不行的现象。

（三）不良示范消解

在当前中国诚信教育面临的诸多问题中，不良示范对诚信教育产生的破坏和影响是最为明显的，是消解诚信教育效能的最大因素。不良示范主要指的是诚信教育传导的内容与现实情况的背离或不一致。也就是说，当社会环境与诚信教育的价值取向趋于一致时，就会产生正效应，即在提倡诚信道德的社会环境中，人们能够感受到诚信的道德力量，诚实守信之人受到赞誉，欺骗失信之人受到谴责，那么其他社会成员就会受到道德鼓舞而力守诚信；而当社会文化氛围与诚信道德价值取向不一致时就会产生负效应。在市场经济社会，虽然大部分社会成员在学理上认同经济学所阐述的社会经济发展的秩序和效率需要以诚信为道德基础的理论，然而，在社会成员现实的经济生活中，如果他们总是感受不到

---

① 《孟子·告子下》，载《孟子》，朱熹集注，上海古籍出版社，2013，第166页。
② 《孟子·告子下》，载《孟子》，朱熹集注，上海古籍出版社，2013，第166页。

良好的社会信用，甚至经常听到或亲身遭遇受骗、违约的事情，且社会对之又未能施以法律制裁或形成众矢之的的舆论压力，社会成员在生活中感受不到趋善避恶的诚信文化氛围，就不可避免地会动摇他们对诚信道德绝对律令的信念，也会消解社会成员诚实守信的动力。比如，教育对象在课堂上接受教师关于诚信价值的教导，在学校里接受校园诚信文化的熏陶，然而当教育对象面对具体的社会生活，看到的却是与之不同甚至完全相背离的场景。再比如，社会诚信宣传语标示着做人应当以诚信为本，然而社会生活中仍然存在大量不遵守诚信的人，并且很多人还因此获益，这就会使得学生认为，课堂只是课堂，而生活才是现实；社会民众也会认为，宣传是宣传，实际生活是实际生活，二者并不统一。如此这般，我们的诚信教育就会受到严重冲击，效果大打折扣，而遵守诚信对于教育对象来说也失去了价值和意义。另外，在中国社会的很多领域中还存在应付检查的现象，即对待上级主管部门的检查，为显示自己取得的成绩，一方面刻意对平日的问题进行掩饰，另一方面造假以突出成绩。这种现象对学校诚信教育的影响极大，学校教导学生为人要诚信，却为应付检查，要求教师、学生集体造假，"一夜而生的校园绿植""安排好的课堂提问和问答""预演好的校园活动"等引发了学校诚信教育的同一性危机。有些教师一方面教导学生不说谎，另一方面教导学生不合适可以不做，教育学生按照后果主义、趋利避害地选择性诚信，使学生产生认知混乱。我们必须注意到，这种现象并不是偶发的，也并不仅仅局限在学校诚信教育领域，在家庭、社会中也有很多此类现象。

不良示范极大消解了诚信教育的实效，仿佛我们通过诚信教育刚刚告知人们的应当遵守的价值观念在社会生活中变得一文不值、没有意义。长此以往，诚信教育将走向一种困境，这种困境是社会成员对诚信不正确认知的恶性循环，即人们只相信自己的实际生活经验而不相信诚信教育的内容。

（四）内诚外信分离

无论是在德国还是在中国，当前社会之中都存在着一种诚实与信用相分离的观点，那就是：认为诚实与信用并无内在的联系，诚实求内心，信用重承诺的践行，"内诚"与"外信"脱节。在中国，这种"内诚"与"外信"的分离论认为，外在的信用会带来巨大的利益，交友、经商、信贷都离不开信用。相比之下，内在的诚实则缺乏价值，它既不会产生信用，又无法带来利益，有时甚至会造成利益的损失。持此观点的人群以唯功利的角度，标榜外在信用而忽视内在诚信，割裂了诚信的本体论与规范论的统一。

内诚外信的分离论将诚信"内在"与信用"外在"作为"两张皮"，认为守信用并不等于守诚信，"信用外表"的背后，很难说是否有一颗诚实的心作为支撑。如果从动机上进行分析，守信的动机可能有避免违规惩罚、利益驱使、舆论压力等，其多来自于外在的规范约束，而坚守内心诚信的动机仅可能来源于观念。具体而论，诚实的本质在于心善，是指忠于本心和坦诚待人，有真诚无欺、真诚无妄之意，具有内在性和基础性；信用的核心在于实际行动即履约，主要指承诺的履行，它不关乎人的内在心理，只涉及外在行动的表现，也就是说，信用与否的评定标准是客观的契约的履行，遵守信用就是履行契约，而不对主观诚信进行评价。因此，信用具有外在性和功利性。即使主体有着强烈的诚信履约愿望，却因为某种不可控的原因无法履约，那么，信用也无法完成。另外一种情况是，信用主体虽具备履约能力，但并不具有履约的主观愿望，只是迫于道德法律规定或者社会舆论压力等不得不履约，具有主观的不情愿性，在评定上，这种不情愿的履约仍被视作信用的实现。按照这种理解，遵守信用与主观诚信并无关系，主观诚信虽然可以作为信用遵守的推进剂，却并不必然导致信用的实现；反之，信用的实现也不一定必然来自于主观诚信，主观不诚信的情况下，信用仍然有可能借助其他的力量而得到强制的实现。因此，我们应当注意到诚信履约的不同情况，一方面，社会成员履行契约不一定是因为道德诚信，其可能缺乏内在的诚实动机，仅是迫于某种外在的利益权衡，被迫承担了法律责任和经济责任；另一方面，社会成员不履行契约也并不等于没有主观意愿上的诚信，也有可能是受制于多种不可控条件，导致客观上不能履约。所以，信用应当是诚信度、合规度、践约度三者的耦合。其中，诚信度涉及主观的意愿，是信用主体的道德素养、诚信精神的体现；合规度表现为信用主体对责任的遵守，是其信用活动行为中体现出的价值取向；践约度指涉的是一种能力，即信用主体对承诺履行的履约能力。①

诚实与信用是连续与统一的，它们虽然是两个不同的概念，但二者却并不相分离，作为价值意义上的诚信若真正得以确立，需要深入主体内在的价值世界，形成主体道德自觉意识，如果仅信赖外在表现形式而缺乏对主体内在向度的道德价值的考量，则难免陷入价值相对主义的泥潭。所以总的来说，只有内心诚，才能保证守信的一惯性、稳定性、绝对性，而不是相对性。因此，在诚信教育中，不仅要进行信用知识、信用制度、信用管理的宣传教育，也要澄清各类有失偏颇的诚信价值观念，把正确的诚信价值观念与信用教育有机结合起来。

（五）诚信"德""福"背离

"德"与"福"的关系在理论逻辑上是相一致的，诚信既要求行为的良善，又要求手段的恰当。然而在现实生活中由于种种原因，"德"与"福"之间可能存在着矛盾，有时遵循诚信的本心，却不一定能获得良好的结果，从而割裂了二者之间的自然公正关系，使得"逢人只说三分话，不可全抛一片心""老实人吃亏"等言论在社会中广泛流传。作为典型的诚信观念误区，这种观点将"德"与"福"的关系相对立，对诚信教育有着不容忽视的影响，是我们不可回避的话题。客观上而言，社会发展过程中各种制度设计的不完善在一定程度上使得"守信者受损、失信者获益"的现象确实存在，教育中的价值逻辑在真

---

① 参见吴晶妹《三维信用论》，当代中国出版社，2013，第28~36页。

实的生活经验面前的证伪，使得人们从经验世界得来的信息与信用教育产生偏差：失信的人不一定会受到惩罚，其受到惩罚的必要条件是其失信行为被发现和曝光。此外，这种观念还蕴含着显著的功利心理，即个体诚信选择的缘由并非内在的道德准则，而在于诚信选择是否会带来良好的结果，把道德评价建立在行为的后果上。对于这一观点，诚信教育必须要给予充分的回应。

应该说，道德有"合宜、适中"的蕴意。我国东汉时期的训诂学家刘熙依据汉字"义以音生，字从音造"的原理，指出"德，得也，得事宜也"①。古希腊伦理学家亚里士多德说，在实践中"存在过度、不及和适度"，"德性是一种适度，因为它以选取中间为目的"。② 亚当·斯密（Adam Smith）在《道德情操论》中，专门对美德的本质做了说明，认为"美德存在于合宜性之中"③。诺贝尔经济学奖得主阿马蒂亚·森（Amartya Sen）也非常强调道德的得体性。他说："审慎考量以使行为得体也会使自身从这样的行为中得益。事实上，如果群体中的每个人都能遵循这样的原则，则大家都能得益。"④ 在很多学者看来，道德的实质就是恰到好处地做事。必须承认，道德的要求是多层次的，道德的表现形式是多样的，除了牺牲、奉献、大公无私等崇高道德，还有人我两利的常德。在中国古人看来，道德"内得于己，外得于人"，"内得于己，谓身心所自得也。外得于人，谓惠泽使人得之也"。⑤ 因此，中国古人产生了"德—得相通"的道德思维方式，认为"皇天无亲，惟德是辅""统治者有德，上得天的福佑，下得民的支持""百姓有德，会有好的生活和命运，德能祈福"。"德得相通""德福一致"是

---

① 刘熙：《释名》，中华书局，1985，第51页。
② 亚里士多德：《尼各马可伦理学》，廖申白译注，商务印书馆，2003，第47页。
③ 亚当·斯密：《道德情操论》，蒋自强等译，商务印书馆，1998，第351页。在斯密看来，无论是出于个人福利的美德还是出于他人和社会福利的美德以及存在于仁慈中的美德，其共同的本质是"合宜性"。
④ 阿马蒂亚·森：《正义的理念》，王磊等译，刘民权校译，中国人民大学出版社，2013，第28页。
⑤ 《说文解字注》，许慎撰，段玉裁注，上海古籍出版社，1981，第502页。

道德的本然。

"德福一致"是道德的应然逻辑，"应然"变为"实然"需要道德义务与权利的协调一致，即善恶有报，行善得福、作恶受罚。亚当·斯密说："尽管世界万物看来杂乱无章，但是，即使在这样一个世界上，每一种美德也必然会得到适当的报答，得到最能鼓励它、促进它的那种补偿；……什么是鼓励勤劳、节俭、谨慎的最恰当的报答呢？在每项事业中获得成功。……什么报答最能促使人们做到诚实、公正和仁慈呢？我们周围那些人的信任、尊重和敬爱。……这是那些美德通常会得到的补偿。"① 具体到诚实守信美德，一方面，作为社会成员，应该遵守诚实信用的道德原则，履行好诚信的道德义务；另一方面，社会应该对诚实守信之人的道德权利给予尊重，给予诚实守信之人应有的社会赞誉、应得的利益和更多的商机，谴责虚假失信之人，广播其恶名，形成众矢之的的舆论氛围，对其形成社会排斥力，使之无法获利发财。让良信企业和个人的应得利益得到有效保障并在社会中拥有更多的发展机会，让那些有不良信用记录的企业和个人无法牟利并在社会中处处受到排挤，这是道德公正的表现。现实生活中，那种只强调社会成员诚实守信的道德义务而不重视社会对人的道德权利的尊重和保障的做法亟须纠正，否则，道德就成为破坏社会正义的第一杀手，"卑鄙是卑鄙者的通行证，高尚是高尚者的墓志铭"就会泛滥，道德就会成为最不道德而失去其感召力。

当然，除了"德福一致"社会氛围的构建，我们同样应当回到人的内心。实际上，"老实人吃亏"等将"德""福"关系相对立的价值观误区是机会主义的表现。机会主义放大了人性的逐利需求，把利益最大化作为行为选择的指南，失信行为者可能会在短期内取得一定的收益，但长期来看，随着社会信用体系的建立和完善，造成"老实人吃亏"的不良土壤日渐萎缩，守信的利益获取会远大于失信。但是，无

① 亚当·斯密：《道德情操论》，蒋自强等译，商务印书馆，1997，第203页。

论制度如何完善，由于人的理性的有限性、社会利益关系的复杂性、法律归置的困难性等，难免会产生一些漏洞，即存在"空子"可以"钻"，这就需要在道德教育上给予补充，以减少机会主义的存在。试想，如果行为主体意识中有着"勿以恶小而为之"的道德原则，有着强烈的道德责任感，又或者有对法律的敬畏，那么机会主义行为选择的动能就会被大大降低。同时，从美德论的角度，"老实人吃亏"的观念违背了"善"的价值原则。诚信作为一种美德，是人与自身的和谐诉求，中国早期儒家思想中就有"格物、致知、诚意、正心"的论述，在这里，"诚意"作为人内心修养的重要内容，意在要求人们以诚待己，也就是说，要求人们以诚实之心去体会、感受自己内在的精神世界，不虚荣浮夸，也不自怨自艾。而在西方，德尔斐阿波罗神殿上的那句"认识你自己"的箴言也同样印证了以诚实对待自己内心的思维行为方式的价值。古人通过各种方式告诫我们，不能因为守信吃亏而放弃诚信原则，要遵守诚信的道德定力，反对单纯的工具价值论，只有树立对诚信的"绝对信仰"，以真诚面对自己，才能重新认识自己、反省自己、评价自己和约束自己，才能实现自身的和谐，建构真、善、美相统一的价值观。

（六）诚信制度尚不完善

其实前面所说的很多问题的因由，或多或少都与制度有很大的关联，或涉及制度的设计，或涉及制度的执行。在中国传统社会中，诚信是基于血缘、亲缘、地缘关系的传统德性诚信，道德的内在规约力、劝导力和向善力发挥了较大的作用，这在传统熟人社会中是有效的，但是中国传统的"诚信"与法治的关系并不紧密，缺少法治要求。传统社会之中，遵守诚信是强烈的道义准则要求，而并不是法治的核心，也就是说，在中国传统社会，为人处事首先要"合情合理"，而并非"合法"。这与德国社会有很大的不同。应该说，传统熟人关系给予这种诚信守则以巨大的约束力，而当人与人的交往范围扩大以后，在陌生人交往关系中，这种缺乏契约关系和法律保障的诚信的约束力、约束范围则极为有限。在现代市场经济社会里，陌生人社会的偶发交往、非人格化交易及其边界无限扩展，而传统德性诚信的约束范围的有限性、约束力的脆弱性，都难以满足现代社会诚信建设的需要。社会诚信制度设计的好坏在很大程度上取决于这一制度能否成功地解决目前社会诚信建设中存在的主要问题，如果在制度构建中缺乏对这些问题的清醒认识，社会诚信制度建设就会失去针对性。

在我国的社会生活和经济活动中出现的一些守信者无优待、失信者无惩罚甚至获利的社会现实，导致了"诚信无用论"的扩散，表现为"诚信"没有成为人们社会生活的"通行证"和企业经营的"无形资本"，诚实守信对人们的社会生存和发展没有产生正向的利益相关性，社会没有形成"守信""用信"的社会环境。事实上，只有违法成本高于收益，才能产生威慑而达到法律目的，否则，就会产生客观上"鼓励"禁止行为而背离其法律本意的现象。应该说，曾经很长一段时间里，我国欺诈失信事件频发，一些现象屡禁不止，与我国对相关行为的法律规定不完善以及违法成本和风险较低不无关联。

邓小平曾指出，"制度好可以使坏人无法任意横行，制度不好可以使好人无法充分做好事，甚至会走向反面"[1]。诚信教育面临的问题不仅有社会成员行为主体的诚信道德观念和品德不足，更有制度本身存在一些不合理或失效等诱发的问题。不合理的制度安排会导致"上有政策、下有对策"的制度变通，产生"诱逼型"虚假欺骗行为，这种现象在德国特别是民主德国时期也经常发生。比如，一些规章制度未随社会经济发展而及时调整，在物价发生巨大变化的新形势下仍按照低物价时期制度的旧标准执行，结果导致人们"被动"弄虚作假行为通行；一些缺乏深入调查和全面论证的"拍脑袋"的文本式制度，因在实际工作中无法落实而诱逼操作人员造假欺骗；等等。

制度不合理会诱发非诚信行为，同样，制度失效也会诱发社会成员

----

[1] 《邓小平文选》第 2 卷，人民出版社，1994，第 333 页。

欺诈失信行为增多。欺诈失信是一种机会主义行径，它最易发生在利益奖罚制度失效的地方。"人的趋利性和自利性的有机结合，常会使人在利益欲望的追求和满足中具有牟利的投机倾向，以至于一旦说谎、欺骗、不履约等失信行为能够带来较大的利益或被人们预想为是谋求利益最大化的一种有效方式，就会诱发机会主义的行径。"[①] 如我们一直论述的那样，人们一旦从现实生活中经常"反观"到失信者未受到应有制裁反而获利的现象，就会产生认知的冲突。马克思指出，"人们为之奋斗的一切，都同他们的利益有关"[②]。由此我们能够得出这样的结论，利益对人们信守诚信的冲击极其巨大，再合理的理论认知型诚信教育相较于利益对人们的诱惑而言，都很容易败下阵来。可以说，"诚信无用"作为违法背德成本与收益博弈的一种扭曲，是滋生机会主义"选择性守信"的温床，是影响诚信教育成效的社会消解因素。

制度失效概括起来有三种情况：一是违法成本低导致制度不管用，即人们不怕失信的惩罚后果，如消费者权益保护法中存在的低赔偿、高诉讼成本问题[③]就会使许多消费者因诉讼成本高、得不偿失而自动放弃法律维权。消费者放弃法律维权，就意味着纵容不良企业的欺诈失信行为，致使不良企业更加肆无忌惮。二是违法不究。在现实生活中，许多虚假失信的投机钻营行为屡屡得手，未受到应有的法律制裁，从而产生消极辐射示范效应，诱发机会主义非诚信行为泛滥。三是存在执行难的"纸张法"。一些欺诈失信的案件，虽通过司法程序得到了法院公正的判决，但又因执行难而无法对失信者实施实质的惩处，如对假冒商品侵权行为的法院判决，名牌企业虽打赢了官司，但无法得到应有的经济赔偿。在某种意义上可以说，法律制度的失效助长了失信行为者的嚣张气

① 王淑芹：《失信何以可能的条件分析》，《首都师范大学学报（社会科学版）》2005 年第 3 期。

② 《马克思恩格斯全集》第 1 卷，人民出版社，1995，第 187 页。

③ 《中华人民共和国消费者权益保护法》第五十五条惩罚性赔偿责任规定：经营者提供商品或者服务有欺诈行为的，应当按照消费者的要求增加赔偿其受到的损失，增加赔偿的金额为消费者购买商品的价款或者接受服务的费用的三倍；增加赔偿的金额不足五百元的，为五百元。法律另有规定的，依照其规定。

焰。失信获利是义与利的背离，是社会不公的表现。法律制度的重要功能是对非法背德行为进行惩治而实现"矫正性公正"，而欺诈失信牟利的义、利背离现象恰是利益获取机制和惩罚机制失灵所致。

三　中德比较下的反思与诚信教育优化进路

中国社会的诚信价值观念经历了由传统到现代的发展变迁，传统诚信以"信义"和"义理"为基础，所展开的语境是熟人社会中内诚与外信的关系；而在现代社会中，诚信的原则表现为一种契约伦理，指向者是人、他人，所展开的语境是陌生人社会中契约平等的关系。"诚信"经历了从熟人社会信义伦理到陌生人社会契约伦理的发展过程。德国社会的诚信价值观念也同样经历了转变，所不同的是，德国人的诚信观念在早期便与契约观念紧密相连，这使其国家的诚信教育更依赖于法律制度的规约。在中德比较视角下对诚信教育面临的诸多问题进行反思，我们发现，诚信教育首先要把良好的社会成员道德素养塑造作为核心，在一个缺乏道德责任和信念的社会中，任何诚信教育最后只会流于形式。此外，诚信教育必须要与制度建设紧密结合，在道德教育发挥自律作用的同时，以制度的他律为其提供强有力的价值支持、环境支持和约束支持。

（一）社会成员的道德感培育是诚信教育的基础

马克斯·韦伯认为，现代社会中人们不再"相信存在着世界的'意义'这种东西"[①]。"意义"是人类自己建构的价值世界，是人类活动的动力源。"意义世界"是人类独有的，一旦失去"意义世界"的支撑，人类就会面临迷失方向而自行毁灭的危险。假若人们不相信世界上存在"意义"，是非、善恶价值标准就会出现混乱。价值世界混浊、思想混乱，社会秩序将无从保障。以"意义"为依归的道德价值标准一旦模糊不清

---

① 马克斯·韦伯：《学术与政治》，冯克利译，生活·读书·新知三联书店，2016，第33页。

或受到普遍怀疑，社会成员就会缺乏道德感，表现为人们做事根本就不想其是否合乎道德规范要求，不在乎道德评价的褒贬，没有道德欲望和道德荣辱感，奉行道德虚无主义；或者产生道德反叛，诋毁道德，讥讽、奚落美德，反对道德教育，否认高尚的道德人格；等等。

这里使用的"道德感"不同于情感主义伦理学"道德感"① 的概念。在我们看来，"道德感"不是人天生拥有的内在感官，而是人的道德观念、情感、经验、判断、直觉、信念的集合体。也就是说，"道德感"是人们在社会生活中，经过道德教育、体验、修养等而具有的道德观念、道德情感、道德判断、道德信念的统合体，它使人知善恶，赞赏道德的善行，鄙夷不道德的恶行，亲近、敬仰道德的人具有道德判断力，向往获得社会的褒扬和道德荣誉。相反，缺乏道德感的人做事往往缺乏道德意识（自觉或不自觉），不考虑我"该做什么或不该做什么"；在道德评价中，其道德判断力低下，对社会现象往往难以形成"道德看法"或者根本就不在乎道德评价；对良善美德不仅缺乏尊重，而且以嘲弄为荣。

无疑，社会成员一旦缺乏基本的道德感，善恶不分、荣辱不论，诚信教育就无法获得人们的认同。人们缺乏基本的道德观念和信念，对诚实守信难以形成道德向望和荣誉感，对虚假失信难以形成道德谴责和羞愧感，他们就不会自觉遵守和维护整个社会的诚信。不难想象，在这种社会环境中，诚信教育只会流于形式，而社会诚信相关制度则必然受到践踏。具有道德感的社会成员对于诚实守信与虚假失信的行为会有不同的态度和评价，对前者赞扬、对后者贬斥，趋善避恶；他们在为人处世中会有道德意识，要求自己待人诚实、讲信义，希望社会建立健全诚实

---

① 英国哲学家沙甫慈伯利（Shaftesbury）是情感主义伦理学的重要代表人物，他首先提出了"道德感"的概念。沙甫慈伯利认为，人与动物一样有感觉，但唯人具有美德，因为人天生具有一种能感悟道德善恶的"内在感官"——"道德感"（Moral Sense）。人的这种内在的道德感如同人的眼睛和耳朵等外部感官对美丑的直接辨明一样，能够直接感觉出情感合意与否的样态及行为善恶的性质。因此，人们对道德善恶的感知，不是凭借理性的机能，也不是经验归纳的结果，而是人的内在感官的直接感悟。

守信的利益获取机制和虚假失信的惩罚机制。一言以蔽之，社会成员具有道德感，会形成愿意接受、认同和践行诚信价值观的心理和社会氛围。一种价值观只有获得了其文化环境的支持，才能有效运行。因此可以说，诚信教育要行得通，需要具有正义感的道德个人以及人们在一定程度上拥有共同道德词汇①。

同时，社会成员一旦缺乏道德感，陷入道德价值虚无主义，诚信教育的正当性就会受到质疑。道德价值虚无主义是"否认一切人类社会道德价值的理论和态度"②。具体而言，它否认道德的客观存在，拒斥道德原则和标准对人的思想和行为的指导意义，动摇人们的道德信条。就像在沙滩上无法建楼房一样，诚信教育也无法在道德价值虚无主义盛行的环境中展开，因为它从根本上消解了诚信存在的客观性、诚信品行的价值和意义，动摇和肢解了诚信价值观的正当性和作用，把诚信的价值置于"无用之地"。这种"诚信无用论"与理论上的"道德价值虚无主义"的耦合，会对整个社会的诚信教育产生釜底抽薪的瓦解作用。毋庸置疑的是，"诚信无用"的现实无法在道德价值虚无主义框架下得到改变，因为道德价值虚无主义无意建设"守信""用信"的社会环境。

社会成员一旦缺乏道德感，出现背离主流道德价值观的道德反叛③现象，诚信教育就会受到威胁。当前，人们的价值取向多元化，社会成员拥有了更多的道德自由和宽容。恩格斯在《反杜林论》中曾指出，"如果不谈所谓自由意志、人的责任能力、必然和自由的关系等问题，

---

① 参见斯蒂芬·马塞多《自由主义美德：自由主义宪政中的公民身份、德性与社群》，马万利译，译林出版社，2010，导言第5~6页。

② 朱贻庭：《伦理学小辞典》，上海辞书出版社，2004，第19页。

③ 道德反叛简单地说就是那种不以道德为荣，反以违反、奚落道德为荣的一种反道德现象。道德反叛有三种形态：第一种是对传统的陈腐道德的反叛，具有道德革命的积极意义；第二种是对虚假道德的反叛，具有道德批判意义；第三种是对社会主流道德的反叛，具有道德消解性。如同前两种道德反叛的积极作用无须多论一样，第三种道德反叛的消极作用也同样自不待言。

就不能很好地议论道德和法的问题"①。对于当代社会出现的道德问题，我们应该坚持具体问题具体分析的原则，不能一概而论。一方面，伴随市场经济的发展，出现了美国学者桑德尔所说的"市场和市场价值观侵入了它们本不属于的那些生活领域"的"市场跨界的货币泛化"现象，"我们从'拥有一种市场经济'（having a market economy）最终滑入了'一个市场社会'（being a market society）"②。从拥有市场经济变为市场经济社会的结果是拜金主义、奢靡享乐主义、极端个人主义盛行，以及体现人超越动物的人独有的美德、精神品质的沦丧。简单的理解是，善德出现了滑落，遭受了冷遇；恶德在滋生，且未受到社会的强大抵制。另一方面，在现代社会中，一些人认为道德"无所谓"，甚至以奚落道德为荣、以敢于践踏道德为"时代先锋"。道德是一个社会中关于正当与不正当、正义与非正义、是与非、善与恶的价值观念、态度、信念，是人们应该普遍持有的一种道德见解和信念，决定着人们的价值取向和行为选择。一旦社会道德受到消解，道德信念迷失，不仅引领人精神追求的崇高性会失去感召力，而且约束人的恶劣性的规范要求也会失去规劝力。在一个无道德尊严和信念的社会中，要想让人们遵守诚信的道德原则要求是不可能的。也就是说，如若人们的道德价值观念混乱，是非不分、善恶不辨、美丑不论，诚信价值原则必会遭到践踏和破坏。毫无疑问，诚信教育不能在缺乏道德价值意向和活动导向的社会环境中展开。所以说，诚信教育需要社会成员道德感的支撑，就如同种子需要适宜的土壤发芽、生长一样，是理所当然的事。故而福山认为，"建立合作规范，往往有一个前提，即群体的成员先前已有一套共同遵守的规范"③。

---

① 《马克思恩格斯选集》第3卷，人民出版社，2012，第490页。
② 迈克尔·桑德尔：《金钱不能买什么——金钱与公正的正面交锋》，邓正来译，中信出版社，2012，引言XVIII。
③ 塞缪尔·亨廷顿、劳伦斯·哈里森：《文化的重要作用——价值观如何影响人类进步》，程克雄译，新华出版社，2002，第156页。

（二）发挥道德责任的重要价值

通过中德比较可以发现，责任意识在德国人诚信价值观念的生活践履中发挥着重要作用。从理论上说，社会成员践行价值观念一般有两种状态：一种是迫于价值观念要求的客观性而遵守；另一种是认同价值观念的正当性而自觉践履。前者"规范"人于外，后者"规范"人于内；一个是他律，一个是自律。诚信价值观念作为一种客观的社会价值，要超越外在性成为内化于人们心中的法则，需要道德主体①——每一个具体的个人——拥有基本的道德责任。

德国学者伦克（Hans Lenk）指出，所谓责任是一个多关系的结构性概念，是"某人／为了某事／在某一主管面前／根据某项标准／在某一行为范围内负责"②。可以说，"责任"是做人的根本准则，是道德的重要内核，"道德之所以是道德，全在于具有知道自己履行了义务这样一种意识"③。梁启超曾经说过，"人生于天地之间，各有责任"，"自放弃其责任则是自放弃其所以为人之具也。是故人也者，对于一家而有一家之责任，对于一国而有一国之责任，对于世界而有世界之责任。一家之人各各自放弃其责任，则家必落；一国之人各各自放弃其责任，则国必亡；全世界人人各各自放弃其责任，则世界必毁"④。

具体来说，道德责任的内涵需要在与法律责任、道德义务的比较中得到阐释。道德责任与法律责任相比，责任的限度以及责任实施的保障明显不同：法律责任更明确、具体，具有必行性；道德责任与道德义务相比，更强调人们对其所处社会结构中的社会地位和角色内蕴的使命以及对社会期待的自觉意识和主动担当。虽然道德责任有多重含义，但归

---

① 道德主体既有公民个体，也有人格化的各类集体，如社会组织、政府等。本书中的道德主体指的是公民个体。
② 伦克：《在科学与伦理之间》，美因河畔法兰克福，1992，第81~82页。转引自甘绍平《应用伦理学前沿问题研究》，江西人民出版社，2002，第120页。
③ 黑格尔：《精神现象学》下卷，贺麟、王玖兴译，商务印书馆，1979，第157页。
④ 梁启超：《呵旁观者文》，载《饮冰室合集》第一册《饮冰室文集之五》，中华书局，1989，第69页。

类起来，它有两方面的内容：一是社会成员对自己"所处关系要求"①应尽义务的分内之事具有自觉意识，内心认同且主动担当；二是社会成员主动承担未做好分内之事的后果，心甘情愿承担失责的处罚，不为自己的失责找理由，不推脱或推诿自己应负的责任。概言之，道德责任是主体意识到并认同社会结构内蕴的道义责任并自觉承担对过失的处罚。责任的正当性使主体乐意承担相应的义务，会把责任视为分内理应做的事，超越了社会义务要求的外在性、客体性，具有了自愿承担的主体自觉性。在现代性与后现代性②交织纠缠的当代，社会成员的道德责任意识和责任担当是诚信教育有效展开的关键。

在康德看来，"言而有信是维系人与人之间关系的一条普遍责任原则"③。责任是道德价值的基础，是人们共同的道德要求。换言之，道德就是自觉履行责任的自知行为，"人尽责并不是因为他生来就有道德，人变得有道德则是因为他尽责"④。事实上，道德教育的成效依赖于责任意识的养成，当个人内在具备道德责任意识时，道德教育中的道德要求和义务才不是外在的。因此可以说，责任是个体诚信道德品质的基础，它作为诚信从众心理向守信自觉转化的内在驱动力，有利于激发主体的自我道德判断能力，从而避免受到不良从众心理的影响。简言

---

① 如果说社会性是人的本质属性，那么，人的"类本质"及其在社会结构中所处地位、角色内蕴的各种要求就成为人们应做的"分内之事"。这种"分内之事"既包括公民对他人、家庭、集体、社会、自然的义务，也包括人对自身的义务。

② "现代性"是指启蒙时代以来"新的"世界体系生成的时代。世俗政治权力的确立和合法化、现代民族国家的建立、市场经济的形成和工业化过程、传统社会秩序的衰落和社会的分化与分工，以及宗教的衰微与世俗文化的兴起，这些现代化进程都是现代社会形成的深刻反映。作为一个历史分期概念，它标志着现代对传统的一种断裂，或者一个时代的当前性。后现代性通常指出现于现代性"之后"的人类社会之经济、文化的状态或情境，后现代性的特征包括全球化、消费主义、权威的瓦解以及知识的商品化，它解构文本、意义、表征和符号，反对连贯的、权威的、确定的解释，认为个人的经验、背景、意愿和喜好在知识、生活、文化上占优先地位。学界对现代性与后现代性的关系有两种基本看法：某些思想学派认为现代性结束于20世纪末，并由后现代性所取代；而其他学派则认为现代性一直延续至今，并囊括了后现代性所代表的发展内容。参见戴维·哈维《后现代的状况》，阎嘉译，商务印书馆，2003，总序第2~3页。

③ 康德：《道德形而上学原理》，苗力田译，上海人民出版社，2012，代序第9页。

④ 弗兰克·梯利：《伦理学导论》，何意译，广西师范大学出版社，2002，第219页。

之，道德责任促使人们把"应然"的责任和义务转化为主体内心的道德情感和道德信念，使社会成员即使在不良诚信心理文化的影响下，也由自己的内心责任支配自身进行自我监督、自我克制，减少失信的发生。

责任感是一种内心的信念，它具有强烈的个体自觉性，是人自觉自愿负责的道德情感。道德责任感是社会成员对分内之事的自觉意识，是其心中认同的当做之事。它驱动责任主体坚守信念、强化责任信仰、排除干扰以促成责任的达成，并为责任的实现而努力和奋斗。人们对自己所处社会结构关系应尽义务的自觉意识，是以人的"理性"和"个体化"为基础的。现代性对宗教价值体系的摇撼，目的是使人们行动的价值根据由外在的"神"转为自己的理性，用人的理性主宰人的生活、决定人的行为，即人的行为由被决定到自主决定。行为规范的权利和权威由上帝转向人的理性，可以说是人类挺立的标志，它表明人们行为的规范来自人类理性自身的立法，大家遵从的是自己制定的法则，去掉了规范的外在性。在抽象的意义上，人既是立法者又是守法者。人的理性不仅使自我规制的立法成为可能，也使自觉守法成为可能。人在社会关系中能够意识到自己的角色和地位的使命，因为人类"是有意识的存在物，就是说，他自己的生活对他来说是对象。仅仅由于这一点，他的活动才是自由的活动"①，而"自由的有意识的活动恰恰就是人的类特性"②。人的理性对"关系中的当然之责"的意识是人行为的内在驱动力。人们具有道德责任意识，就会体认到"诚信"作为社会关系的合理秩序的客观道德要求，是人们交往中的"天道"法则，从而从内心悦纳诚信的价值观念。

（三）家庭、学校、社会基础上的教育与管理相耦合

综合比较，在学校教育体系中，德国学校从小学、中学到大学都一以贯之地采用各种形式结合社会实践进行诚信教育，通过多维度的诚信教育，既让学生认识到了诚信在实际生活中的重要作用，又让他们切身

---

① 《马克思恩格斯全集》第 3 卷，人民出版社，2002，第 273 页。
② 《马克思恩格斯全集》第 3 卷，人民出版社，2002，第 273 页。

感受到了讲究诚信所带来的自我实现感和自我价值感，从而引导人们从内心深处自觉自愿地、为了自身的尊严和自我价值而恪守诚信。

与此同时，德国以家庭为主、学校一以贯之、社会集体参与的诚信教育模式同样值得我们思考。而前文所述更值得我们注意的是，德国的诚信教育与诚信制度、诚信管理是相辅相成的，通过诚信制度的建立和执行，通过有效的诚信管理，使人们能够切实地感受到讲究诚信在实际生活中所带来的便利以及自我价值感，同时也真实地感受到失信所要受到的惩罚，如此人们便能够更加信服地接受诚信教育。

反观中国，我国在形式上并不缺乏诚信教育，家庭、学校和社会也一直强调诚信，但其效果不够明显的原因之一就是诚信教育与诚信管理存在一定的脱节，人们所接受的诚信教育与现实生活中所感受到的并不完全一致，甚至相反。由于相应法律法规不够健全、奖惩机制不够完善，人们在社会生活中经常可以看到诚实守信之人吃亏，失信者反而能够获利，因此人们的内心不能真正接受和遵守诚信教育的规范要求。可见，诚信教育与社会整体信用体系的建立与完善密不可分。我们在建立与完善社会信用体系的同时，应注重对各个领域和行业人员以及全社会进行信用教育、诚信文化教育，将诚信和信用意识融入每个社会成员的工作及生活当中，既促进和完善社会信用体系的建立，又维护整个社会的信用。

同时，诚信教育还要结合特定的社会文化心理而进行。我国的诚信教育一方面需要认识和适应我国社会对于熟人社会的依赖感和信任感，另一方面则要强调市场经济对于规则的尊重和恪守并强化契约精神，这样才能使全社会更多地依赖社会信用信息系统，并遵守社会诚信制度，从而形成一种良性循环。

此外，我们目前的诚信教育更多的是停留在规范论的意义上来理解诚信，在道德规范的层面教导人们应当诚实守信，少有从道义论的角度来教导人们理解诚信并践行诚信，因此缺少更高的价值和意义上的引领和追求，不能从根本上教导人们从义理的角度为了诚信本身而践行诚信行为，这也是我国诚信教育需要注意调整的方向和问题。

第九章　中德比较视阈下我国诚信教育的原则

对比中国和德国教育的异同，我们能够从中找到很多可以结合以及互补的思路，这些思路为我国进一步推进诚信教育、提高教育实效、加强社会信任建设具有重要的现实意义。应该说德国社会在长期的积淀、发展和实践考验下，形成了有自己特点的诚信教育思路，其中一些行之有效，但也有一些存在这样或那样的问题，特别是在实际应用之中，我们需要对其进行认真的审思。如前文所述，德国的各种法律结合在一起能够较为有效地规制和约束整个社会的信用行为，但这极大地依赖于德国其他方面法律制度体系的完善与成熟，从而使得社会信用制度本身显得有些欠缺和不够高效。所以从根本上说，德国的诚信教育仍然没能实现其价值目标的要求。对于今天的中国而言，我们必须立足根本、坚持守正创新，继续挖掘我国特色的诚信文化传统资源，改进和优化我们的诚信教育，塑造和培育符合现代特征的诚信氛围，结合借鉴一些制度化建设的思路形成更深层次的软约束，把硬规与软规相结合作为我国诚信教育的特色。

一　诚信认知教育与诚信行为养成相同步

从根本上说，知与行是诚信教育之中两个最为核心的要素，诚信教育既要教育对象达成"知"，又要在"知"的基础上"行"。诚如张岱年所言："道德虽已成为一个名词，但是仍包含两层意义，一层意义是行为的准则，一层意义是这准则在实际行为上的体现。一个有道德的人，必须理解行为所遵循的准则，这是'知'的方面；更必须在生活上遵循这准则而行动，这是'行'的方面。必须具备两个方面，才可称为有道德的人。"① 诚信教育承担着教育社会成员"知"的责任。但是，诚信教育中的"知"不应仅仅停留在知识的晓知层面，还应具有更为深刻的内涵。苏格拉底认为"知识即美德"，人"犯错误的原因就是缺乏知识"②，在他看来，知行是统一的，"不行"是因为"不知"。而亚里士多德却以反问的语气提出"一个行为上不能自制的人在何种意义上有正确的判断"③ 的疑问，他认为，知识并不一定转化为德性，"需要一些其他因素才能按照知识而行动"④，人"如果不讲礼法、违背正义"，"就堕落为最恶劣的动物"⑤。也就是说，在道德认知转化为道德行为的过程中，有"礼法"等"其他因素"在发挥作用，这一观点契合了他关于人性的论述。孔子主张，"知"应包含"知德""知仁""知礼""知道"。在他看来，"知"的教育是集合了道德知识和社会规则的统一整体，以促成"知而行"的实现。也就是说，诚信观念是社会对主导价值的需要和追求，诚信的知识是这种需要和追求的具体体现，社会成员在习得诚信道德知识的同时，更应明确支撑其存在的价值规范，唯有如此，诚信知识的学习才不再是单调且生硬的知识学习，而是富有价值光辉和魅力，使得社会成员既在知识层面得到认知，又在价值层面予以认同。因此可以说，塑造人的诚信德性，实现知行转化是诚信教育的根本使命。

按照品德养成理论的分析，人的品德的形成得益于后天良好的道德

① 张岱年：《中国伦理思想研究》，江苏教育出版社，2005，第 20 页。
② 柏拉图：《普罗泰戈拉篇》，载《柏拉图全集》第 1 卷，王晓朝译，人民出版社，2002，第 483 页。
③ 亚里士多德：《尼各马可伦理学》，廖申白译注，商务印书馆，2003，第 193~194 页。
④ 亚里士多德：《论灵魂》，载《亚里士多德全集》第 3 卷，苗力田译，中国人民大学出版社，1992，第 86 页。
⑤ 亚里士多德：《政治学》，吴寿彭译，商务印书馆，1997，第 9 页。

教化和制度的约束。对此，品德养成理论有认知派和行为派之分。认知派强调道德动机在道德品德形成中的作用，认为道德品德的发展与人的认知活动及其发展水平密切关联，道德品德的形成取决于人们的道德动机、道德判断和道德知识，因此社会应当根据人的认知活动及其发展规律去培养人们的道德品德；行为派强调道德行为方式的训练，认为道德行为是通过学习形成的，并通过学习而改变，环境和社会文化是道德行为的条件，因此社会可以通过提供良好的榜样、设计深入伦理价值的制度来强化人的行为类型，并促进人们良好道德行为的形成和发展。品德养成理论的两个学派虽然割裂了道德认知与道德行为的统一性，但我们可以从中看出，社会成员诚信品质的培养既离不开制度对行为的约束，也离不开思想道德的认知教育。

从理想模式上而言，由诚信认知调控诚信行为是诚信教育的最优化模式，诚信认知驱动力的提升势必会减少诚信知行系统在实际运行中对利益和情境的依赖，使个体的诚信行为跳出利益和情境的藩篱。然而，并非所有人都可以达到这种诚信认知标准，同时，诚信认知主导诚信行为的逻辑并不足以证明诚信知行转化的必然过程。实际上，道德不是自因，道德需要不像饮食那样是人的一种天然需要，它是人的一种后天的经历培育的社会性需要。对教育对象产生影响的道德教育活动不单是道德的认知教育，也包括周围人的"行动道德"。美国社会心理学家班杜拉的"社会学习理论"、美国政治学家威尔逊和犯罪学家凯琳提出的"破窗理论"都对此给予了明证。它表明，"道德思想"和"道德行为"是双向的互动关系，而不是单向的影响，我们过去惯常的道德思维方式是通过对社会成员"道德思想"的改造来改变其"行为"，基本上忽视了"道德行动"对"道德思想"的反作用，以至于我们的道德教育常是"思想"道德教育，以为解决了人们的"道德认识"问题就解决了人们的道德行动问题，结果出现了大量的知行背离现象。

因此，对待诚信教育中的知行问题，采用内在驱动与外在约束相结合的模式，通过道德规范和法律制度共同作用，将有利于提升社会诚信教育的有效性，推动诚信知行冲突的和解。具体来说，诚信教育可以尝试采取行知一体的同步教育方式，即在行为诱导的同时进行认知的教育，简单来说就是在实践中养成诚信认知。实践是诚信教育的一个重要根基，诚信应当在具体实践的体验中加以教育。"哲学意义上的体验不同于寻常认识论意义的经验、经历和经受，而在本体论上意指个体生命对与其人生意义和价值相关的生存论事件的深切领悟。体验不是一种认识论方式，而是一种实践活动；体验不是粗鄙的体会，更不是一时的意气用事，而是指对生命意义和生存价值的直接觉察。"① 此外，知性德育存在着与生活疏离的困境，超越这一困境的首要方式便是行知一体的同步教育。对于行知一体的同步诚信教育，在理论构想上，在实践中展开的诚信教育应以生活世界为坚实依托，其主题和素材要来源于生活；另外，其过程要与生活过程相一致。应注重诚信实践的整体性、社会性、真实性、有效性。② 正如陶行知所言："没有生活做中心的教育是死教育。没有生活做中心的学校是死学校。没有生活做中心的书本是死书本。"③

二 "以文化人"与"以法律人"相融通

文以载道、文以传情、文以植德，文化对价值观的培育和塑造具有不可替代的重要作用。按照马克思主义的观点，文化虽然是在人类社会实践中由人创造出来的，但对于每一个具体的、现实的人来说，文化却具有无可置疑的先在性。先在的文化潜移默化地影响着社会成员的心理倾向，从某种意义而言，这种潜移默化的影响是"强加的"④、不以个人意志为转移的。

---

① 高伟：《体验：教育哲学新的生长点》，《湖南师范大学教育科学学报》2003 年第 4 期。
② 高德胜：《知性德育及其超越——现代德育困境研究》，教育科学出版社，2003，第 178~189 页。
③ 胡晓风、金成林等编《陶行知教育文集》，四川教育出版社，2005，第 390 页。
④ 《不列颠百科全书》（国际中文版）（5），中国大百科全书出版社，1999，第 53 页。

中国传统文化极其重视"以文化人"的重要作用，具体到诚信教育中，即重视发挥诚信文化对人的思想意识的潜移默化的影响，促成其对诚信行为的自觉选择。可以说，诚信文化的"以文化人""许多时候是指一种文化精神在人们的潜意识或者集体无意识中得到保存"①，它对人的思想意识的塑造具有深远和持久的意义。

相对比而言，德国在诚信教育实践中更注重"以法律人"，即以制度约束人的行为，倡导诚信和避免失信。其整个社会诚信建设更多的是建设一套制度体系，包括征信制度、信用管理规章等广泛的信用规定及其联合惩罚机制等。

"以文化人"与"以法律人"具有逻辑上的互动性。"以文化人"为"以法律人"夯实思想基础，并通过"以文化人"大大降低"以法律人"的运行成本；"以法律人"为"以文化人"提供保障，在"以文化人"缓慢的进程中保证社会成员的行为正确。二者统一于现实的人的价值观塑造。如美国学者罗斯科·庞德（Roscoe Pound）指出的那样，"社会控制的主要手段是道德、宗教和法律。在开始有法律时，这些东西是没有什么区别的"②。"以文化人"与"以法律人"理念的融通，就是要重视诚信文化的"润物细无声"的熏染性、信用制度的明确规范性与外在惩治性的同频共振，从而实现精神与制度的协同发力。

在诚信教育中坚持"以文化人"与"以法律人"相融通的理念，要注重价值认同与制度实体的融合。诚信价值观居于诚信文化的核心地位。在改革开放初期，社会建设的主要任务是发展经济，"以经济建设为中心"获得广泛认同，物质文化在我国社会"以文化人"的过程中占据了主导，精神文化、制度文化的成效则不显著。这种"文化的失调"在初期强化了社会成员的感官欲望，混沌了人们的价值观念。改革开放初期的社会生活为经历了物质发展贫乏时代的人们提供了追求物质利益的巨大空间，"拜金主义"寻得可乘之机，以至于社会上的一些

---

① 陈华文：《文化学概论》，上海文艺出版社，2001，第 225 页。
② 罗斯科·庞德：《通过法律的社会控制》，沈宗灵译，商务印书馆，2011，第 11 页。

人陷入了"人对物"的依附关系中。制度文化的羸弱与其相呼应，造成一部分社会成员对制度的淡然、漠视甚至越轨，他们忽略了制度的公共理性及其强制性，致使"以法律人"受到挑战。虽然说社会成员意识中程序正义的理念来源于司法的公正，然而在当前我国严格的司法程序下，一部分社会成员对我国法律制度的认识仍然存在偏差。有些人认为，在社会信用制度执行的过程中，有"幕后操作"的存在；此外，还有部分人群法治信念薄弱，处于摇摆状态，易受社会谣言等信息的干扰，进而对制度的程序正义性产生怀疑。这些对社会制度的程序正义性持否定或怀疑观点的群体易于在生活中产生机会主义思想与行径，使社会成员遵守诚信制度的法律意志被严重干扰和消解。我们必须看到，当前社会诚信维护的主要机制已由内在道德转向由内在道德与外在制度相结合，制度文化俨然成了当前诚信教育"以文化人"过程中的重要一环，更是社会信用体系的基石之一。日本学者川岛武宜认为："法秩序没有法主体者积极自觉地遵守法、维护法的话，法秩序是得不到维持的。"① 从演进上说，道德原则和道德规范经过一步步物化，构成了以道德知识为核心的规则系统，这一系统涵盖了规章、条例等内容，形成了一整套关于道德经验等道德知识的、稳定组合在一起的"价值标准、规范、地位、角色和群体"②，也就是制度文化。它"提供了一种固定的思想和行动范型，提出了解决反复出现的问题和满足社会生活需要的方法"③。制度文化的核心在于理性和秩序的观念，它强调责任感和义务感，主张保证社会成员在享有权益的同时必须要承担道德责任。美国学者伯尔曼（Harold J. Berman）在探讨法律与宗教的关系时提出，"法律必须被信仰，否则它将形同虚设"④。诚信教育中的"以文化人"要夯实人们对社会信用体系相关制度实体的认同，树立其权威性，保证制度实体"以法律人"能够行之有效。在这里，以道德舆论样态存在的

---

① 川岛武宜：《现代化与法》，申政武等译，中国政法大学出版社，1994，第19页。

② 伊恩·罗伯逊：《社会学》，黄育馥译，商务印书馆，1990，第109页。

③ 伊恩·罗伯逊：《社会学》，黄育馥译，商务印书馆，1990，第109页。

④ 伯尔曼：《法律与宗教》，梁治平译，商务印书馆，2012，第7页。

诚信文化产生的规范压力虽没有法律效力，却具备任何人都不敢视而不见的气场。也就是说，通过诚信文化，唤醒人们对社会信用体系相关实体制度理性的由衷认同，让社会信用体系相关的实体制度内化为个体的法律理性，产生使人们自觉维护和遵守实体制度的强大驱动力。

坚持"以文化人"与"以法律人"相融通的理念，需要保持诚信文化价值指向与人们的社会生活实践相一致。"以文化人"面临的最大难题是社会主流文化观念与社会生活实际出现的偏差或冲突，亦即理论与实践相脱节的"两张皮"问题。主流社会文化导向与社会实际脱离，一般表现为"说的是一套而实际情况却不尽然，有时甚至完全相背"。从当前情况来看，社会各种失信获利危象的存在，不仅造成了诚信文化价值指向与社会信用实践的偏离，而且泛化了道德相对主义，模糊了个体的道德评价标准，使其失去界限和确定性，并导致诚信文化乏力，"以文化人"的困境频现。在社会学理论上，有学者认为，面对社会的转型，社会成员越来越倾向于根据自己的价值体系做出选择和行动。[①]但是，这并不是说诚信文化价值指向要迎合人们的社会生活实际。我们必须明确，诚信文化与人的诚信品德的形成具有互动性。换言之，对个体而言，先在的诚信文化在向个体传递着道德信息的同时，也受到个体的观念的影响，并将其融入诚信文化之中，构成社会文化系统与社会个体之间的一种互动和循环。据此，诚信文化压力与社会失信现象的产生呈现负相关关系：如若诚信文化对社会失信现象产生较大压力，则会降低失信行为发生的概率；如若诚信文化"疲软"或"缺场"，则失信行为就有较大的发生可能，并进一步弱化诚信文化。此时，"以法律人"就显得尤为重要。英国哲学家培根（Francis Bacon）指出："一次不公的判断比多次不平的举动为祸犹烈。因为这些不平的举动不过弄脏了水流，而不公的判断则把水源败坏了。"[②] 缺乏权威性和执行力的制度仿佛虚无的空中楼阁，虽然体系完整，却丧失了根基，最终会导致坍塌，

---

① 宋林飞：《西方社会学理论》，南京大学出版社，2000，第90~91页。
② 弗·培根：《培根论说文集》，水天同译，商务印书馆，1983，第193页。

制度对社会成员的规范和价值导向作用更无从谈起。可见，诚信教育需要在"以文化人"与"以法律人"理念上进行融通，进而使社会诚信文化价值观与人们的社会生活实践相一致。也就是说，社会诚信文化倡导的诚实守信为荣、背信弃义为耻的诚信价值观能在制度的保障下在现实生活中得到真实的体现，文化与制度的赏罚褒贬相一致，使其相得益彰。唯有如此，诚信文化与人们的社会生活实践才能较好地重合，在全社会形成赏罚及时、善恶标准明确、积极向善的文化氛围，从而抑制失信投机心理在社会上的蔓延，诚实守信成为社会成员普遍的道德需要，社会成员的诚信道德信念得到正强化。

三　诚信价值观念培育与法律法规建设相结合

社会成员具有良好的诚信品德以及社会形成诚实守信的道德风尚是诚信社会的重要表征。人的良好品行的形成，有赖于人的观念系统的内在规范力与社会惩罚系统的外在约束力的共同规制。

正确的诚信价值观念是人的良好诚信品行形成的前提与基础。这个判断在学理上可以从两方面进行分析与论证：一是它源于人的思想对行为的支配性。人的活动不同于动物刺激反应的本能适应性活动，而是在一定意识与思想支配下的自觉的活动，因为人所具有的理性、意识与思想，决定了人的活动具有目的性、主体性特征。所以，有意识的自由活动是人类有别于动物的本质特征。人活动的意识性和目的性，无不表明人的思想观念对其行为具有支配性与规导性，由此可以推导出另一个基本判断：人的正确思想与正确行为之间具有恒常的因果关系，反之亦然，人的正确行为需要正确思想的指导（排除好心办坏事和歪打正着的行为类型）。显然，提高社会成员的思想认识、培育其正确的价值理念是促进人们良好品行形成的前提。同理，唯有社会成员具有诚信的理念，才会有诚实守信的良好品行。二是它源于人的社会诚信意识形成的后天性。诚实信用道德原则与要求是人类自我立法的产物。人类的自我立法是"类"的主体性表现。它表明，人类具有反映世间万物规律与社会利益关系的能力，并能够根据事理与利益关系合理秩序需要凝练规范。事实上，人类的这种"自我立法"能力是在"类"的价值建构意义上说的，但在人类个体立法的意义上，能够根据社会发展规律与秩序要求为社会制定规则的社会成员只是社会上的少数先进分子，大部分社会成员则是社会规则的接受者。具体来说，社会上大多数人的"自我立法"不是直接制定社会规则，而往往是对其所生活的环境中已存在的价值原则与规范的选择、接受与内化，进而建构个人的思想价值体系。社会成员规则意识的这种非自因性，意味着人们的社会价值原则与规范意识产生的外源性和非天然性，从而预制了人的社会化的必要性和必然性。它表明，社会个体需要"经过一定方式的社会学习，接受社会教化，将社会目标、价值观、规范和行为方式等转化为其自身稳定的人格特质和行为反应模式"[1] 后，"才能转变成一名能适应一定的社会文化、有效地参与社会生活、为社会所接受的成员"[2]。无疑，人们的诚信理念不是天生就有的，而是社会教化的结果。因此，信任社会建设的重要内容之一，就是积极培育人们的诚信价值观念。

综上，社会诚信建设离不开对社会成员诚信理念的培育，但需要注意的是，不能把对人的诚信理念的培育单纯地理解为理论认知性的说理教育。不可否认，诚信认知性教育的确具有促进社会个体接受与认同诚信价值观的作用，也具有转化一部分社会成员认知偏差的作用，但富有成效的诚信价值观念的培育，除说理性教育外，还需要外在条件的支持，因为社会诚信环境的好坏会成为激励或消解人们诚信信念与行为的动力。换言之，社会对虚假失信行为的惩治及其力度所形成的诚信氛围会影响社会成员对诚信的态度与行为选择。美国政治学家威尔逊和犯罪学家凯琳提出的"破窗理论"[3] 表明，一旦社会对违法背德的行径未能

---

① 周晓虹：《现代社会心理学》，上海人民出版社，1997，第 125 页。
② 《社会心理学：多维视野中的社会行为研究》，南开大学出版社，2008，第 41 页。
③ 如果有人打破了一个建筑物的窗户玻璃，而这扇窗户又得不到及时的维修，别人就可能受到某些暗示性的纵容去打烂更多的窗户玻璃。

给予及时制止和应有的惩治，这种失德行为就会诱发他人模仿，产生消极示范效应。显然，诚信理念的培育不能只局限在理论认知层面，而是需要理论认知教育与社会环境因素的相互作用。关于人的观念、心理、品行与环境的关系，心理学的相关理论已揭示了环境对人的心理与行为所具有的普遍制约性。美国心理学家 K. 勒温借用物理学的场论理论，提出了个体行为的心理动力场或称生活空间学说。他认为，人的心理和行为是与环境密切相关的，它们是一个不可分割的整体，因为人的任何心理与行为活动都是在一定生活空间中各种相互依存事实的整体形成的动力场驱动的结果。由此，他提出了人类行为公式，即 $B = F(P \times E)$，即人的行为（behavior）是人（person）及其所处环境（environment）的函数（function）。他认为人的行为是个体与其生活环境互动影响的结果，所以人的行为（包括心理活动）会随其本身与所处环境条件的变化而改变。这意味着人们生活环境的价值生态、风气、社会上的善恶赏罚等事件都会影响人们的心理倾向与行为选择。毋庸置疑，诚信理念的有效培育需要诚信社会生态环境的支持。

社会生活实践表明，社会的赏罚机制是影响人们外驱性动机形成的重要刺激因素，因为它能够强化或消退人们的某种行为。换言之，人作为目的活动的意识主体，在行为选择中，既会按照自己的价值观念指导行为，也会考虑行为后果的利害关系，会基于自己目标实现概率的高低以及行为后果的利弊不断地调适自己的行为方式，以选择对自己效用最高的行为类型。也就是说，行为的稳定预期以及行为后果的利害趋向是影响人们行为决策的重要因素。[①] 进而言之，良好道德行为的形成不仅取决于行为主体对其价值合理性的认同，而且与行为恒常后果对行为主体的利益损益密切相关。这表明，在现代市场经济环境下，要想促使社会成员普遍拥有诚信道德品行，需要政府加强信用监管，严厉打击虚假失信行为，使诚实守信者得到社会褒奖、实现以义谋利的道德逻辑，进

---

① 王淑芹：《论公民道德建设的外在机制》，《道德与文明》2008 年第 1 期。

而促进社会成员趋利避害、择善而为。

四 诚信道德褒贬与信用信息管理相协调

对社会成员的道德教化，除了理论认知性教育，还有道德评价所传递的价值信息及其所形成的道德舆论场。道德评价作为一项重要的道德活动，是一定的社会个体或群体依据一定社会、国家、民族、集体的道德标准，通过社会舆论、大众传媒和风俗习惯等手段，对个人或人格化集体道德行为的善恶性质所表达的肯定或否定、赞誉或贬斥的态度。对于合乎道德原则与规范的行为，人们通过赞誉、赞赏、称颂等肯定性态度鼓励道德的行为和品质；通过斥责、贬斥、鞭挞等否定性态度谴责不道德的行为和品质。道德评价所形成的道德褒贬在判明人们行为的善恶性质、确认行为主体道德责任的同时，也向社会传递着道德价值信息，对个人或集体的行为具有明确的道德指向性，进而有助于人们道德判断能力和道德选择能力的提高。在某种意义上也可以说，道德褒贬是一种社会舆论压力与导向。"舆论是公众关于现实社会以及社会中的各种现象、问题所表达的信念、态度、意见和情绪表现的总和，具有相对的一致性、强烈程度和持续性，对社会发展及有关事态的进程产生影响。"①无疑，道德褒贬作为一种明确的舆论指向，对社会成员道德认知与品行的养成具有规约效应，即社会舆论对社会道德价值观的倡导具有重要的促进作用。

诚实信用是社会成员进行道德评价所依据的重要道德标准。人们对于诚实守信与虚假失信的评价所形成的道德褒贬态度及其舆论倾向是社会成员感受、理解诚信道德的重要途径。由于道德褒贬是一种弱强制力，它对于那些缺乏一定道德素养的社会成员来说具有"软弱性"，因此，道德褒贬须与社会的赏罚机制协调起来：对道德上倡导的、道德舆论所

---

① 陈力丹：《舆论学：舆论导向研究》，上海交通大学出版社，2012，第33页。

"褒"的行为类型，社会要给予奖励；对那些道德舆论所"贬"的行为类型，社会要给予经济的、行政的、法律的惩罚。道德褒贬的价值倾向一旦获得社会环境的支持，道德褒贬传递的价值信息就易于为人们接受与认同。显然，要构筑诚信道德屏障，除了要发挥好道德舆论褒贬的作用，还要发挥好政府信用监管所形成的社会赏罚机制的作用，使道德褒贬所形成的舆论压力和导向与诚信的奖罚机制相互呼应、相互支撑。

信用信息公示、曝光与诚信道德褒贬同向共振，能够强化社会成员的诚信信念。为保证信用市场秩序，政府往往要通过法律、行政等措施对信用主体的行为进行监督与指导。积极推进信用信息公示是政府信用监管的重要方式。虚假失信蔓延的诱因之一是信用信息的非对称性。为了避免出现信用信息"孤岛"现象，降低信用风险，政府在大力推进行政许可的同时，也要求行政处罚等信用信息公示。政府主动公开公示行政许可和行政处罚等信用信息，无不促进了透明政府的建设，这不仅是责任政府的内在要求和打造公信政府的重要举措，而且是加强对市场主体信用监管的重要方式。《国务院办公厅关于运用大数据加强对市场主体服务和监管的若干意见》（国办发〔2015〕51号）首次在全国范围内明确要求行政许可和行政处罚等信息自作出决定之日7个工作日内要上网公开（简称"双公示"工作）。行政处罚信息的及时公示，不仅警示违规经营企业要诚实守信、不要投机钻营，也提醒了其他市场主体要提防那些受到行政处罚的企业，避免信用风险。显然，行政处罚信息的及时公示就是市场主体的"紧箍咒"，在很大程度上强化了市场主体守法经营的意识。

行政处罚等信用信息的公示以及人民法院通过司法程序认定的被执行人失信信息的曝光与社会诚信褒贬协同共振，能够促进信用信息的交流与传播。信用信息的公示与曝光，不仅能提示、警示社会成员及其组织对失信者进行防范，减少或避免与失信者交往、产生生意往来，还在很大程度上影响了失信者对社会资源的有效配置，从而缩小他们的生活空间，打击他们的社会生存力与发展力。另外，社会所形成的失信可耻的文化氛围，也会使失信者内心产生羞愧、丢脸等自责心理。抬不起头的道德虚弱感在某种程度上甚至比经济处罚更能搅动他们的心绪、触动他们的灵魂，进而促使他们痛改前非、珍惜信誉、遵守诚信规则。与此相应，失信可耻的文化氛围对其他社会成员也同样具有警醒作用。社会成员对诚信的认知在很大程度上依赖于他们的生活经验与感受。在褒扬守信、鄙视和排斥失信的诚信文化氛围里，社会成员身临其境的道德体验会使人们在明辨是非、善恶的同时深刻领会诚信的价值与意义，坚定诚信道德信念。相反，如若信用信息未被公示与曝光，社会没有形成对诚信者褒奖与对失信者谴责的社会氛围，社会成员在实际生活中感受不到诚信的价值与力量，诚信道德教育就会流于形式、变得空洞。毋庸置疑，诚信的道德褒贬唯有与不良信用信息的公开与传播、对失信者实施的社会性的持久惩治相结合，才会更加具有鞭策力。

诚信道德褒贬与信用信息共享所形成的联合奖罚机制相结合，会产生"虚实共振"的诚信力量。知行合一是人的观念与行为应然逻辑的体现，但在现实生活中，知行合一的应然逻辑转化为实然逻辑常常需要多种条件的支持，一旦某一环节出现问题，就会出现知行不一的现象。在诚信道德问题上，社会成员的"知行分离"现象较为突出。人们从小就接受诚信道德教育，所以在认知层面，人们对诚实信用的道德认识是并不匮乏的。但在现实生活中，却存在许多社会成员有诚信道德知识却违背诚信道德的现象。社会成员诚信知行分离不仅有诚信道德褒贬舆论压力不够的原因，而且与社会生活中存在的"诚信无用论"现实相关。一方面，社会如若缺乏诚信的利益奖罚机制，诚信的道德褒贬舆论场就难以形成强大的舆论压力，一些人不在乎他人诚信道德评价的褒贬态度以及社会舆论的谴责，不以失信为耻，只以获利为荣；另一方面，社会如若仅有诚信的奖罚机制，但缺乏诚信褒贬的道德舆论氛围，那么社会成员在失信时虽然会受到惩处而失利，但他们往往不以失信为耻，一旦有利可图，仍会选择失信并投机牟利。可见，唯有诚信的道德褒贬与诚信奖罚机制有机结合，才能形成对社会成员的内外钳制。

信用信息共享所形成的联合奖罚机制为诚信道德褒贬提供了坚实的社会基础。诚信奖罚机制既可以由法律制度构成，也可以由信用信息的共享与传播形成。前者通过法律对失信者实施直接惩处，后者运用信用信息的共享所形成的信用记录及其在社会中的广泛使用构成对守信与失信的筛选、甄别以及对守信奖励与失信惩罚的机制。有鉴于此，国务院印发的《社会信用体系建设规划纲要（2014－2020年）》特别强调要在社会中广泛推进信用信息的交换与共享。"逐步推进政务信用信息的交换与共享。……依法推进政务信用信息系统与征信系统间的信息交换与共享。发挥市场激励机制的作用，鼓励社会征信机构加强对已公开政务信用信息和非政务信用信息的整合，建立面向不同对象的征信服务产品体系，满足社会多层次、多样化和专业化的征信服务需求。"① 面对信用主体因地域性、行业性所导致的信用信息的分散性，为了消除各部门之间、不同地区与行业之间的信用信息"壁垒""孤岛"现象，在统一社会信用代码、信用标准等基础上，政府需积极推动打通各部门、各地区、各行业之间的信用信息系统，实现数据联通、交换及共享，使相关信用主体能够实现多部门、跨地区、跨领域的不同信用信息的及时联享和信用联评，使信用记录全面、客观，使社会各类主体的信用状况可查可核，使不良信用信息透明且广为传播。目前，由国家发改委联合多部门创建的全国信用信息共享平台不仅是全国公共信用信息归集共享的"总枢纽"，而且是构建信用联合激励和惩戒机制的重要保障。平台在汇集信用信息的基础上，会将那些可公开的信息推送至"信用中国"门户网站②，以便向社会公众公开，方便查询。对企业、自然人、社会

① 《社会信用体系建设规划纲要（2014－2020年）》，http://www.gov.cn/zhengce/content/2014-06/27/content_8913.htm。

② "信用中国"网站（2015年6月1日上线）由国家发展改革委、人民银行指导，国家信息中心主办，是社会信用体系建设部际联席会议推动信用宣传和政策发布的门户网站，是有关部门、地方依法依规公开发布信用信息的重要平台，对推动各省级信用门户网站互联互通，归集发布各地区、各部门可向社会公开的信用信息具有重要意义。网站向社会公众提供"一站式"查询服务，日益成为社会信用体系建设领域沟通社情民意、推进信用信息公开的"总窗口"。

组织信用信息的归集、共享、传播，在本质上是对个人声誉、企业信誉利益递增、递减作用机制的有效运用。声誉、信誉是信用主体过去行为的一贯表现的累积信息，一旦声誉信息在各个利益相关者之间不断传播、扩散，形成声誉信息流，"信誉"就会产生溢出效应，表现为交易方、第三方乃至公众对守信者的青睐与奖励，以及对失信者的排斥与谴责。具体而言，只有在政府行政管理、市场监管和各类公共服务中广泛使用信用记录和信用报告，使信用信息在共享的基础上广泛传播，使不良信用信息无法藏匿，使失信者在社会中受到普遍排斥、守信者获得更多发展机会，真正实现守信联奖、失信联惩，人们在社会生活中才会深切感受到守信者处处受益、失信者处处受限。唯有如此，诚信的道德褒贬所形成的舆论压力才能有效地发挥出价值导向的作用。

五　失信问题治理与诚信价值纠偏相互补

《中央文明委关于推进诚信建设制度化的意见》中指出，我国"诚信建设取得积极进展"，但"同时也要看到，诚信建设与人民群众期望还有差距，与社会经济发展水平还不相适应，覆盖全社会的征信系统尚未形成，社会诚信意识和信用水平整体偏低，商业欺诈、合同违法、制假售假、偷排污染物、偷逃骗税、学术不端等不良现象时有发生，诚信缺失仍然是经济社会发展中一个突出问题"①。事实上，社会诚信严重缺失的破坏力已不仅仅是产生大量无效资本、扰乱市场经济秩序的经济问题，在很大程度上，更是消解人们的基本道德信念、破坏社会信任关系的心灵问题。所以，如何使民众对社会诚信充满信心并具有诚信信念是社会诚信建设的当务之急。

当代社会的诚信建设既不是单纯的道德教育问题，也不是单纯的法律惩罚问题，而是道德、法律、管理、平台等多种要素协同共治的问

---

① 《中央文明委关于推进诚信建设制度化的意见》，《人民日报》2014 年 8 月 2 日。

题。对于社会诚信缺失的治理，不能"眉毛胡子一把抓"，要坚持两点论与重点论相结合的原则，既要全面把握社会诚信问题，又要善于抓住诚信问题的重点，不能平均用力、不分主次。所以，富有成效的社会诚信建设，需要"坚持问题导向、集中治理……力求在治理重点领域、解决突出问题上求突破，在激励守信、惩戒失信上见实效，使全社会诚信意识普遍增强，诚信风尚日益形成，诚信社会愈益健全"①。

对于诚信道德的缺失问题，人们虽然可以通过社会观察、生活感受等进行把握，如经济生活中存在的履约践诺概率偏低、食品和药品安全问题、制假售假、偷逃骗税等，但对诚信缺失的重点领域和重点人群的精准把握则需要对各类信用主体的信用信息进行归类与筛选才能确定。因此，对诚信缺失重点领域与人群的治理，除道德教育外，还需要发挥政府信用监管的作用。众所周知，企业的逐利性与非诚信行为常常相伴而生。为遏制企业的非诚信行为，传统的做法是开展特定行业和职业的诚信道德教育，以提高企业管理层及其员工的诚信道德认识和觉悟。这种做法在当代陌生人社会往往难以奏效，因为在巨大的利益面前，虚假失信一旦成为牟利的捷径与方式，道德教育就会疲软，难以形成内在约束力。"资本只有一种生活本能，这就是增殖自身，创造剩余价值，用自己的不变部分即生产资料吮吸尽可能多的剩余劳动。"② 正因如此，马克思在揭示资本的逐利本性时，引用了托·约·邓宁的《工联和罢工》中的观点，深刻揭示了资本逐利的疯狂性："资本害怕没有利润或利润太少，就像自然界害怕真空一样。一旦有适当的利润，资本就胆大起来。如果有 10% 的利润，它就保证到处被使用；有 20% 的利润，它就活跃起来；有 50% 的利润，它就铤而走险；为了 100% 的利润，它就敢践踏一切人间法律；有 300% 的利润，它就敢犯任何罪行，甚至冒绞首的危险。如果动乱和纷争能带来利润，它就会鼓励动乱和纷争。走私

---

① 《中央文明委关于推进诚信建设制度化的意见》，《人民日报》2014 年 8 月 2 日。
② 《马克思恩格斯全集》第 44 卷，人民出版社，2001，第 269 页。

和贩卖奴隶就是证明。"① 显然，要对企业的逐利性进行钳制、使他们依法合德谋利，除进行诚信宣传教育外，还必须触动经济主体的利益神经，使虚假失信者不能获利反而损利。对个人同样如此。政府的信用监管可以运用大数据信息归集的整合性、综合性，通过全面归集企业的信用信息，形成信用档案，在法律规定和许可的范围内，公示企业的不良信用记录，对不良企业实行全社会的信用惩戒，从而使不良企业改邪归正，并警示其他企业要诚信获利。显然，"以利导利"的诚信行为引导需要政府信用监管的社会支持，将失信问题的治理与诚信价值的纠偏互补起来。

① 《马克思恩格斯全集》第 44 卷，人民出版社，2001，第 871 页。

第十章　中德比较视阈下我国诚信教育的路径

近年来，各种举措的出台以及社会信用体系的完善和发展大大提升了我国社会的诚信水平，人们的诚信意识和诚信观念越来越强，但从另一方面看，我国的诚信教育也进入了"攻坚期"。应该说，经过了系统的制度建设和诚信教育，在当今中国社会，已基本不存在对"为什么要守诚信"这样的智识问题的疑问。下一步的目标是将诚信教育推向深化。在与德国诚信教育的比较研究中我们发现，德国人在对"诚信"的把握上，法律准则要求是重要的标线，同时，在社会诚信建设方面，人们的诚信习惯性较为明显，社会责任感相对较强，社会成员能通过一些渠道参与到社会诚信建设之中。综合我国的实际情况以及德国一些好的做法，我们认为，当前进一步提升我国社会信任水平、推进我国诚信教育的重点应当是：如何让人们在纷繁复杂的生活中辩识出并坚守必要的诚信原则；如何使人们实现从诚信的认知到诚信的践行；如何使人们自觉抵制各种诱惑、坚守诚信；如何充分发挥人民群众在社会诚信建设中的作用。

一　以诚信心理培育养成守信习惯

诚信的价值观念映射在个体意识之中，经常通过一系列心理活动表现出来，而个体的长期心理活动积累则形成习惯。作为一套应对各种环境挑战的反应，习惯有着结构较为固定的经验反应形态——"它具有一定的稳定性，又可以置换"①。具体来说，习惯是人们在长期的社会实践中所积累的一套应付各种环境挑战的经验，但它又不是一般的经验，而是具有较固定的结构、沉积于人们思维深处的、几乎能自动处理问题的经验，它类似于生物的条件反射。而道德习惯是"个人在社会生活中，通过不断反复的道德实践，所形成的不需外在监督即可实现的道德行为生活惯例"②。苏霍姆林斯基将它作为"确立道德观念和道德信念的基础"③，并认为"由于有了道德习惯，社会觉悟和社会道德准则才成为一个人的精神财富。没有道德习惯，就不可能作出自我肯定和进行自我教育，也不可能有自尊感。……习惯使良心的这种内在的感召力变得高尚起来，而人的意识总是受感情保护的"④。休谟（David Hume）更是将习惯称为"人生的最大指导"⑤。可见，良好道德习惯的养成对于人的诚信道德的形成具有至关重要的作用。

人的诚信习惯或者说失信习惯通常具有惯性特征，即某些失信行为可能是在"无意识"的情形下所发生的。从生物学意义上说，守信自觉类似于条件反射，它由沉积于人思维深处的意识诱导，引致人在自觉意识基础上的不自觉行为选择。其实，这里所说的"无意识"并非真正的无意识，而是在道德意识积淀基础上产生的自然心理反应，是受潜意识所支配的。在人的社会生活中，大多数行为并不是人经过完全理性思考而做出的，而是基于固有的心理习惯不自觉做出的反应应对。

与之相一致，诚信思维习惯的养成也会使得个体在今后接受诚信教育时易于形成向心力，诚信教育也会收到事半功倍的效果。研究中我们发现，德国人在遵守诚信方面习惯性特征非常明显，特别是规则的遵守和诺言的践行，很多德国人是在习惯的驱使下付诸行动的。根据如上分

① 布迪厄、华康德：《实践与反思：反思社会学导引》，李猛、李康译，中央编译出版社，1998，第171页。
② 曾钊新、李建华等：《道德心理学》，中南大学出版社，2002，第367页。
③ 蔡汀、王义高、祖晶主编《苏霍姆林斯基选集》第3卷，教育科学出版社，2001，第644页。
④ 蔡汀、王义高、祖晶主编《苏霍姆林斯基选集》第3卷，教育科学出版社，2001，第644页。
⑤ 大卫·休谟：《人类理解研究》，关文运译，商务印书馆，1957，第48页。

析，在诚信教育中，要把习惯的养成当作关键入手点之一，从诚信心理入手展开教育活动，下大力气纠正失信行为习惯，在中观和微观层面回应诚信功利心理、投机心理、从众心理等心理误区，使个体在社会生活中，无论是基于理性判断，还是"无意识"行为，都坚守诚信原则，特别是在迅速反应上，把诚信自然作为第一意识原则，促进其向守信自觉转化，养成守信习惯。

1. 要引导诚信功利心理向守信自觉转化

功利化的价值教育倾向在当前诚信教育中拥有一定的市场，也就是说，在诚信教育过程中，强调利益的获取和损失，以利导信，而非以德导信、以义导信。如《狼来了》的寓言故事，其教育逻辑是因为谎言导致"被狼吃"的利益损失，告诫人们应避免说谎，片面强调诚信的利益价值，诚信获利、失信失利，而缺乏导之以义。对此，我们应当保持警醒的态度。应该说，诚信道德价值并不排斥以义谋利，但必须认识到，诚信道德价值不仅仅在于以义谋利，如果单从这一角度来对诚信道德价值进行解释无疑是狭隘的。诚信的功利性和工具价值是相对的和暂时的，而诚信的目的价值则是绝对的。因此，诚信不能仅被视作谋利的工具，更应被视作为人处世的原则与行为目的。以功利的角度来理解，当个体失信所面临的预期收益大于预期损失，那么，在功利心理的作用下便有可能导致失信行为的发生，以至于有人认为"诚信或者失信之所以能够存在，根本在于利益，这是我们必须正视和接受的基本事实"①。实际上，人来源于动物的本性使其不可能摆脱自利的倾向性，投机心理正是由于这种自利倾向性而产生的，说谎、不履约等失信行为如果能带来较大的利益，则会与人的自利倾向性相结合，从而诱发机会主义行径。也就是说，如果抛开其他的因素不谈，哪种行为可以给人带来更大的利益收获，人就会趋向于哪种行为；反之，哪种行为可能会产生利益损失，人就会远离哪种行为。

法国思想家蒙田（Montaigne）指出，既然人的生存具有功利的社

---

① 丁建凤、张澍军：《诚信的几个问题》，《东北师大学报（哲学社会科学版）》2008 年第 6 期。

会需求，那么，追求功利就有着其自然的合理性。① 在社会生活中，社会成员依靠理性的判断和选择，调节功利追求中的种种矛盾，使自身人格得以提升，从而在恰当的合理范围内，实现"隐藏在内心的天然潜质"②。但是需要注意的是，社会成员对善恶的认知不同，意志力强弱也参差不齐，所以，必须对个人行动的"正当责任的范围"③ 进行规定，以避免个人功利追求与诚信选择之间的矛盾和冲突。在蒙田看来，为免除功利追求对社会成员产生"个人利益激发和转移"④ 的狂热，需要"正当的感情"对其进行调节。诚然，功利作为个体诚信选择的心理动因之一，不可被忽视，然而，功利主义从"利己"出发的逻辑面临着难以克服的矛盾，使道德选择易于滑向利己主义和个人主义，难以保证在指导人的实际行为时不产生变异，而缺乏主观意志与信念支持的诚信是脆弱的、不可持续的。我们必须正视这样一个事实，即无论社会制度体系如何完善，其总是具有一定的滞后性，这是制度治理的固有特点，因此，失信行为也就总是可以或多或少地找到存在的空间，这使得有一些人为获取利益，有放弃道德准则而选择失信的可能。

客观上而言，利益制衡机制的缺乏成为加剧失信行为发生的催化剂，社会成员不因失信而受到惩罚、却因失信而获取利益的社会现实产生了巨大的消极示范，加剧了市场主体对利益欲求的不正当攫取倾向，将会逐渐演变为社会信任危机，从而影响社会成员形成正确的诚信价值观念认知，并进一步导致个体在今后受到诚信功利心理影响时，易于产生倾向性，做出因利己而违背道德原则的行为选择。

避免这种诚信功利心理导致失信恶果的办法之一便是引导其向守信自觉转化。在这一过程中，"情感"可以作为重要的教育切入点。教育学研究表明，个体道德的塑成不单依靠从规范认知到规范行为的单向道德教育模

---

① 参见蒙田《蒙田随笔全集》下卷，潘丽珍等译，译林出版社，1996，第 2 页。
② 蒙田：《蒙田随笔全集》中卷，潘丽珍等译，译林出版社，1996，第 101 页。
③ 蒙田：《蒙田随笔全集》下卷，潘丽珍等译，译林出版社，1996，第 4 页。
④ 蒙田：《蒙田随笔全集》下卷，潘丽珍等译，译林出版社，1996，第 4 页。

式，还应同时融入情感等道德认知以外的因素，培养德性的内在动力。概言之，人的情感（态度和精神意向）在道德涵育中至少可以发挥以下三方面作用：一是通过提供道德动力，在一定程度上统一社会成员的道德认识和道德行为；二是情感本身可以被视作道德感觉，通过这种感觉对行为进行调节；三是道德情感具有相对稳定性，其所构筑的道德心境能够在很大程度上维护人的道德行为的恒常。① 不难推论，以情感感染涵育的诚信德性更趋于稳定，也更易避免功利主义心理的影响。以情感方式展开的诚信教育要蕴含对教育对象道德成长的期待与关爱，因为诚信的道德情感是"在现实生活的关系世界当中，在自然之境中，在人与人的交往之中，在相互的磨合当中，在心灵的领悟之中，交互生成出来的"②。所以，在诚信教育中可以通过情景和事例，使人们将自己的体验、认识、感悟具体化在生活之中，恰当地进行情感碰撞与情感刺激，以直击教育对象的情感系统，促使其发生变化，建构趋于稳定形态的诚信自觉。正如马克思、恩格斯所说的那样："不是意识决定生活，而是生活决定意识。"③

2. 要引导诚信从众心理向守信自觉转化

社会心理学研究表明，个体会受到其所处的文化氛围的影响，并趋于与其所倡导的价值取向相一致。反之，个体就会受到压力和排挤，无法融入群体之中，这种压力最终导致个体调整自己的行为，以保证自身行为与群体取向趋同，也就是说，诚信在社会中有时会表现为一种群体心理。对此，美国心理学家所罗门·阿希（Solomon Asch）曾做过著名的"阿希实验"④，实验结果表明，人在面对模糊情景、较难作出自己

① 参见朱小蔓《情感德育论》，人民教育出版社，2005，第44~46页。
② 刘惊铎：《道德体验论》，人民出版社，2003，第9页。
③ 《马克思恩格斯选集》第1卷，人民出版社，2012，第152页。
④ 美国心理学家所罗门·阿希在1951年曾进行过经典的从众心理实验（Asch conformity experiments），在测试人群中仅有四分之一至三分之一的被试者保持了独立性而没有发生过从众行为。实验后，阿希对从众的被试作了访谈，发现从众的情况有三种：①被试确实把他人的反应作为参考框架，观察上就错了，发生了知觉歪曲；②被试意识到自己看到的与他人不同，但认为多数人总比自己正确些，发生了判断歪曲；③被试明知其他人都错了，却跟着作出了错误反应，发生了行为歪曲。参见 H. Guetzkow (ed.), Groups, leadership and men,（Pittsburgh：Carnegie Press, 1951），pp. 177-190。

的判断时，容易根据大多数人的选择而做出从众行为。因此，对于个体而言，在很多情况下，多数人的行为选择被看作是参照物，而如果自身判断与多数人的行为选择不符，则有极大的可能会使个体产生焦虑，最终选择与群体行为相一致，也就是选择从众行为。据此我们可以得出结论：要规范社会成员的诚信行为，就要构筑良好的诚信心理文化，特别是对守信褒奖和对失信惩戒的诚信文化氛围。在这种文化氛围下，遵循诚信指向的社会成员会得到社会的肯定性评价，强化其守信愿望；而相反的，背离诚信指向的社会成员会受到社会否定性评价，被社会文化所排斥，并迫使其改变自身的错误行为选择。

需要指出的是，这种诚信从众心理并不稳定，而是受制于环境和氛围的影响。设想一下，如果社会成员生活的周边环境潜存着较为强烈的失信氛围，那么他就有可能会受到失信从众心理的影响而抛弃诚信守则，沦入失信的泥潭。在这种心理文化下，守诚信反而成为逆价值，受到社会的排斥，而现实生活中，这种现象也并不鲜见。同时，社会从众心理也是由社会成员个体心理意识集合而成的。这就是说，由优良社会心理组成的心理集态是良好的，而由不良社会心理组成的心理集态也是不良的。在某一群体中，如若有人独树一帜，则其有可能被其他社会成员打上"背叛"的标签遭到孤立，甚至受到其他形式的惩罚。比如，在失信文化弥散的氛围中，坚守诚信反而会被视作"异类"。对此，德国学者伊丽莎白·诺尔·诺依曼（Elisabeth Noelle-Neumann）指出，当人长久处在媒体讯息之下，其便能够察觉媒体所呈现的主流意见，并且这些意见会转化为个人对于社会主要价值的认知。与社会大多数人持不同观点和意见的社会成员因为害怕被报复或者被孤立，很少会将自己的意见表达出来。① 因此，为了不被抛弃，个体就会采取"随大流"的做法，而不是去"冒天下之大不韪"。当失信成为一种心理集态现象，久而久之，人们就会习惯说假话、讲空话、不守承诺，导致习惯性的集体

---

① 参见伊丽莎白·诺尔·诺依曼《沉默的螺旋：舆论——我们的社会皮肤》，董璐译，北京大学出版社，2013，第4~8页。

无意识。

由上可知，社会成员诚信意识的形成和诚信行为的践履，不仅受到周围环境的影响，更基于自身独立的守信自觉。诚信教育需将诚信从众心理引导为人们的守信自觉。这种守信自觉的意义在于，即便社会成员所处的环境氛围是前文所言的不良环境，其也会依靠自身的判断，选择不跟随"大流"，保持自身的诚信坚守。

二　推进诚信价值排序教育与诚信规范引导

诚信教育不仅关注社会成员的道德遵守和道德养成，还要在价值层面对其予以解答，让社会成员从根本上了解其遵守的道德准则的价值意义，使人们"知其然"，更"知其所以然"。从这里看，通过诚信价值排序教育与诚信规范引导，能够对诚信教育中的价值问题予以回应，从深层的价值层面而不是从功利层面或其他层面解释人们在社会生活中遇到的诚信问题，夯实诚信教育的基础。

1. 要通过诚信价值排序教育明确社会成员对诚信价值意义的认知

从简单的逻辑上看，诚信似乎就是诚实守信，但是在现实生活中，每个人对诚信的认识都有自己的定义。社会文化规约作为一个体系，有着不同的层级。西方伦理中，"自由、平等"体现着文化的规约；基督教伦理体系中，"信、望、爱"是其文化的规约；中华传统道德中，"仁、义、礼、智、信"等是文化规约的表现。不同文化的价值序列乃至同一文化的价值排序各不相同，同时，各种道德规约在实际情况中也存在矛盾和冲突，在复杂情景下，社会成员经常会碰到无法同时遵守两个或多个道德规约的两难选择。在诚信教育中，同样不可避免地存在价值的冲突，如"尾生抱柱"之案例。据《庄子》记："尾生与女子期于梁下，女子不来，水至不去，抱梁柱而死。"① 对此，古代学者褒贬不

---

① 郭庆藩：《庄子集释》，中华书局，2013，第 875 页。

一，如《战国策·燕策》中记："信如尾生，期而不来，抱梁柱而死。"①《汉书·东方朔传》也赞"信若尾生"②，而庄子却认为其"无异于磔犬流豕操瓢而乞者，皆离名轻死，不念本养寿命者也"③，指此类人"跟肢解了的狗、沉入河中的猪以及拿着瓢到处乞讨的乞丐相比没有什么不同，都重视名节、轻生赴死，是不顾念身体和寿命的人"，从而展现了"生"与"信"之间强烈的价值冲突。因此，诚信教育中应特别注意价值排序及价值冲突的排解，通过围绕诚信规约展开的价值排序教育，排解不同规范之间的价值冲突矛盾。

价值排序影响着行为选择，关涉社会制度的执行与落实，然而对于如何排序，不同的学说有着不同的观点。在儒家看来，"仁"应为最高道德原则，当其他道德原则与"仁"发生冲突和矛盾时，都应让步于"仁"；而在道家那里，"道"是最高道德原则，一切道德原则都应遵循"道"的要求。按照马克思主义的观点，社会意识是社会存在的反映，因此价值排序具有鲜明的历史性，它联系着人的主体性存在，要用具体的历史的主体分析方法来把握。把价值排序的历史性与价值主体的选择性相联系不难发现，任何时代的价值排序都与当时的时代特征紧密相连。"在多元文化、差异并存的现代社会，多元共生式选择取代了过去的单项式判断，选择所蕴含的哲学意蕴发生了深刻变化，这意味着道德主体对各个价值选项进行'顺序性''优先性'排列的重要性，只有对其进行明确的认知、权衡，才能使道德主体认清自我需求、厘清各种道德困惑，从而才能更好地进行道德教育，实现道德目标。"④ 具体而言，关于诚信价值排序的教育就是以价值排序提升社会成员的主体意识，主动接受诚信教育所传导的责任义务要求。

在内容选择上，诚信价值排序教育可以将社会诚信或失信现象作为

① 刘向集录《战国策》，姚宏、鲍彪等注，上海古籍出版社，2015，第 630 页。
② 《汉书·东方朔传》，载班固《汉书》，孙晓主持校注，中国社会科学出版社，2020，第 5330 页。
③ 郭庆藩：《庄子集释》，中华书局，2013，第 875 页。
④ 张彦：《论价值排序与当代道德教育模式之创新》，《云梦学刊》2015 年第 4 期。

知觉材料。在对比中我们发现，德国在学校诚信教育中经常使用社会现象作为分析材料，让教育对象在生活实践的现象感知中形成判断。无疑，在我们的生活中既存在着价值的冲突与统一，又有着制度的规定和要求，而人们在日常生活中看到、经历和感受的各类与诚信相关的事件正是他们对社会和他人诚信状况的初步感知，相对于理论性的教育而言，它更易于引起主体的感情共鸣，乃至影响其正确价值排序的形成。这极为符合陶行知先生"生活即教育"的理论观点。"生活与生活一摩擦便立刻起教育的作用。摩擦者与被摩擦者都起了变化，便都受了教育。"① 在诚信价值排序教育过程中，具体分析引用发生在社会生活现实中的实例性诚信或失信现象，由于其与个体的切身经历和体验密切相关，在个体观念的形成过程中，能对个体产生更加强烈的刺激，从而养成个体自我选择的意识，对于经常性遇到的价值冲突和选择，坚持价值与制度的统一。

在教育方法的选择上，围绕诚信展开的价值排序教育可以使用批判性的思维方法。孔子曰："不愤不启，不悱不发，举一隅不以三隅反，则不复也。"② 在复杂的道德选择境遇中，尽管人们晓知诚信的价值，但如果不能进行正确的价值排序，就无法做出正确的道德判断，形成正确的行为选择，陷入我们所说的知而不行、信而不行的诚信知行背离困境。有鉴于此，围绕诚信规约展开的价值排序教育需要注重使用批判性思维的方法。批判性思维方法的理论基础源于德国学者哈贝马斯（Jürgen Habermas）的"认识的基本兴趣理论"（knowledge constitutive interest theory）③，它主要是相对于机械记忆式的教育方法而言的。批判性思维方法强调通过建构教育对象的思维系统，使其形成习惯性的价值标准，即"以陈述问题的方式介绍这些知识，把它们置于某种条件之中，并把各种问题置于未来情景中，从而使学生能在其答案和更广泛的

---

① 胡晓风等编《陶行知教育文集》，四川教育出版社，2005，第549页。
② 《论语·述而》，载《论语·大学·中庸》，朱熹集注，上海古籍出版社，2013，第84页。
③ 参见尤尔根·哈贝马斯《认识与兴趣》，郭官义、李黎译，学林出版社，1999。

问题之间建立一种联系"。① 哈贝马斯认为，合理的道德判断能力必然与主体的批判性思维能力联系在一起。20 世纪 80 年代以后的美国健康教育中，批判性思维的教育方法曾发挥过重要功用。② 举例而言，在诚信价值排序教育中运用批判性思维的教育方法可以通过创设道德和制度多重选择处境，让教育对象置身其中，使其冷静地思考问题，把握好诚信规约要求的绝对性与相对性，进而做到原则性与灵活性的有机统一，真正能够辨别是非、善恶。当今社会价值的多元性使得这种批判性思维的教育方法显得尤为重要，因为此时更需要个体具有道德思维的批判能力，以使他们在复杂的道德选择环境中能够不为大量的失信投机现象所迷惑、不受社会上的不良风气所腐化，能够自主对诚信缺失现象进行剖析和批判，从而拥有正确的道德判断力。

2. 要持续发挥我国传统诚信教育优势，加强诚信道德规范认知

诚信道德规范认知主要指对诚信道德规范的掌握，包括对诚信道德知识的获得、诚信道德概念的形成和诚信道德思维能力的提升等。苏格拉底认为"知识即美德"，在他看来，美德的来源是真理与知识，而恶德则应归因于谬误与偏见。虽然他的这种知行完全统一论的观点忽视了"知行分离"的情况，在理论的自洽性上存在一定偏颇，但在某种程度上表明了道德知识与规则对人的行为的指导性。实际上，修正"不道德的行动"是一种不可或缺的甚至在目前来说是一种更为重要的道德教育方式。格式塔学派③率先主张用现象学的方法解释认知，皮亚杰在其影响下提出了认知结构理论，他认为认知结构对人的行为具有控制作用。科尔伯格则继承、发展了皮亚杰的理论，将道德认知视作一个有层级结构的整合体。从他们的理论来看，诚信道德规范认知是影响人的诚

---

① 《教育——财富蕴藏其中：国际 21 世纪教育委员会报告》，联合国教科文组织总部中文科译，教育科学出版社，1996，第 138 页。
② 王建平：《批判思维教学方法在美国学校健康教育中的作用分析——兼评保罗（Paul）的批判思维观》，《外国教育研究》2002 年第 5 期。
③ 格式塔学派是德国重要的心理学流派之一，主张人脑心理运作的整体性。格式塔是德文 Gestalt 的音译，意指模式、形状、形式。

信行为的核心因子，"知而后行"即这一理论的现实映射。

前已述及，我国诚信教育自古就强调道德知识的灌输，对这种方式进行利弊分析后我们认为，今天的诚信道德规范认知教育要特别重视道德说理。其主要是指将诚信的价值标准和社会规则通过直接讲授的方式传导给受教育者，使其在识记、理解的层面进行掌握，并通过此进一步推动受教育者诚信价值观念的形成。在现实生活中，由道德无知引发道德罪恶的事例并不鲜见。这是因为，个体诚信道德需要的形成并不是自发的，它在很大程度上依赖于社会的诚信道德认知教育，正所谓"善，教训之所然也，非质朴之所能至也"①。

诚信教育视野下的道德说理运用侧重于诚信知识的传授，包含正当性教育和规范要求教育两个方面。"这种知识既是主体道德认识的产物，也是主体道德实践的结晶"，其主要目的"不是概括规律，而是指导行动"②。具体来说，即从认识论的角度，以诚信知识传授使人明确关于诚信的是非观念、真假观念。"知识的本义是知识服务于智慧的人生，而不是作为对人生无意义的材料或点缀品。"③ 一般而言，人们对诚信道德规范的客观性及其价值认识得越深刻、越全面，社会诚信行为越普遍，而其遵守诚信的道德信念也会越坚定，道德动力越充足。但这里需要明确的是，诚信道德认知教育不只是单纯的诚信知识的传授，而主要是一种价值观念的劝说和引导，表现为受教育者能够在思考的基础上，接受、认同和践行它所宣导的诚信价值原则。故而从层次上进行划分，诚信道德认知教育应包含以下几个方面：一是理论认知教育，即诚信道德原则的理论认知；二是诚信道德价值认知教育，即社会诚信需求的正当性教育；三是诚信道德经验认知教育，即围绕个人的诚信经历进行分析和具体认知。此外，还应该包含对失信社会危害的认识和剖析以及因果关系教育等。

---

① 董仲舒：《春秋繁露》，曾振宇注说，河南大学出版社，2009，第 271 页。
② 唐凯麟：《伦理学》，高等教育出版社，2001，第 244 页。
③ 王洪才：《论教育学的三重视界》，《北京师范大学学报（人文社会科学版）》2000 年第4 期。

同时要注意的是，诚信教育既是一种相对独立的教育，有着自己的内容和特点，又是道德教育整体的一部分，它与多种社会德目都有着密切关联，因此诚信教育不应"单打一"，而应与责任教育、正义教育等相结合。诚信道德规范教育与其相关的道德场域有着密切的联系，牢固的道德信仰的确立必是综合作用的结果，因此很少出现某人仅遵守诚信而不具备责任感的现象。诚信道德规范教育要强调道德作为资本的重要意义，将"得道多助，失道寡助"的社会道德认同强化于人的思维意识之中，既把道德作为人之所以为人的必要前提，引导崇高的道德信仰、坚守诚信，又从利益的角度连接利益与道德的链条。

在诚信道德规范认知教育的途径上，学校同样是主要的场所，在学校中开展诚信道德规范认知教育，先要建立系统化的诚信道德规范认知教育课程。诚信道德认知教育是一项持续不断的系统性工程，其过程是螺旋上升的，因此，要对大中小学诚信道德规范认知教育的衔接给予充分的考量，破除教育倒挂、脱节、简单重复、脱离实际和不适应学生身心发展特点等问题。在整体性的大中小学德育课程标准的基础上，对诚信道德认知教育内容进行重点设计。此外，要注意教育对象对诚信道德知识的理解、接受、认同，特别要注意分析实际生活出现的"理通行不通"等显规则与潜规则的背离现象，对其给予及时批判和正向引导，结合现实生活，让学生认识真正的诚信价值，增强诚信道德规范认知教育的信服力。

3. 要协同政府、学校、媒体等多方面共同推动信用知识普及

政府层面，要协调各主要部门，构建联席机制，开展教育普及活动，形成整体推进的教育合力。当前，我国诚信规范的教育宣传已形成了完整的体系，可通过各地宣传部门深入持久地开展关于诚信的道德宣传活动，而中国人民银行作为推动社会信用体系建设的重要部门，在信用知识普及方面，可指导商业银行利用其网点密集、受众广泛的优势开展一系列信用知识普及活动，如在银行营业厅设置信用宣传栏、普及信用知识等，构建多重教育途径。从政府层面推动诚信规范教育

与信用知识普及的融通，要把二者已有的教育资源相结合，构建多部门教育联席机制，才能有效调动各方面力量，推动教育活动的展开。在诚信规范的教育宣传活动中，讲解征信知识，让社会成员在接受道德教育的同时了解信用法律制度规定，对诚信规约多一份敬畏；在开展信用知识普及教育时，结合诚信规约的道德约束力，强化教育效果。学校层面，在教育部的指导下，打造信用教育的"第一课堂"。学校的职能便是教书育人，针对不同年龄段和理解能力的教育对象，优化原有的思想品德教育课程，加入信用常识内容，使其更通俗易懂、易于接受。对于中小学生，因其感性认知大于理性认知，要使其从小便知晓"信用作为第二身份证"的重要性，教育其要珍视个人信用；对于大学生，可以将信用知识的学习纳入一些与之相关的必修课、通识课之中，要求所有学生学习。此外，学校教育的对象不仅仅是学生，还包括广大的社会成员，学校担负着继续教育的责任，应当面向社会开设成人课程，持续开展信用知识的普及教育，对个人信用档案的相关知识以及信用记录使用等进行普遍宣传。在媒体层面，利用专题网站或门户网站专栏，对诚信规范和信用知识进行介绍，分类社会现象，结合社会成员的生活实际，如商业贷款、信用卡办理等生活中常见的事例，配以评论和解说，深入浅出地宣传与讲解规范要求和信用法规要求，扩大教育的覆盖面。

三　注重制度的教育功效

制度是人们为协调社会利益关系，在长久的生活实践中，通过主动设计而形成的行为规范体系。汤因比（Arnold Joseph Toynbee）认为，"制度是人和人之间的表示非个人关系的一种手段"①。按照新制度经济学家诺思（Douglass C. North）的观点，制度被定义为"一些人为设计

---

① 汤因比：《历史研究》（上），曹未风译，上海人民出版社，1966，第 59 页。

的、型塑人们互动关系的约束"①。"制度在社会中的主要作用，是通过建立一个人们互动的稳定（但不一定是有效的）结构来减少不确定性。"② 作为一种普遍的社会存在，制度之于诚信教育，兼具底线思维上的考量和价值意义上的规劝与引导。诚信如果被视作一种道德要求，那么人们对它的遵守就并非自觉的，道德要求以鼓励、劝诫、建议为主要手段，这就为人们提供了较大的选择空间，遵守诚信与否关键取决于个人的觉悟和自觉性，这使得个人自身内在的思想觉悟往往面临着各种利欲诱惑的挑战。所以，哈耶克曾指出："一切道德体系都在教诲向别人行善，……但问题在于如何做到这一点。光有良好的愿望是不够的。"③ 以道德样态呈现的诚信，不仅需要内在精神世界的夯筑，同样也需要借助制度规范要求的明确、具体、稳定及强制性来弥补其自身的无力，用来达到诚信道德自身力量无法实现的规范要求。制度安排能对人的诚信道德品行塑造和社会诚信氛围形成产生积极意义。具体而言，这种积极意义至少体现在以下两个方面。

一方面，制度对社会成员的诚信选择具有预测规约性。在制度的框架内，社会的诚信道德要求可以通过法律、法规等形式，以简明的是非、对错等规定性条文加以确定、叙述和归纳，明示所要禁止的非诚信行为及违背规定的处罚程度，借此使人们能够准确地预测自己行为的后果。前文已述及，人的行为是受动机支配的，分为内驱力型动机和外驱力型动机两类。内驱力型动机是由人的自我满足需求而产生的动力，如理想、信念等；外驱力型动机主要指由于外部刺激而诱发的行为推动力，如行为后果的奖励、惩罚、风险等。这便是说，人除了会出于自身的需求产生某种行为，还会从理性角度出发，对某一行为方式进行评

---

① 道德拉斯·C. 诺思：《制度、制度变迁与经济绩效》，杭行译，格致出版社、上海三联书店、上海人民出版社，2008，第3页。

② 道德拉斯·C. 诺思：《制度、制度变迁与经济绩效》，杭行译，格致出版社、上海三联书店、上海人民出版社，2008，第7页。

③ F. A. 哈耶克：《致命的自负——社会主义的谬误》，冯克利等译，中国社会科学出版社，1985，译者的话第9页。

估，预测行为后果的利害关系，这影响了人们的行为决策和行动方向。因此，这种制度的预测规约性可以在很大程度上抑制社会成员企图通过失信获利的机会主义思想，一旦人们产生说谎、欺骗、不履约等机会主义行为念头时，就会通过对制度的认知与衡量，趋利避害，择善而为。正如福山所说："当人们不遵守社会既定规范时，他们必将受到规范的制约和制裁。经济领域是如此，社会生活更是如此。"①

另一方面，制度具有诚信价值传导性。美国学者安东尼·奥罗姆论述道："任何社会，为了能存在下去，……必须紧密地围绕保持其制度完整这个中心，成功地把思想方式灌输进每个成员的脑子里。"② 制度的价值传导性在于制度并非一人制定的，而是在充分考量当前社会利益关系等情况下，按照社会成员共同的利益和价值标准确定的规范体系。因此，制度不是个别人理性的反映，而是社会理性的凝结，其中蕴含着社会成员所共同倡导的价值观念和准则。从这一意义上而言，制度是社会核心价值观的体现。通过制度系统的设立，能够确立一种价值标准的指向，即参照基点，从而在合规性的基础上，对人们形成教育和价值理念的传导。诚信制度的价值传导性即以"必须做"或"禁止做"的规范形式规定人们的诚信行为，在价值观倾向上提供了一个模式、标准和方向，使人们对诚信的认知由制度之"畏"走向内心之"敬"。

四　加强对家庭诚信教育的指导

根据前文所探讨的中国与德国家庭教育的比较，我国诚信教育需要继续加强对家庭诚信教育的指导。由于家庭教育关系存在私人性、范围的有限性、方式的多样性以及教育习惯的延续性等特点，开展以家庭为载体的诚信教育应从以下几个方面入手。

---

① 福山：《信任》，彭志华译，海南出版社，2001，第 29 页。
② 安东尼·奥罗姆：《政治社会学——主体政治的社会剖析》，张华青等译，上海人民出版社，1989，第 317 页。

　　首先，要通过宣传引导、立法等方式，明确家长所担负的诚信教育者责任。在家庭中，家长通常具有某些特殊的权力，易于导致家庭诚信教育成为忽视主体的简单粗暴的教育形式。实际上，就人的主体性而言，每个家庭都是由享有平等权利的社会人所构成的集体，家长虽然是家庭的主导者，却不能因此高高在上，而应尊重孩子的独立人格。家庭诚信教育中，家长是教育者，也是孩子的"第一榜样"。家长以身作则在家庭诚信教育中显得尤为重要。对此，相关部门可以通过宣传引导、家长学校、法律规定等方式，使家长明确其责任意识，充分发挥其身教示范的重要作用，在诚信道德品行上给孩子做出表率，使孩子具备明确的责任意识，学会对自己负责任。

　　其次，重视培养家长的诚信教育方法，避免部分家长走入"重教不会教"的泥潭。毋庸置疑，每一个家长都渴望自己的孩子"成人""成才"，并拥有良好的诚信道德品质，都想尽全力为孩子的成长提供帮助，然而在现实生活中，有很多家长虽然重教，但却不会教，中国如此，德国也不例外。所以说，培养家长的教育技能无论对于诚信道德启蒙教育还是对于整体的家庭教育活动而言都是非常重要的。具体而言，就是要加强家校联动，同时发挥社区对家庭影响的重要作用，让家长形成正确的诚信教育观，经常反思与总结家庭诚信教育中的得失，学会分析孩子的诚信品质特点，根据孩子的特点按需施教；学会科学表扬、激励与批评惩罚，帮助孩子认真分析批判其表现出的失信行为，褒奖诚信；学会将情感与理智相结合，动之以情、晓之以理；学会循循善诱，提高孩子的自信心和上进心。只有家长掌握了科学的教育知识，才可能实现诚信道德启蒙教育由经验育人向科学育人的转变。

　　最后，注重对家长的诚信道德原则教育。诚信道德是社会生活的普遍原则，从道德论角度来说，诚信道德不存在相对主义。而在实际的家庭诚信教育活动中，有些家长出于对孩子的保护等原因，要求孩子对他们绝对诚信，但同时希望孩子对外实行功利诚信，体现出显著的道德相对主义。如果孩子在家中打碎花瓶，家长会教育孩子要诚实地承认，不应为避免惩罚而说谎；但如果孩子在商店或其他公共场所打碎他人花瓶，有些家长却为了逃避责任，教孩子拒绝承认，违背了诚信原则。这种道德相对主义易于使处于道德启蒙期的孩子无所适从，无法理解诚信道德原则的真正内涵，产生道德迷茫。因此，家长诚信道德原则教育不可或缺。

五　引导全员有效参与社会诚信建设

社会成员参与社会诚信建设的方式多种多样，但从形式上看主要有两种：舆论参与和行动参与。社会诚信建设中的舆论参与主要指社会成员通过自己对某一事件观点、态度的表达，参与到舆论场之中，褒奖诚实守信，斥责失信，增强舆论压力。社会诚信建设中的行动参与则主要指社会成员将自身道德评价付诸行动，坚守诚信原则，并对身边的失信行为在谴责的同时予以直接制止。舆论参与和行动参与在社会诚信建设中发挥的作用虽然相似，但在具体的作用方式上有一定的不同。社会成员的舆论参与所营造的强大舆论场，一方面可以引发当事人自我的道德评价，从而对其行为取向产生影响，如继续强化对诚信原则的坚守，或改正失信的行为；另一方面能够对当事人的社会资本产生影响，诚实守信的舆论评价会增加其社会资本，反之，失信的舆论评价则会削弱其社会资本，从而关涉当事人利益，调整其行为选择。而行动参与在社会诚信建设中的作用更为现实和直接。社会成员通过行动参与，成为诚信的坚定践行者，起到模范表率作用；在面对现实生活中的失信现象时，社会成员通过具体、直接的行动，与当事人面对面，赞扬诚信或谴责失信，可以第一时间对当事人的行为产生影响，效果迅速且明显。舆论参与和行动参与相辅相成，社会成员广泛的舆论参与是推动行动参与的基础，社会成员切实的行动参与又是推动舆论参与的现实动力。

现实生活中，每一个社会成员都在不知不觉中参与着社会诚信建设，或褒或贬，或坚持或反对，总是有含有态度倾向性的参与实践存在，即从言论角度，对诚实守信表达认同，对失信表示斥责。在我国诚信社会的建构过程中，要将"舆论参与"与"行动参与"融合，强化社会诚信建设中的"行动参与"，使社会成员从社会诚信建设的旁观者成为参与者，真正实现从诚信之知到诚信之行。这有赖于合理、有效的参与机制的建立，其关键是参与、反馈、调节三者互动关系的协调。参与、反馈与调节是三个相互区别又相互承接的概念。反馈与调节的概念源自生物学，意指有机体为了达到最适效应，其行为反应往往不是通过一次反射活动即可完成的，而是必须经过多次的反馈调节。这一理论后来成为系统论的重要观点。首先，参与承接着反馈，是反馈的必要条件。心理学家赫洛克（E. B. Hunlock）的"反馈实验"① 证明：对活动参与者及时、准确的反馈，能有效调节其行为，从而有助于活动目标的达成。也就是说，有效的反馈机制是活动目标达成的必要条件。在社会诚信建设中，对于社会成员的参与活动必须及时地做出反馈、调节，以对参与者的活动进行回应，其反馈形式可以是物质的，也可以是精神的，如表彰或表扬等。其次，参与对反馈的承接在于参与者倾向于了解其参与的结果，通过反馈，参与者能够了解和认识到其参与社会诚信建设的价值，获得参与的幸福感和满足感，激发参与者的参与热情，进一步促成多次参与的实现；反馈同时也依赖参与，反馈不可能单独存在，没有社会成员的参与，便不会有社会诚信系统对其反馈，可以说，参与的过程就是反馈的过程。最后，反馈引导着调节。反馈的方向存在两条路径，一是对参与者的反馈，二是对社会诚信教育系统的反馈。对参与

---

① 心理学家赫洛克把被试者分成 4 个等组，在 4 个不同诱因的情况下完成任务。第一组为激励组，每次工作后予以鼓励和表扬；第二组为受训组，每次工作后对存在的问题都要严加批语和训斥；第三组为被忽视组，每次工作后不给予任何评价，只让其静静地听其他两组受表扬和挨批评；第四组为控制组，让他们与前三组隔离，且每次工作后也不给予任何评价。实验结果表明：成绩最差者为第四组（控制组），激励组和受训组的成绩则明显优于被忽视组，而激励组的成绩不断上升，学习积极性高于受训组，受训组的成绩有一定波动。这个实验表明：及时对学习和活动结果进行评价，能强化学习和活动动机，对工作起促进作用。适当激励的效果明显优于批评，而批语的效果比不闻不问的效果好。参见 E. B. Hurlock (1964). *Child Development*. McGraw-Hill。

者的反馈除了前面所说的能激发参与热情，还能对参与者的既有价值观和行为模式产生影响，强化其诚信践履实践意愿；而对诚信教育系统的反馈则依赖于行为人参与所形成的评价，对诚信教育的路径、方式方法等进行适时调节，以达到最适状态。

在实践层面，诚信教育要以社会信用体系和诚信文化为牵引，提升参与意识、拓展参与渠道、保障参与行为。这彰示着诚信教育需要多种社会主体的参与，不仅需要政府的主导推动、社会组织的广泛动员，更需要社会成员的积极响应与支持。也就是说，诚信教育不是某一个单位或某一个个人的事，而是全社会都应当着力推进的职责，它既离不开自上而下的顶层设计与推进，又离不开自下而上的社会共识与认同。没有政府的顶层设计，就没有方向和引导；没有社会成员的广泛有效参与，就会失去社会基础。其一，通过制度架构，以正反馈或负反馈的形式，对社会诚信行为进行评判，在精神层面和物质层面对诚信的坚守者给予肯定与适当的回报，对虚假失信者给予谴责与恰当的惩罚，从而向社会成员传递正确的诚信观，促进社会成员积极践行诚信价值观要求。其二，营造良好的诚信文化氛围和诚实守信的社会环境，使社会成员在生活中亲身体验诚信的价值与功用，引发其对诚信观念的自我认知、自我评价和自我反思；提升社会成员的主体意识和责任意识，使其以诚信建设为己任，不仅在舆论评价上参与到社会诚信建设之中，更在行为实践上积极参与社会诚信建设。其三，发挥社会信用体系和诚信文化在制度约束和道德压力两方面的共同作用，建立舆论和行动的保障机制，避免社会成员具体参与到社会诚信建设中时自身利益受损，摒弃其各种顾虑，更积极主动地将其自身对诚信的价值判断和认知彰显在现实生活的行动实践之中，促进"舆论参与"与"行动参与"的融合。

六　以诚信榜样教育感染群众

诚信道德榜样具有感染教育对象、促进其道德升华的作用。人通常具有道德情感，如责任感、义务感、荣誉感等，它们左右着人们的行为方式。前已论及，榜样教育是我国诚信教育的一贯优势，而德国在学校教育中虽然没有与我们类似的榜样教育，但其对教师素质的强调同样是一种榜样的观照，且在其社会生活中同样有着榜样示范。

理论上说，道德情感体验总是与现实的情景有关，事情越真实可信，人们的道德情感体验也就越强烈。"'道德'的原始发生并不是外部单向灌输的结果，既不单纯由环境中的信息和事件所决定，也不由导引者单方面所把握，亦不由体验者自身的主体性所决定，而是由体验场中的多重关系、特定情景和氛围之特定结构与功能所决定；是由体验者周围在场和不在场的、被认识到和尚未被认识到的一系列内生变量和外生变量有机联系而形成的一种整体道德关系情境和氛围"①。身边的诚信道德榜样能够激发人们的道德向望，当亲眼看见身边的诚信道德榜样主动承担社会责任并把这种社会责任转化为具体可见的善行时，其内心的义务感、无功利的荣誉感会更强烈，进而产生对诚信道德榜样的认同和向榜样学习的意愿，将榜样作为自己的参照标准和学习榜样，进行自我审视、自我调节、自我反省、自我约束，进而自觉、自主地调校自己现有的诚信道德信念。从这一意义上而言，道德模范评选的价值和意义是重大的，它鲜明地展现了社会主导的道德价值取向，弘扬了美善德性，是一种富有成效的道德教化方式，有利于形成良好的社会道德风尚。对于模范个人而言，道德模范评选能够使其良善道德品行得到社会的肯定和尊重，会使他们产生道德的自我肯定以及欣慰感、自豪感和尊严感，能够强化他们的道德动力。

具体而言，诚信道德榜样机制的建设通常有以下几种路径。

第一，建立健全诚信道德奖惩机制。诚信道德榜样虽然来自不同的岗位，从事不同的职业，但他们都为社会做出了贡献，他们是全社会的巨大精神财富。但同时，他们也是平凡的人，是社会群体中的普通一

---

① 刘惊铎：《道德体验论》，人民教育出版社，2003，第9页。

员，他们的生活也会遇到各种各样的困难，对诚信原则的坚守甚至有可能使他们的某些利益受损。因此，对道德榜样的奖励机制中不仅要有精神上的鼓励，让道德楷模获得荣誉感、尊严感，也要加入物质激励，明确遵守诚信的利益所得。在坚持精神激励的前提下，将物质激励和精神激励相结合，才能更好地促使诚信道德榜样积极地发挥作用。经济利益往往是调动受教育者积极性的经济根源，对于违反社会诚信伦理道德的行为，我们应给予严厉的惩罚，要建立相应的约束和惩罚机制，规范社会道德活动。要将对诚信道德榜样的奖励机制和对失信者的惩罚机制有机地结合起来。

　　第二，凝练诚信道德榜样精神内涵，深入宣传报道。对诚信道德榜样人物的宣传报道是构建诚信道德榜样机制的一个重要环节，直接关系到人民大众对诚信道德榜样的认同程度和学习热情。但目前，在宣传诚信道德榜样这一重要环节中还存在一些问题，如宣传不够全面、榜样人物选取存在遗漏、时效性欠缺、塑造的榜样形象"高大全"、不贴近生活等。因此，只有对诚信道德榜样宣传工作进行改革，才能更加准确、及时地对道德榜样进行宣传和报道。要提高诚信道德榜样的时效性，一方面，要引导新闻媒体在报道和宣传诚信道德榜样人物时，充分发挥积极性、主动性和创造性，尽量做到第一时间准确地将榜样人物的先进事迹报道出去，提高榜样的实时影响力；另一方面，相关部门在核实查证诚信道德榜样的事迹时也要提高时效性，在较短的时间内保证工作的顺利完成，为媒体的报道工作铺平道路。一个正确的、优秀的、客观的诚信道德榜样的树立必须以真实为基础，因此，对诚信道德榜样人物的宣传，不仅要保证其基本事迹的真实性，还要保证细节和背景的真实性。正如邓小平曾指出的那样："宣传好的典型时，一定要讲清楚他们是在什么条件下，怎样根据自己的情况搞起来的，不能把他们说得什么都好，什么问题都解决了……"① 所以，在宣传诚信道德榜样时，不仅要

---

① 《邓小平文选》第 2 卷，人民出版社，1994，第 316~317 页。

尊重其基本事例的每一个细节，不能将其艺术化，还要将榜样人物所处的整体环境以及与事件有关联的人真实地报道出来，只有这样，才能更准确及时地将道德榜样展现在人民大众的面前，道德榜样也只有更加真实、更加亲民，才能得到群众的认同，普通群众也才会觉得他们"可亲、可敬、可信、可学"。

第三，提高人们向诚信道德榜样学习的积极性。诚信道德榜样不仅要从情感上感染人，还要从践行上带动人。一方面，要把榜样教育作为各级各类学校道德教育的一部分，采取灵活多样的方式，使青少年和大学生认识到诚信道德榜样的品质和价值，使他们从内心接受和认同诚信道德榜样；另一方面，要在全社会普及诚信道德榜样教育，发挥家庭、学校、社区、机关等不同组织的不同作用，使诚信道德榜样真正成为社会成员道德自律的努力目标，提高社会成员诚信认识的普遍性和自觉性，树立诚信道德人格的风向标。

七　推进诚信自我教育

教育家叶圣陶指出："'教'都是为了达到用不着'教'。"[①] 在他看来，教育的目的就是为了达到不教育的状态。苏霍姆林斯基也认为，只有"促进自我教育的教育才是真正的教育"[②]。可见，促使社会成员实现自我教育是诚信道德教育的理想状态。"任何理性教育、形象的感染都是外部的客体，都只有通过主体的心理过程才能起到这样或那样的作用，如果没有主体内心的心理过程的发生，任何教育都等于零。"[③] 从这个意义上来说，外部教化与自我教育是耦合同构的。外部教化提高了人的主体性意识，培养了他们自我控制、自我完善的能力；而自我教育则完成了人的道德内化，实现了其自我修养与自我管理。可见，自我

---

① 叶圣陶：《叶圣陶教育文集》第 3 卷，刘国正主编，人民教育出版社，1994，第 204 页。
② 瓦·阿·苏霍姆林斯基：《少年的教育和自我教育》，姜励群等译，北京出版社，1984，第 100 页。
③ 王礼湛、余潇枫：《思想政治教育学》，浙江大学出版社，1998，第 264 页。

诚信教育是道德认同、践行的关键环节。

诚信自我教育的方式是多样的。在中国传统诚信道德教育中，自我教育的形式是内省。孔子曰："见贤思齐焉，见不贤而内自省也。"[①] 朱熹释曰："思齐者，冀己亦有是善。内自省者，恐己亦有是恶。"[②] 意思是说，看见贤者希望自己也能有这种贤德，看到不贤者必须自我反省，暗察自己是否有此行为，以提醒自己不要犯类似的错误。《论语·学而》记："曾子曰：'吾日三省吾身：为人谋而不忠乎？与朋友交而不信乎？传不习乎？'"[③] 这是说曾子每日从三个方面省察自身：一是为人谋事是否诚信；二是与朋友交往是否诚信；三是自己的知行是否一致。这些论述表现出，儒家思想主张将自省、自克、知耻、改过迁善作为诚信道德修养的重要方法。

孟子对这种"内省"的道德修养方式进行了系统的论述，他用"良心""存心""尽心""求放心"等词语阐述了"君子"的"内省"逻辑。孟子认为，人皆有"良心"[④]，这是一种合乎规范的善良之心，而"君子所以异于人者，以其存心也。君子以仁存心，以礼存心"[⑤]。所谓"存心"，指的是保持自己之"良心"不失，其方式是通过"仁"与"礼"，"存心"是"君子"与其他人的不同之处。孟子进一步指出："尽其心者，知其性也。知其性，则知天矣。"[⑥] 即充分了解自己的内心，尽心和知性，达到天人合一。然后经常进行内省，即所谓"仁，人心也；义，人路也。舍其路而弗由，放其心而不知求，哀哉！""学问之道无他，求其放心而已矣"[⑦]。孟子主张通过内省的方式把自己失

---

① 《论语·里仁》，载《论语·大学·中庸》，朱熹集注，上海古籍出版社，2013，第54页。
② 《论语·里仁》，载《论语·大学·中庸》，朱熹集注，上海古籍出版社，2013，第54页。
③ 《论语·学而》，载《论语·大学·中庸》，朱熹集注，上海古籍出版社，2013，第18页。
④ 孟子言："恻隐之心，人皆有之；羞恶之心，人皆有之；恭敬之心，人皆有之；是非之心，人皆有之。恻隐之心，仁也；羞恶之心，义也；恭敬之心，礼也；是非之心，智也。仁义礼智，非由外铄我也，我固有之也，弗思耳矣。"见《孟子·告子上》，载《孟子》，朱熹集注，上海古籍出版社，2013，第153页。
⑤ 《孟子·离娄下》，载《孟子》，朱熹集注，上海古籍出版社，2013，第118页。
⑥ 《孟子·尽心上》，载《孟子》，朱熹集注，上海古籍出版社，2013，第180页。
⑦ 《孟子·告子上》，载《孟子》，朱熹集注，上海古籍出版社，2013，第159页。

去的"良心"找回来。

　　用现代方式对中国传统文化中的"内省"思想进行理解，并结合诚信道德教育的语境解读，不难看出，在先贤们的理解中，"内省"，也就是自我教育，应具备以下三个要件：首先要有良好的道德知识储备，这是自我教育的基础；其次是审视自己的行为，根据已掌握的道德知识和社会道德标准进行自我行为评判；最后，对善行继续坚持，对恶行及时改正，以实现道德主体自身道德观念的更新与重塑。可见，诚信自我教育的精髓在于引导，即在教育对象已形成内在道德信念的基础上，通过批判社会失信现象，宣传诚信道德榜样，引发教育对象的内在思考，从而使其检视自身行为，以达到及时自我纠偏的目的。

结　语

社会信任的建设并非一朝一夕，诚信教育的目标也不是一蹴而就。诚信教育要真正取得成效，就要让人们在思想上真正认识诚信，在实践中真正感悟诚信，在生活中自觉践行诚信。"一种价值观要真正发挥作用，必须融入社会生活，让人们在实践中感知它、领悟它，达到'百姓日用而不知'的程度。"① 在对中国和德国诚信教育的比较中我们发现，两个国家由于国情和文化不同，对于诚信也有着不同的认知，但在教育思路和方式上各有所长。

中国社会自古以来就十分重视发挥道德在社会中的作用。以儒家道德为核心的传统道德在中国诚信教育中发挥了积极作用，而且传统诚信道德追求已经深深根植于中国人的道德心理及人格品质中，形成了中华民族所特有的诚信教育传统。德国的诚信教育是一个立体交叉式的网络系统，在其各类社会实践活动中均有所体现。德国通过多种路径对其国民施加多点化影响，主要有：基于家庭的诚信启蒙教育；基于制度的诚信规范建设；基于宗教的诚信自觉影响；基于文化的诚信氛围构建；等等。但从现实来看，德国的诚信教育也面临着价值观多元干扰、制度执行弱化、宗教公信力下降等问题。对此，德国一方面通过继续完善制度体系进行制度建设和监管；另一方面通过加强信仰建设，依靠宗教系统内部整改，重构社会信仰。

---

① 习近平：《论党的宣传思想工作》，中央文献出版社，2020，第58页。

我们要"吸收外来"，就必须立足本来，诚信教育本质上要基于我们国家自己的文化、社会成员的认知、社会经济状况予以推动。如果放弃本民族优良的诚信道德建设传统，而一味学习他国的诚信教育方式，则无异于削足适履。总体来说，中国传统诚信教育注重自律，强调诚信首先是自律而后才是他律；而德国的诚信教育注重理性的他律，强调法律和制度的社会信任，认为理性的诚信可以降低社会风险。将中国的优良传统与德国的理性建构相结合并加以分析，可以给我们的诚信教育研究带来很多有益的思考。

在目标指向上，诚信教育一方面要促使社会成员养成诚信的行为习惯和品质，实现自我的完善；另一方面也是为了建构一个人与人之间相互信任的社会。信任社会的基石不仅是人们的行为具有合规性，更是人们内心拥有的诚信信念。在当代社会，虽然我们不能跨越社会主义初级阶段而否认法律对非诚信行为的规制作用，但从人类社会进步的"终极价值"来看，生产力的发展只是社会进步的前提和基础，更重要的是人本身的进步即人的发展。所以，在社会进步的预设中，不仅包含了社会向善论的预设，即认为社会向着越来越完善的方向发展，而且包含了人性向善论的预设，即相信社会主体的德性能够提高和完善。显然，社会成员因人性的完善而具有内在德性是社会进步的内在要求。为此，马克思认为"每一个个人的全面而自由的发展"① 是社会进步的最高目的。基于这样的认识，诚信教育的根本目标不仅仅是促进市场经济的发展、节省交易交往成本，而是要丰富人包括诚信德性在内的社会性，使人获得自由而全面的发展。诚信是人之为人的道德规定，是人的一种社会属性。人的全面发展，不仅包括人的心理需要方面的发展，更强调人的能力方面的发展。而人的能力既包括自然能力，也包括以道德能力为重要内容的社会能力。因此，诚信教育以人的内在需求和自我发展需要为依据，力求使社会大多数成员成为具有诚信内在品格的人，以此构筑社会信任之基。

---

① 《马克思恩格斯文集》第 5 卷，人民出版社，2009，第 683 页。

参考文献

经典著作

《马克思恩格斯文集》第1~10卷，人民出版社，2009。

《马克思恩格斯选集》第1~4卷，人民出版社，2012。

《马克思恩格斯全集》第3卷，人民出版社，2002。

《马克思恩格斯全集》第25卷，人民出版社，2001。

《马克思恩格斯全集》第46卷，人民出版社，2003。

《马克思恩格斯全集》第6卷，人民出版社，1961。

《马克思恩格斯全集》第19卷，人民出版社，1963。

《列宁全集》第55卷，人民出版社，1990。

《邓小平文选》第2卷，人民出版社，1994。

《邓小平文选》第3卷，人民出版社，1993。

《毛泽东邓小平江泽民论社会主义道德建设》，学习出版社，2001。

《习近平著作选读》第1卷，人民出版社，2023。

《习近平著作选读》第2卷，人民出版社，2023。

《习近平谈治国理政（第一卷）》，外文出版社，2018。

《习近平谈治国理政（第二卷）》，外文出版社，2017。

《习近平谈治国理政（第三卷）》，外文出版社，2020。

《习近平谈治国理政（第四卷）》，外文出版社，2022。

《习近平关于社会主义文化建设论述摘编》，中央文献出版社，2017。

《十八大以来重要文献选编（上）》，中央文献出版社，2014。

《十八大以来重要文献选编（中）》，中央文献出版社，2016。

《十八大以来重要文献选编（下）》，中央文献出版社，2018。

《十九大以来重要文献选编（上）》，中央文献出版社，2019。

《十九大以来重要文献选编（中）》，中央文献出版社，2021。

《十九大以来重要文献选编（下）》，中央文献出版社，2023。

中文参考文献

朱熹：《四书章句集注》，中华书局，1983。

张岱年：《中国伦理思想研究》，上海人民出版社，1989。

费孝通：《乡土中国》，人民出版社，2008。

何怀宏：《良心论》，北京大学出版社，2009。

甘绍平：《应用伦理学前沿问题研究》，江西人民出版社，2002。

宋希仁：《社会伦理学》，山西教育出版社，2007。

李建华：《德性与德心》，教育科学出版社，2000。

袁贵仁主编《对人的哲学理解》，东方出版中心，2008。

王淑芹、曹义孙：《德性与制度：迈向诚信社会》，人民出版社，2016。

周晓虹：《现代社会心理学》，上海人民出版社，1997。

周晓虹：《中国体验：全球化、社会转型与中国人社会心态的嬗变》，
社会科学文献出版社，2017。

廖小平：《面向道德之思——论制度与德性》，湖南师范大学出版社，
2007。

郑也夫：《信任论》，中国广播电视出版社，2006。

郑也夫、彭泗清等：《中国社会中的信任》，中国城市出版社，2003。

梁晓杰：《德法之辨：现代德法次序的哲学研究》，上海人民出版社，

2007。

高德胜：《知性德育及其超越——现代德育困境研究》，教育科学出版社，2003。

黄济：《现代教育论》，人民教育出版社，1996。

孙锦涛：《教育效能论》，人民教育出版社，2007。

施克灿：《中国教育思想史》，高等教育出版社，2008。

朱小蔓：《情感德育论》，人民教育出版社，2005。

胡晓风等编《陶行知教育文集》，四川教育出版社，2005。

向征：《诚信教育优化研究》，知识产权出版社，2015。

傅安洲、阮一帆、彭涛：《德国政治教育研究》，人民出版社，2010。

李其龙：《德国教学论流派》，陕西人民教育出版社，1993。

刘新科：《国外教育发展史纲》，中国人民大学出版社，2010。

黄扬：《德国的环境教育理论与实践》，浙江大学出版社，2019。

岳伟：《德国教育治理研究》，湖北教育出版社，2020。

李伯杰：《德国文化研究》，北京师范大学出版社，2015。

《德国民法典》，陈卫佐译注，法律出版社，2020。

魏贤超、王小飞等：《在历史与伦理之间：中西方德育比较研究》，浙江大学出版社，2009。

崔延强：《中外大学生诚信教育比较研究》，中央编译出版社，2009。

彭正梅：《德国教育学概观：从启蒙运动到当代》，北京大学出版社，2011。

于洪波：《西方道德教育思想史比较研究》，山东人民出版社，2013。

郭本禹：《道德认知发展与道德教育：科尔伯格的理论与实践》，福建教育出版社，1999。

谷峪：《论德国教育》，吉林教育出版社，2012。

秦琳：《德国基础教育》，同济大学出版社，2015。

阮一帆：《德国联邦政治教育中心发展历史研究》，人民出版社，2016。

赵楠：《德国教育的"美丽与哀愁"》，中央广播电视大学出版社，2013。

李其龙：《德国教育》，吉林教育出版社，2000。

李骏阳：《德国的统一：1989-1990》，上海大学出版社，2013。

杨亮功：《中西教育思想之演进与交流》，台湾商务印书馆股份有限公司，1972。

钟鲁斋：《德国教育》，商务印书馆，1937。

叶阳明：《德国政治文化之发展》，台北五南图书出版公司，2009。

王绍光、刘欣：《信任的基础：一种理性的解释》，《社会学研究》2002年第3期。

王向前：《"道德诚信"与"法律诚信"》，《光明日报》2002年10月15日。

滕大春：《试论比较教育和"洋为中用"》，《外国教育》1984年第1期。

袁祖社：《制度理性、社会质量与优良诚信伦理文化的实践——价值共契——基于现代公序良俗社会之卓越治理的理念与逻辑》，《陕西师范大学学报（哲学社会科学版）》2017年第3期。

石中英：《"狼来了"道德故事原型的价值逻辑及其重构》，《教育研究》2009年第9期。

王淑芹：《失信何以可能的条件分析》，《首都师范大学学报（社会科学版）》2005年第3期。

赵子真等：《诚信人格特质初探》，《心理科学》2009年第3期。

彭正梅：《德国政治教育的里程碑：〈博特斯巴赫共识〉研究》，《外国中小学教育》2010年第5期。

《德国国家教育报告2008》，朱燕飞译，上海外语教育出版社，2021。

《德国国家教育报告2010》，吴声白译，上海外语教育出版社，2021。

塔西佗：《阿古利可拉传 日耳曼尼亚志》，马雍、傅正元译，商务印书馆，2017。

亚里士多德：《尼各马可伦理学》，廖申白译注，商务印书馆，2003。

亚当·斯密：《道德情操论》，蒋自强等译，商务印书馆，1997。

约翰·杜威：《民主主义与教育》，王承绪译，人民教育出版社，1990。

卢梭：《爱弥儿：论教育》，李兴业、熊剑秋译，人民教育出版社，2017。

伊莎贝尔·范阿克伦、克劳斯·克莱姆、斯文娅·M.库恩：《德国教育体系概览：产生、结构与调控》，孙进、宁海芹译，教育科学出版社，2020。

吉登斯：《现代性的后果》，田禾译，译林出版社，2011。

马克斯·韦伯：《儒教与道教》，洪天富译，江苏人民出版社，2008。

马克斯·韦伯：《新教伦理与资本主义精神》，苏国勋等译，社会科学文献出版社，2010。

第斯多惠：《德国教师培养指南》，袁一安译，人民教育出版社，1990。

海因茨·布德：《焦虑的社会：德国当代的恐惧症》，吴宁译，北京大学出版社，2020。

埃米尔·路德维希：《德国人：一个民族的双重历史》，杨成绪、潘琪译，文汇出版社，2019。

海因里希·冯·特赖奇克：《十九世纪德国史（第一卷）：帝国的覆灭》，李娟译，上海三联书店，2020。

沃尔夫·勒佩尼斯：《德国历史中的文化诱惑》，刘春芳、高新华译，译林出版社，2019。

福禄贝尔：《人的教育》，孙祖复译，人民教育出版社，2001。

弗·鲍尔生：《德国教育史》，滕大春、滕大生译，人民教育出版社，1986。

弗里德里希·尼采：《教育何为?》，周国平译，北京十月文艺出版社，2019。

尼采：《偶像的黄昏》，李超杰译，商务印书馆，2017。

尼可拉斯·卢曼：《信任：一个社会复杂性的简化机制》，瞿铁鹏、李强译，上海人民出版社，2005。

赫尔弗里德·明克勒：《德国人和他们的神话》，李维、范鸿译，商务印书馆，2017。

埃里克·尤斯拉纳：《信任的道德基础》，张敦敏译，中国社会科学出版社，2006。

施奈尔：《我们的信任：为什么有时信任，有时不信任》，徐小天译，机械工业出版社，2013。

伊曼努尔·康德：《论教育学》，赵鹏、何兆武译，上海人民出版社，2005。

康德：《道德形而上学原理》，苗力田译，上海人民出版社，2012。

沃尔夫冈·布列钦卡：《教育科学的基本概念：分析、批判和建议》，胡劲松译，华东师范大学出版社，2001。

彼得·什托姆普卡：《信任：一种社会学理论》，程胜利译，中华书局，2005。

阿雷恩·鲍尔德温等：《文化研究导论（修订版）》，陶东风等译，高等教育出版社，2004。

弗兰西斯·福山：《信任》，彭志华译，海南出版社，2001。

伯特兰·罗素：《教育与美好生活》，杨汉麟译，河北人民出版社，1999。

A.C. 马卡连柯：《家庭和儿童教育》，丽娃译，上海人民出版社，2016。

让·皮亚杰：《皮亚杰教育论著选》，卢濬选译，人民教育出版社，2015。

L. 科尔伯格：《道德发展心理学：道德阶段的本质与确证》，郭本禹等译，华东师范大学出版社，2004。

柯尔伯格：《道德教育的哲学》，魏贤超、柯森译，浙江教育出版社，2000。

迈克尔·桑德尔：《金钱不能买什么：金钱与公正的正面交锋》，邓正来译，中信出版社，2012。

蔡汀、王义高、祖晶主编《苏霍姆林斯基选集》（第 3 卷），教育科学出版社，2001。

葛里格·尼思：《解读德国人》，张晓楠译，中国水利水电出版社，2004。

让·皮亚杰：《教育科学与儿童心理学》，杜一雄、钱心婷译，教育科学出版社，2018。

阿部谨也：《极简德国史：何谓德国特色》，陈云译，东方出版中心，2018。

玛丽·普拉特·帕米利:《德国简史》，刘路、赵蔚群译，南海出版公司，2018。

《教育——财富蕴藏其中：国际 21 世纪教育委员会报告》，联合国教科文组织总部中文科译，教育科学出版社，1996。

柯维、梅里尔:《信任的速度：一个可以改变一切的力量》，王新鸿译，中国青年出版社，2011。

查尔斯·蒂利:《信任与统治》，胡位钧译，上海人民出版社，2010。

弗朗西斯·福山:《大分裂：人类本性与社会秩序的重建》，刘榜离等译，中国社会科学出版社，2002。

英文参考文献

Luhmann, Niklas. 1979. *Trust and Power*. Chichester: John Wiley & Sons.

Bruce, H. Addington eds. 2013. *The Education of Karl Witte: Or, The Training of the Child*. New York: Thomas Y. Crowell Company.

Gabriel A. Almond and Sidney Verba. 1963. *The Civic Culture: Political Attitudes and Democracy in Five Nations*. Prince, N. J: Princeton University Press.

Brian Leiter. 2000. *Objectivity in Law and Morals*. Cambridge University Press.

David Luban. 2009. *Legal Ethics and Human Dignity*. Cambridge University Press.

Nigel Simmonds. 2008. *Law as a Moral Idea*. Oxford University Press.

Rosamund Scott. 2002. : *Rights, Duties and the Body: Law and Ethics of the Maternal-Fetal Conflict*. Hart Publishing.

Thomas E. Hill Jr. 2012. *Virtue, Rules, and Justice: Kantian Aspirations*. Oxford University Press.

Randy E. Barnett. 2014. *The Structure of Liberty: Justice and the Rule of Law*. Oxford University Press.

Ludwig von Mises. 2019. *The Theory of Money and Credit.* Ludwig von Mises Institute.

Burt Edwards. 2004. *Credit Management Handbook.* Gower Pub Co.

Anthony Giddens. 1991. T*he Consequences of Modernity.* Stanford University Press.

Partha Dasgupta. 1995. *An Inquiry into Well-Being and Destitution.* Oxford University Press.

Reinhard Zimmermann and Simon Whittaker. 2000. *Good Faith in European Contract Law.* Cambridge University Press.

Russell Hardin. 2002. *Trust and Trustworthiness.* New York, NY: Russell Sage Foundation.

Margaret J. Millered. 2003. *Credit Reporting Systems and the International Economy.* The MIT Press.

Dwight M. Jaffee and Thomas Russell. 1991. *Fairness, Credit Rationing, and Loan Market Structure.* University of California, Berkeley, Haas School of Business.

Bernard E. Whitley, Jr. 1998. "Factors Associated with Cheating among College Students: A Review." *Research in Higher Education* Vol. 39, No. 3.

Donald A. Biggs and Robert Barnett. 1981. "Moral Judgment Development of College Students." *Research in Higher Education* Vol. 14, No. 2.

Ariyah, Patrick S. 1981. *Promises, Morals, and Law.* New York: Oxford University Press.

J. Bell Bowyer and Barton Whaley. 1982. *Cheating and Deception.* New York, N. Y.: St. Martin's Press.

Robins, Michael H. 1984. *Promising, Intending, and Moral Autonomy.* New York: Cambridge University Press.

Georgiy Lydyno and Sudipta Sarangi. 2005. *E-Honesty: When Does it Pay?* Springer.

Barley, Richard. 2013. "Governments Losing Full Faith and Credit." *Wall Street Journal-Eastern Edition* No. 125.

Hart, William M. 2014. *AACE International Transactions Public Construction Projects-Failures in Forecasting*: *Honest Mistakes and Otherwise*. AACE International Transactions.

Seumas, Miller and Alexandra Andrew. 2010. *Law*, *Ethics and Governance*: *Integrity Systems for Occupations*. Ashgate Publishing Group.

Martha C. Nussbaum. 2006. *Frontiers of Justice*, *The Tanner Lectures on Human Values*. The Belknap Press of Harvard University Press.

Cullen, M. and Dunne, P. 2006. *Tax Incentives for Giving to Charities and Other Non-profit Organizations*. Inland Revenue Department, Wellington.

Ir. Lorne Jamieson. 2003. "Better Protection for non-profit directors." *Saskatchewan Business Magazine* (September/October).

Daryl Koehn. 2005. "Integrity as a Business Asset." *Journal of Business Ethics* Vol. 58, No. 1/3.

Martin Wolf. 2003. "The Morality of the Market." *Foreign Policy* No. 138, pp. 46–50.

Charles Tilly. 2005. *Trust and Rule*. Cambridge University Press.

Paul Stoneman. 2008. *This Thing Called Trust*: *Civic Society in Britain*. Palgrave Macmillan.

德文参考文献

Endreß, Martin, *Vertrauen*, Bielefeld: Transcript-Verl. 2002.

Mahrer, Harald; Julius Raab Stiftung. *Ehrlichkeit*: *wir sind dafür*, Wien: Verl. Noir. 2012.

Schindler, Markus, *Ehrlichkeit ist keine Einbahnstraße*, Julius-Raab-Stiftung 2012.

Schwering, Anja, *Ehrlichkeit in der Budgetierung*, Springer, 2015.

Hartmann, Martin. *Vertrauen*: *die Grundlage des sozialen Zusammenhalts*, Frankfurt am Main: Campus-Verl. 2001.

Everling, Oliver. *Social Credit Rating*: *Reputation Und Vertrauen Beurteilen*, Springer, 2020.

Johannes A. van der. *Das moralische Selbst*: *Gestaltung und BildungVen*, Münster: Lit. 1999.

Delhey J. , Newton K. *Determinanten sozialen Vertrauens Ein international vergleichender Theorientest*. In: Klein A. , Kern K. , Geißel B. , Berger M. (eds) Zivilgesellschaft und Sozialkapital. Bürgergesellschaft und Demokratie, 2004, vol 14. VS Verlag für Sozialwissenschaften.

Lucas Schreiber, Kreditrisiken sind der Krisenauslöser Nummer eins, *Kreditwürdigkeitsprüfung von Privatpersonen*: *Methoden und Verfahren*, diplom. de, 2015. 2. 1

Schmid, Bernd, *Waches Vertrauen*, Konfliktdynamik, 2017, Vol. 6 （3）, p. 239

Buthmann, Reinhard, *Versagtes Vertrauen*: *Wissenschaftler der DDR im Visier der Staatssicherheit*. Gottingen: Vandenhoeck & Ruprecht, 2020.

Franz Neumann, *Franz Neumann*, *Demokratischer und autoritärer Staat*. Studien zur politischen Theorie. 1967.

Gundelach, Birte. *Ethnische Diversität und soziales Vertrauen*, Baden-Baden: Nomos, 2014.

KMK, BMBF. *Bildung in Deutschland* 2022.

Rdp Jugendpolitisches Konzept, November 2021.

Hochschulrahmengesetz.

Max Planck Institutes, *Rules of Procedure in Cases of Suspected Scientific Misconduct*.

图书在版编目（CIP）数据

构筑信任之基：诚信教育的中德比较／向征著. --
北京：社会科学文献出版社，2024.2（2025.2重印）

（中国社会科学院大学文库）

ISBN 978-7-5228-3070-4

Ⅰ.①构… Ⅱ.①向… Ⅲ.①社会公德教育-对比研
究-中国、德国 Ⅳ.①D648.3

中国国家版本馆 CIP 数据核字（2024）第 018201 号

中国社会科学院大学文库

构筑信任之基：诚信教育的中德比较

著　　者／向　征

出 版 人／冀祥德
责任编辑／李　薇
责任印制／王京美

出　　版／社会科学文献出版社（010）59367002
　　　　　　地址：北京市北三环中路甲 29 号院华龙大厦　邮编：100029
　　　　　　网址：www.ssap.com.cn
发　　行／社会科学文献出版社（010）59367028
印　　装／唐山玺诚印务有限公司

规　　格／开　本：787mm×1092mm　1/16
　　　　　　印　张：14　字　数：201 千字
版　　次／2024 年 2 月第 1 版　2025 年 2 月第 2 次印刷
书　　号／ISBN 978-7-5228-3070-4
定　　价／98.00 元

读者服务电话：4008918866